REPENSANDO
A IMPARCIALIDADE
NO PROCESSO PENAL

ANDRÉ SZESZ

Bárbara Lupetti
Prefácio

Rui Carlo Dissenha
Apresentação

REPENSANDO A IMPARCIALIDADE NO PROCESSO PENAL

Belo Horizonte

FÓRUM
CONHECIMENTO JURÍDICO
2024

© 2024 Editora Fórum Ltda.

É proibida a reprodução total ou parcial desta obra, por qualquer meio eletrônico, inclusive por processos xerográficos, sem autorização expressa do Editor.

Conselho Editorial

Adilson Abreu Dallari
Alécia Paolucci Nogueira Bicalho
Alexandre Coutinho Pagliarini
André Ramos Tavares
Carlos Ayres Britto
Carlos Mário da Silva Velloso
Cármen Lúcia Antunes Rocha
Cesar Augusto Guimarães Pereira
Clovis Beznos
Cristiana Fortini
Dinorá Adelaide Musetti Grotti
Diogo de Figueiredo Moreira Neto (*in memoriam*)
Egon Bockmann Moreira
Emerson Gabardo
Fabrício Motta
Fernando Rossi
Flávio Henrique Unes Pereira

Floriano de Azevedo Marques Neto
Gustavo Justino de Oliveira
Inês Virgínia Prado Soares
Jorge Ulisses Jacoby Fernandes
Juarez Freitas
Luciano Ferraz
Lúcio Delfino
Marcia Carla Pereira Ribeiro
Márcio Cammarosano
Marcos Ehrhardt Jr.
Maria Sylvia Zanella Di Pietro
Ney José de Freitas
Oswaldo Othon de Pontes Saraiva Filho
Paulo Modesto
Romeu Felipe Bacellar Filho
Sérgio Guerra
Walber de Moura Agra

FÓRUM
CONHECIMENTO JURÍDICO

Luís Cláudio Rodrigues Ferreira
Presidente e Editor

Coordenação editorial: Leonardo Eustáquio Siqueira Araújo
Revisão: Pauliane Coelho
Capa e projeto gráfico: Walter Santos
Diagramação: Derval Braga

Rua Paulo Ribeiro Bastos, 211 – Jardim Atlântico – CEP 31710-430
Belo Horizonte – Minas Gerais – Tel.: (31) 99412.0131
www.editoraforum.com.br – editoraforum@editoraforum.com.br

Técnica. Empenho. Zelo. Esses foram alguns dos cuidados aplicados na edição desta obra. No entanto, podem ocorrer erros de impressão, digitação ou mesmo restar alguma dúvida conceitual. Caso se constate algo assim, solicitamos a gentileza de nos comunicar através do *e-mail* editorial@editoraforum.com.br para que possamos esclarecer, no que couber. A sua contribuição é muito importante para mantermos a excelência editorial. A Editora Fórum agradece a sua contribuição.

Dados Internacionais de Catalogação na Publicação (CIP) de acordo com ISBD

S997r	Szesz, André
	Repensando a imparcialidade no processo penal / André Szesz. Belo Horizonte: Fórum, 2024.
	273p. 14,5x21,5cm
	ISBN impresso 978-65-5518-866-0
	ISBN digital 978-65-5518-873-8
	1. Processo penal. 2. Realismo Jurídico. 3. Imparcialidade. 4. Reforma do Judiciário. 5. Direito e política. I. Título.
	CDD 345.05
	CDU 343.1

Ficha catalográfica elaborada por Lissandra Ruas Lima – CRB/6 – 2851

Informação bibliográfica deste livro, conforme a NBR 6023:2018 da Associação Brasileira de Normas Técnicas (ABNT):

SZESZ, André. Repensando a imparcialidade no processo penal. Belo Horizonte: Fórum, 2024. 273p. ISBN 978-65-5518-866-0.

Anos atrás, este autor, logo após ser admitido na ordem dos advogados, ficou chocado ao ser informado por S. S. Gregory, ex-presidente da American Bar Association – um homem mais do que ordinariamente ciente das realidades jurídicas – que "o caminho para ganhar um caso é fazer o juiz querer decidir a seu favor e então, somente então, citar precedentes que justificarão tal posição. Você quase sempre encontrará muitos casos para citar a seu favor". Todos os advogados de sucesso estão mais ou menos conscientes dessa técnica. Mas eles raramente o confessam – até para si mesmos.

Jerome Frank, 1930

SUMÁRIO

PREFÁCIO
Bárbara Lupetti 11

APRESENTAÇÃO
Rui Carlo Dissenha 19

INTRODUÇÃO 25

CAPÍTULO 1
A EXIGÊNCIA DE IMPARCIALIDADE 33

1.1 A construção do ideal racionalista de neutralidade e a impossibilidade teórica desse conceito 33
1.2 A distinção conceitual entre neutralidade e imparcialidade e as teses de parcialidade positiva 49
1.3 Os contornos contemporâneos da exigência de imparcialidade 56
1.4 Síntese 67

CAPÍTULO 2
PARADOXOS DA EXIGÊNCIA DE IMPARCIALIDADE 69

2.1 Dualidades do Processo Penal 69
2.2 O paradoxo da exigência de parcialidade 78
2.3 O contraste com a realidade: a parcialidade empiricamente atestada 83
2.4 A necessária parcialidade da atividade jurisdicional 100
2.5 Imparcialidade como mito e as funções não declaradas do conceito 102
2.6 Síntese 107

CAPÍTULO 3
O INEFICAZ CONTROLE DA IMPARCIALIDADE NO BRASIL .. 109

3.1 O dever de motivação das decisões como forma de controle da imparcialidade 109

3.1.1 As funções atribuídas ao direito/dever de motivação das decisões judiciais 109
3.1.2 A estrutura da motivação das decisões judiciais 115
3.2 A ineficácia da motivação como forma de controle da imparcialidade 117
3.2.1 O caráter emotivo e intuitivo das decisões sobre temas controversos 117
3.2.2 A inevitável assimilação enviesada de provas e argumentos 121
3.2.3 Assimilação enviesada na atividade judicial 134
3.2.4 O fenômeno dos fundamentos apócrifos 137
3.2.5 Motivação como racionalização 139
3.3 Exceções de suspeição e impedimento como forma de controle da imparcialidade 146
3.3.1 A exceções no CPP 146
3.3.2 A ineficiência das exceções como mecanismo de controle da imparcialidade 149
3.4 O controle da imparcialidade na jurisprudência 155
3.4.1 A jurisprudência do Tribunal Europeu de Direitos Humanos 155
3.4.2 A jurisprudência dos tribunais superiores brasileiros 157
3.5 Outras dificuldades relativas ao controle da imparcialidade 163
3.5.1 A questão da discricionariedade judicial 164
3.5.2 A valoração da prova, os *standards* probatórios e a dificuldade do controle da imparcialidade 172
3.5.3 Os juízos intuitivos de prognose 178
3.5.4 O problema do Tema com Repercussão Geral nº 339 e o controle sobre as decisões carentes de fundamentação 181
3.6 Síntese 183

CAPÍTULO 4
A IMPARCIALIDADE COMO UM PROBLEMA QUE
TRANSCENDE O JURÍDICO 185
4.1 Sobre a natureza política das decisões penais 185
4.1.1 Poder punitivo e política pública estatal de redução da criminalidade 186
4.1.2 A política criminal pressuposta nas decisões penais 190
4.2 A influência da política dentro do Poder Judiciário e suas implicações para com a esperada imparcialidade judicial 197
4.2.1 O sistema de recrutamento de juízes 198
4.2.2 As mídias e o Poder Judiciário 200
4.2.3 Os juízes e as redes sociais 204
4.2.4 O *lawfare* e o populismo judicial 212
4.3. A viabilidade de um modelo de processo penal que respeita estudos empíricos sobre o processo decisório humano 220
4.3.1 As hipóteses de impedimento e suspeição: parcialidades negativas 221

4.3.2 Institutos ou práticas processuais que contribuem para o
       enviesamento do magistrado 225
4.4   Análise de teses apresentadas por outros autores brasileiros 240
4.5   Sobre a imparcialidade do Poder Judiciário e a democracia 247
4.5.1 A imparcialidade como um problema essencialmente político 248
4.5.2 Parcialidade, arbitrariedade e desigualdade 251
4.6   Síntese 255

CONSIDERAÇÕES FINAIS 257

REFERÊNCIAS 263

PREFÁCIO

Este livro, que eu tenho a alegria e a honra de prefaciar, é fruto de uma pesquisa, de perspectiva crítica e reflexiva, que foi levada muito a sério por André Szesz, por ocasião de seu doutoramento, realizado no âmbito do prestigioso Programa de Pós-Graduação em Direito da UFPR, sob a competente e generosa orientação do estimado Professor Rui Carlo Dissenha.

É impossível deixar de rememorar o primeiro contato que eu tive com André, ainda no ano de 2022, através de um e-mail especialmente gentil que ele me encaminhou, convidando-me para fazer parte de sua banca de qualificação e, depois, de sua banca de defesa de tese.

Fiquei bastante entusiasmada com o tom do seu e-mail, não apenas pela gentileza, mas especialmente pela deferência e pelos elogios feitos pelo André ao meu livro (*Paradoxos e ambiguidades da imparcialidade judicial: entre "quereres" e "poderes"*), fruto da minha própria tese de doutorado em Direito, defendida no ano de 2012 e publicada no ano seguinte.

Esta circunstância foi especial para mim, porque refletiu um encontro genuinamente acadêmico entre duas pessoas que não se conheciam; que jamais haviam se encontrado; que viviam e trabalhavam em Cidades e Estados distantes, ele, em Curitiba/PR e eu, no Rio de Janeiro/RJ; que não tinham amigos em comum; que não se entrecruzavam por nenhuma relação nem profissional, nem de pessoalidade; e que, unidas apenas pelo mesmo interesse de pesquisa, pelas mesmas inquietações e estranhamentos e pelo mesmo propósito de tentar compreender e problematizar os inúmeros dilemas, desafios e obstáculos da busca pela imparcialidade no direito processual brasileiro, se espelharam entre si – de modo que fiquei orgulhosa por perceber que a minha trajetória pessoal e o meu percurso de pesquisa fizeram sentido também para o André; e que os resultados empíricos do meu trabalho produziram efeitos positivos e estimularam a sua própria caminhada, permitindo-nos compartilhar, através de minha participação em suas bancas, reflexões densas sobre essa temática, que tanto nos mobiliza e nos desassossega.

O nosso encontro foi extremamente profícuo e afetuoso. Assim como o foram as suas bancas de qualificação e de defesa de tese, que congregaram colegas que eu já conhecia "dos livros", mas não "da vida" (os Professores Rui Carlo Dissenha, Clara Maria Roman Borges e Guilherme Brenner Lucchesi, da UFPR, e a Professora Ela Wiecko Wolkmer de Castilho, da UnB); possibilitando leituras e abordagens muito diversas, porém igualmente potentes e inspiradoras sobre o sistema de justiça criminal brasileiro e sobre os seus insuficientes mecanismos de democratização e de constitucionalização.

Todo esse preâmbulo pode parecer periférico, mas penso que o enredo ajuda a entender a atmosfera peculiar e proficiente em que se deu a produção e, agora, a difusão e a circulação do conhecimento construído por meio da pesquisa realizada pelo André, pessoalmente, e pelo PPGF/UFPR, institucionalmente.

E quero com isso registrar que uma pesquisa desta envergadura só pode mesmo ser construída e consolidada em um ambiente propício e de forma coletiva e agregadora, com muita dedicação, competência, mas também afeto.

E esta publicação, que materializa o caminho do André, também cumpre um papel acadêmico fundamental, pois possibilita a aquisição do conhecimento produzido, afinal, como diria o antropólogo Evans-Pritchard, em *Algumas reminiscências e reflexões sobre o trabalho de campo* (2005), "[...] é um dever publicar tudo o que se sabe, porque o que não é publicado está 'perdido'".

Pois bem, começando propriamente a radiografia da obra, devo dizer que o leitor encontrará neste livro um percurso denso de reflexão, mas de leitura fácil.

Os dois primeiros capítulos agradarão mais aos leitores interessados em uma perspectiva teórica sobre a imparcialidade do que àqueles, como eu, mais sedentos pela empiria.

André apresenta, especialmente no capítulo 1, um panorama conceitual bastante sofisticado e pródigo em referências bibliográficas, mas, ao mesmo tempo, revelador de que as definições idealizadas e eruditas acerca da imparcialidade – e mais especificamente a tentativa insustentável de distanciá-la do conceito de neutralidade – servem mais para mascarar e engendrar as suas próprias disfunções do que para esclarecer as suas ambiguidades, limitações e eventualmente a sua impossibilidade de concretização.

A retórica conceitual (cronológica e contextual) mapeada no capítulo 1 é ilustrada, mas também é ilustrativa de que essa sanha doutrinária (e prescritiva) que apresenta o discurso do "dever-ser" da imparcialidade é uma armadilha mais acertada para justificar a sua intangibilidade do que para compreender os desafios de sua implementação.

No capítulo 2, André se esforça para começar a sair do percurso conceitual prescritivo do "dever-ser" e se deslocar para preocupações mais empíricas, descrevendo a dinâmica do processo penal e as suas funções paradoxais: entre o dever de controlar repressiva e inquisitorialmente os crimes e/ou de funcionar como garantia dos cidadãos contra arbítrios do Estado – e os efeitos dessa ambiguidade na concretização da imparcialidade judicial.

Aqui, André também se vale de um mapeamento muito competente acerca de pesquisas empíricas sobre o comportamento dos juízes, no Brasil e em perspectiva comparada. E problematiza o conceito de imparcialidade, tratando-o como "mito".

Ao referenciar, retoricamente, que todo ser humano tem ideologias, crenças, valores, visões de mundo e, por isso, naturalmente tendências à parcialidade, André retoma uma questão central nesse debate, sem naturalizar a premissa que reduz e esvazia a complexidade da discussão: porque são seres humanos, serão necessariamente juízes parciais?

André não cai nessa esparrela. E enfrenta a circunstância de que, assim como o nosso, todos os demais sistemas de justiça ocidentais são operacionalizados por juízes, igualmente seres humanos, e que não necessariamente, na condição de humanos, instrumentalizam arbitrariamente os processos que conduzem nem extrapolam o exercício de suas funções jurisdicionais fazendo o que querem, como querem, quando querem, segundo suas próprias escolhas pessoais – porque são contidos e constrangidos institucionalmente por normas de controle de suas eventuais parcialidades.

Ou seja, apesar (ou na condição) de humanos, os juízes devem e podem ser imparciais, porque há mecanismos institucionais eficazes de controle dessa natural situação. E o interessante é justamente entender quais são esses mecanismos e tentar identificar por que eles eventualmente não são acionados aqui, no Brasil.

No fundo, portanto, a problemática que deveria nos provocar para avançarmos na reflexão sobre a imparcialidade judicial no Brasil seria entender: o que sistemas de justiça diferentes do nosso fazem para enfrentar a "humanidade" e controlar a subjetividade de seus juízes, impedindo-os de julgarem apenas com os seus corações e constrangendo-os com mecanismos institucionais de controle? O que, por que e o quanto o nosso sistema tolera arbítrios; e os demais, não?

No capítulo 3, André apresenta características do nosso sistema de justiça criminal, aproximando-se mais da realidade (e afastando-se da abstração normativa), apresentando possíveis mecanismos de controle da parcialidade dos magistrados (tais como a motivação das decisões judiciais, a valoração motivada das provas, os standards probatórios, a obediência aos precedentes vinculantes, entre outros) e discriminando inúmeros fatores que poderiam mitigar os arbítrios e os usos particularizados do processo penal tal como verificamos em nossas práticas.

O curioso desta parte da pesquisa é que verificamos que os possíveis controles da parcialidade judicial não a controlam (e os supostos constrangimentos não constrangem), porque não são democráticos, não são externos, não são igualitários e dependem apenas do senso ético (pessoal) de cada magistrado.

Nessa medida, a partir do trabalho do André, verificamos que inexistem constrangimentos institucionais legítimos que contenham o alto grau de independência judicial e, eventualmente, de arbítrio na entrega da prestação jurisdicional.

André demonstra, no capítulo 3, que os problemas e os desafios da imparcialidade não são conceituais (aliás, seria mais fácil se o fossem). São estruturais. E, nessa medida, só o estudo e a explicitação das práticas judiciárias ajudarão a compreender os gargalos do nosso sistema.

Embora André, evidentemente, não tenha nenhuma responsabilidade de "dar conta" desses problemas, é certo que a sua pesquisa ajuda a iluminar e a identificar alguns dos obstáculos estruturais que, uma vez descritos, podem vir a ser aprimorados.

Inclusive, este é um dos méritos deste livro. Ele não denuncia a estrutura desigual e não acusa os magistrados brasileiros de serem parciais. Ele identifica os nós górdios do nosso sistema de justiça criminal e descreve alguns importantes obstáculos na concretização dos valores democráticos do processo penal.

Saindo de sua zona de conforto dogmático, André se esforça para se desconstruir e problematizar as engrenagens do nosso sistema de justiça criminal, apontando paradoxos, contradições e ambiguidades que têm impedido o aprimoramento do processo brasileiro, apesar das diversas e frequentes modificações legislativas.

A pesquisa chama a atenção, inclusive, para o fato de que essas "novidades" legislativas não são capazes de abalar as estruturas seculares da nossa cultura jurídica, que, em suas aparentes disfunções, talvez sejam funcionais (não para a garantia de um estado democrático de direito, mas para a manutenção de uma sociedade desigual e hierárquica).

E aqui não posso deixar de lembrar o conterrâneo do André, o poeta Paulo Leminski, que, muito antes de nós (e ainda que por outras razões e com outras intencionalidades), percebeu que: "no fundo, no fundo, bem lá no fundo, a gente gostaria de ver nossos problemas resolvidos por decreto [...] extinto por lei todo o remorso [...], mas problemas não se resolvem, problemas têm família grande [...]".

Por fim, no capítulo 4, que, do meu ponto de vista, é o mais interessante, porque mergulha em problemas concretos, especialmente na reverberação da desigualdade jurídica no processo penal brasileiro, André enfrenta a dimensão política da jurisdição e os seus reflexos na busca por um Judiciário "imparcial".

Ao descrever e problematizar institutos e práticas processuais que contribuem para o enviesamento do magistrado em situações concretas e explicitar as falhas dos incidentes de impedimento e de suspeição, Szesz tenta desenhar um horizonte de controle democrático do processo penal.

Enfim, o André que eu não conhecia e que se expôs na tese, ora publicada como livro, é, para além de um dedicado e competente pesquisador, um advogado prestigiado e um professor consciente de seu papel acadêmico. Foi corajoso ao tentar mergulhar em ferramentas metodológicas pouco palatáveis para o Direito e se desconstruir (re) pensando as suas próprias práticas profissionais e problematizando um discurso tão recorrentemente naturalizado pelos doutrinadores do nosso campo.

Eu confesso que gostaria que André tivesse mergulhado ainda mais fundo no mundo pouco conhecido das etnografias e das pesquisas empíricas em Direito, permitindo-se ser ainda mais afetado do que ele foi pelo diálogo interdisciplinar revolucionário promovido pela Antropologia do Direito no Brasil – porque sei que ele tem estofo, currículo e experiência para produzir um competente trabalho de campo sobre o sistema de justiça criminal brasileiro. E, para além disso, porque ele mesmo demonstrou certo encantamento pelas pesquisas empíricas em Direito, explicitando que elas seriam fundamentais para a consolidação de novos olhares sobre o mundo do Direito.

Mas, devo dizer, independentemente do grau e da intensidade de sua desconstrução, é certo que André sai diferente dessa experiência reflexiva de pesquisa e que você, leitor/a, também sairá.

Afinal, as reflexões aqui propostas desestabilizam nossa estrutura de pensamento, porque nos movem do lugar das certezas que nos paralisam para o das dúvidas que nos movem adiante.

O professor Otávio Velho, antropólogo, em seu texto "Algumas considerações sobre o estado atual da antropologia no Brasil" (1995), mencionou algo muito apropriado, dizendo que não se pode correr "o risco de ficar muito satisfeito consigo mesmo. É preciso estar discutindo sobre o 'real' e estar refletindo sobre aquilo que se está fazendo e que está fazendo parte desse real".

Como sabemos, a imparcialidade judicial é garantia fundamental de um processo democrático, prevista na Declaração Universal dos Direitos Humanos, de 1948, e no Pacto de San José da Costa Rica, de 1969, assim como em nossa CRFB/1988 (ainda que não textualmente) e em nossos Códigos Processuais (textualmente).

Apesar disso, a minha pesquisa, feita há mais de 10 anos, e a do André, hoje publicada, assim como tantas outras, seguem explicitando desafios estruturais para a consolidação da imparcialidade judicial no Brasil.

Ou seja, não está funcionando: essa lógica de continuarmos "satisfeitos" e "conformados" com meras prescrições legais; publicando manuais e doutrinas que não têm nenhuma correspondência com a realidade e que sublimam a imparcialidade; negando obviedades que qualquer profissional do direito e qualquer cidadão brasileiro percebem em suas experiências cotidianas nos corredores dos fóruns e tribunais; dissimulando as disfunções do nosso sistema e as incontáveis falhas do nosso processo; propagando, por meio de mecanismos de autoenganação, que temos legislações de "primeiro mundo"; reverberando o que não existe e encobrindo, com elogios e propagandas falaciosas, as práticas que não queremos aceitar – nada disso vai nos ajudar a identificar e superar os problemas do nosso campo. Ao contrário, tudo isso apenas obnubila a nossa própria capacidade de enxergar e, com isso, tentar compreender a complexidade dos temas que nos propomos a perscrutar.

E é também por isso que o livro do André é importante. Porque ele tenta fazer diferente, propondo-nos outras possibilidades.

Convido-os ao desafio. Afinal, como diria Lorde Henry a Dorian Gray e à Duquesa Gladys Monmouth, em *O retrato de Dorian Gray*, de Oscar Wilde (1890), ter "certeza absoluta" [de que o Poder Judiciário entrega uma prestação imparcial] "deve ser ilusão". "As coisas de que temos certeza absoluta jamais são verdadeiras." "O encanto está na incerteza." "É a neblina que torna as coisas maravilhosas."

Espero que vocês aproveitem esta jornada de leitura e, no desassossego que ela provoca, renovem-se e divirtam-se.

Rio de Janeiro, 14 de novembro de 2023.

Bárbara Lupetti
Professora da UFF e da UVA e
Pesquisadora do INCT-InEAC/UFF

APRESENTAÇÃO

É sempre uma honra poder apresentar um trabalho de qualidade. O texto que o leitor tem em mãos é um trabalho profundo, exaustivo e completo sobre o tema que se propõe a explorar. Produzido no Programa de Pós-Graduação em Direito da Universidade Federal do Paraná, trata-se de uma tese de altíssima qualidade, bem pensada e maturada ao longo não só do programa de doutoramento, mas durante toda a vida profissional do autor como assessor judicial, advogado, professor e pesquisador, o que confere ao texto tanto um substrato teórico denso quanto uma perspectiva prática importante.

Este trabalho, cuja construção tivemos a oportunidade de acompanhar na condição de orientador, apesar de escrito com maestria e de forma clara e direta, não é de fácil digestão pelo tema de que trata. Afinal, não deixa de ser um desalento ao coração do jurista de boa vontade envolvido na prática e na crítica do processo penal acompanhar o movimento do autor na elaboração de uma tese que traz, ao final do trabalho, uma conclusão que coloca em dúvida, de certa forma, um dos pilares da fé no processo penal. Mas, ainda assim, e a despeito do que possa pensar quem aprecia o papel do poder punitivo como um instrumento de manutenção do *status quo*, trata-se de um trabalho essencial, pois não se pode compreender o processo na sua essência sem que se lhe dispa das convenientes inverdades que defende.

Diga-se que uma das grandes problemáticas em se analisar uma tese de doutoramento é verificar se ela é, de fato, uma tese. A questão não é tão óbvia quanto se imagina e nem de menor importância, pois a massificação do ensino jurídico também alcançou a pós-graduação *stricto sensu* e não é incomum que teses de doutorado, que deveriam ser pensadas como inovação no mundo da ciência jurídica, terminem sem passar de uma dissertação de mestrado um pouco mais extensa e com uma lista mais longa de referências.

Definitivamente, esse é não o caso do presente livro. As discussões desenvolvidas no trabalho adiante apresentado são produzidas a partir da pergunta que assombrava o autor desde a sua pristina atividade profissional como advogado: é mesmo possível cogitar alguma imparcialidade do julgador no processo penal? Embora a resposta sempre tivesse partido de uma hipótese evidentemente negativa – pois desde há muito se sabe que não há sujeito processual imparcial em lugar algum –, a pergunta era importante não pela resposta óbvia, mas pelas reflexões que causava. Afinal, se não é possível a imparcialidade, por que insistir nela? Materializada a parcialidade, como se lida com esse fato no processo? Quais políticas públicas processuais precisam ser desenvolvidas para que os efeitos negativos da parcialidade possam ser mitigados?

Como se vê, há uma interminável série de perguntas que exsurgem do problema da parcialidade no processo penal e que se tornaram especialmente populares no espaço do debate público em tempos recentes. É notório como o tema, que outrora era tratado apenas em círculos acadêmicos, tem ocupado espaços de notícias e debates bem mais populares, trazendo-se a discussão para o campo da política, da economia e da ética.

Nesse sentido, o tema é multifacetado e plural, implicando uma pesquisa em vários campos. É necessário transitar, por óbvio, pelo Direito Processual Penal e pelo Direito Penal. Entretando, a passagem por esses temas se deve dar sob uma obrigatória perspectiva crítica, a única capaz de oferecer ao interessado uma verdade um pouco mais profunda apta a atravessar o filtro da conveniência (é, grosso modo, o que nos fala o mestre Massimo Pavarini sobre as bugie pietosi que nos são contadas para justificar os fins da pena construídos em um Direito Penal clássico). Mas isso não basta ao escopo do trabalho. É preciso ir além e socorrer-se da análise de outros ramos jurídicos, como o Direito Constitucional e o Direito Administrativo, e das disciplinas ditas propedêuticas, como a Filosofia e da Teoria do Direito. E o pesquisador ainda deve discutir conceitos de Metodologia, Psicologia, Política e Ética, que tradicionalmente não são explorados em teses de doutoramento em Direito.

Tudo isso dá a dimensão da dificuldade enfrentada com dignidade pelo autor.

É nesses termos que o problema central do trabalho, lançado na sua introdução como uma discussão ampla, séria e não suavizada da imparcialidade judicial, expande-se como dúvida que contamina todo o processo penal (porque essencial à lógica que o conduz). Seu trabalho carrega o leitor para uma compreensão do tema central por meio de uma lente que está muito além das tradicionais construções de uma imparcialidade pretensamente apolítica. Isso exige, evidentemente, um avançar do estudo para o meio do cipoal que circunda o tema na sua realidade, e não como um mito que é tido como essencial para a sobrevivência do processo penal contemporâneo. Isso, o trabalho faz ao considerar como a doutrina e a jurisprudência não vão além do modal caso-solução fundado em um punhado de situações-chave que pretendem resolver o problema de forma direta e simples. O que é impossível, é claro, e reforça a necessidade de que se recorra a outras fontes menos manualizadas que são, em geral, e porque não dizer de maneira mais clara, negligentes para com a questão.

Em um primeiro capítulo, o autor apresenta como a dependência da imparcialidade se tornou uma demanda essencial do sistema processual penal. Mesmo que esse conceito tenha evoluído a partir da ideia de neutralidade do julgador, reconhecidamente impossível, para uma lógica menos ideal, construída sobre uma ideia de imparcialidade possível, às vezes até de uma parcialidade funcional, mais ou menos aprofundada de acordo com cada autor que explora o tema, fica demonstrada uma dependência processual desse signo para a solução dos conflitos de natureza penal. Tomada a imparcialidade com condição para a existência do processo, portanto, parece evidente que, se o conceito for colocado em xeque, então todo o sistema tenderá a ruir.

É esse o centro da segunda parte do trabalho. Uma análise detida da realidade – não apenas do processo, mas da própria condição humana do julgador – atesta, como demonstram os vários estudos que o autor apresenta (recorrendo a outras ciências que, em geral, são ignoradas quando se trata do tema), que a imparcialidade é uma quimera. Apontada como mito, ela serve a realizar funções que não são aquelas declaradas, como sempre acontece aos mitos, mas que, esmiuçadas por uma perspectiva mais crítica da ciência jurídica, revelam perspectivas perigosas àqueles que acreditam que o processo penal pode ser, de fato, algo minimamente classificável como justo.

Para demonstrar esse problema, o autor traz à terra a verificação da imparcialidade pelos instrumentos à disposição do jurista nacional. Analisando desde os dispositivos normativos existentes para a verificação do defeito processual até, e detalhadamente, a jurisprudência nacional e internacional aplicável, demonstra-se como a identificação da imparcialidade é um problema sem solução tanto quanto o é a busca pela quadratura do círculo. Para além de situações evidentemente óbvias, identificar-se a imparcialidade através de artigos, investigações de critérios ou standards probatórios é um exercício, em geral, fadado ao fracasso.

Por fim – e aqui o autor mergulha na verdadeira profundidade do problema –, o quarto capítulo do trabalho avança para outro plano de compreensão da questão, o político. Se, de fato, critérios normativos preestabelecidos não servem para a solução da discussão que se põe à mesa, talvez seja mesmo o caso de se recorrer a instrumentos outros que minimizem as dificuldades essenciais inerentes à liberdade de decidir do magistrado. Se, de fato, não há decisão que não seja produzida pelo íntimo do intérprete, todas as decisões são políticas, especialmente aquelas que realizam valores, públicos ou privados, quaisquer que sejam. E assim reconhecendo o Direito como um construído social e político, não há saída senão com concordar com o autor quando defende que esse forte traço do sistema jurídico "deve ser assimilado para se compreender que o problema da imparcialidade não está em teses jurídicas defeituosas, mas na falta de vontade política de se enfrentar um modelo de Justiça que promove a desigualdade". Porque, sim, é preciso que se fale em tom muito claro: o sistema processual penal brasileiro é um sistema de voluntária perpetuação da cruel e violenta desigualdade social nacional. A forte resistência que sempre esteve presente contra a constitucionalização do processo penal brasileiro – que, por incrível que pareça, até hoje é rejeitada por grande parte da própria Magistratura e do Ministério Público (o que, aliás, diz muito sobre as verdades presentes nas páginas a seguir) – de fato escancara uma das mais importantes dificuldades a serem enfrentadas pelo processo penal contemporâneo.

A tese proposta, e aqui expressa, portanto, é aquilo que uma tese deve ser: instigadora e problematizadora da realidade, capaz de criar um desconforto no operador do Direito que precisa entender que não está diante de uma ciência exata. Ao se reconhecer o político como elemento determinante do sancionamento penal, vem à tona toda a discussão crítica que se pode emprestar à análise do poder punitivo. A abertura ao político no espaço de um dos mais fundantes paradigmas do processo penal dá conta do problema em que a modernidade se colocou: como é possível fazer justiça quando se é, sempre, parcial? E a parcialidade é uma falha do sistema de justiça penal ou é, na verdade, uma característica sua, pensada desde sempre para assim funcionar?

O trabalho que o leitor tem em mãos é um guia importante para a discussão desse tema. Mais do que uma solução, o trabalho oferece perguntas inquietantes para sustentar o exercício racional de qualquer alma que ainda não se tenha convertido à absoluta passividade.

Curitiba, Primavera de 2023.

Rui Carlo Dissenha
Professor Permanente dos Programas de
Pós-graduação em Direito da Universidade
Federal do Paraná e do Centro Universitário
Internacional – UNINTER.

INTRODUÇÃO

O presente texto consiste numa adaptação da versão final da tese apresentada ao Programa de Pós-Graduação – *Stricto Sensu*, Doutorado – da Faculdade de Direito da Universidade Federal do Paraná como requisito ao Doutoramento em Direito do Estado.

A escolha do tema se deve inicialmente à nossa experiência na assessoria de Ministro do STJ, no fim dos anos 2000, período em que pudemos nos aproximar da perspectiva dos julgadores no enfrentamento das demandas cotidianas daquela Corte Superior e, entre elas, deparamo-nos com alguns *habeas corpus* que apontavam a violação do princípio da imparcialidade por comportamentos concretos de magistrados. O que nos chamou a atenção não foram tanto as alegações em si, ou mesmo os comportamentos apontados como parciais, mas a maneira como a jurisprudência daquele Tribunal lidava com questões como essa. Posteriormente, realizamos pesquisa sobre o tema na jurisprudência da Corte Europeia de Direitos Humanos durante o período de nossa pesquisa de mestrado na Universidade de Coimbra, oportunidade em que pudemos notar a semelhança das construções teóricas, mas grandes diferenças das soluções práticas. As experiências posteriores na advocacia e na docência nos anos 2010, somadas à percepção da relevância que o tema conquistou em razão dos rumos político-jurídicos que o Brasil tomou nesse período, contribuíram para que pudéssemos articular o projeto que resultou nesta pesquisa realizada na Universidade Federal do Paraná.

Sem dúvida, a imparcialidade é um tema muito peculiar dentro do sistema processual penal brasileiro. Se, por um lado, ela é anunciada pela doutrina e pela jurisprudência como um dos pilares do processo penal democrático e uma condição de realização da jurisdição, por outro lado, na prática, ela é um tanto negligenciada por essa mesma doutrina e essa mesma jurisprudência. Consideramos negligenciada porque suas problematizações sempre ocorrem de forma suavizada, com desinteresse nas pesquisas empíricas que desvendam de forma realista o processo decisório dos juízes e colocam em xeque o modelo de magistrado que serve de base para a construção do conceito. Ao mesmo tempo, nessas problematizações se percebe uma preocupação imensa em proteger o *status quo* político do Poder Judiciário.

Essa negligência se verifica notadamente por alguns aspectos. Pelo aspecto doutrinário, a evolução desse conceito no último século parece ter sido muito pequena e sempre na esteira de uma doutrina estrangeira, especialmente italiana e espanhola, que claramente está tratando de outro mundo, que não é o processo penal brasileiro. Com exceção de alguns autores mais críticos, por regra, os manuais de processo penal – que, bem ou mal, são o material do dia a dia dos juízes – costumam tratar o tema da imparcialidade em poucos parágrafos, sem nenhuma problematização e deixando lacunas enormes. No campo da Execução Penal, por exemplo, a discussão sobre a imparcialidade é quase inexistente. Pelo aspecto jurisprudencial, especialmente nas cortes superiores, o conceito, sem dúvida, vem sendo enaltecido com definições grandiosas, que ressaltam sua importância quase transcendental, ao mesmo tempo em que a maioria esmagadora – a quase totalidade, para sermos mais precisos – das ações e dos recursos que pleiteiam a defesa do direito a um tribunal imparcial é sistematicamente rejeitada por pressupostos formais. Isto é, há sempre um esforço para se evitar proferir decisões sobre o mérito de ações e de recursos que pedem o controle concreto de comportamento de magistrados, de forma que somente em situações raríssimas esses tribunais chegam a de fato olhar para o que aconteceu no caso e dizer: "esse comportamento viola (ou não viola) o direito da parte a um tribunal imparcial". A negligência se percebe também pelo aspecto legislativo, já que o direito a um tribunal imparcial nem sequer está expressamente previsto na Constituição e no CPP, sendo necessário deduzi-lo de outras normas e de reivindicá-lo a partir de tratados internacionais dos quais o Brasil é signatário. Nas práticas processuais brasileiras, enfim, a imparcialidade funciona pouco como um direito da parte e muito como uma prerrogativa dos próprios magistrados de deixarem os processos nos quais, por razões que nem mesmo precisam ser declaradas, não se sentem à vontade para proferir o julgamento.

Mas houve, é fato, um crescimento do interesse pelo conceito na última década. E isso se deve ao contexto jurídico-político no qual o Brasil se viu inserido nesse período, sobretudo em razão da tão famosa Operação Lava Jato. Esta teve impacto profundo na política e na economia nacional, porém sua parte mais midiática foi conduzida de forma muito questionável por um juiz com comportamentos incomuns, que lembravam os de um político, tendo tido apoio quase incondicional de muitos setores da imprensa e deixando transparecer com frequência que tinha um lado definido nos conflitos por ele julgados. Sua imparcialidade foi questionada desde o início da Operação, mas as alegações somente foram levadas a sério pelo Poder Judiciário bem tardiamente, quando suas ações hiperpolitizadas já haviam produzido efeito e esse juiz já havia abandonado a magistratura, virado formalmente político e, inclusive, vivia dias de inglória política.

Apesar do crescimento da produção acadêmica e de decisões judiciais do Supremo Tribunal Federal de envergadura inédita sobre esse tema, temremos que o recente interesse pela imparcialidade não seja genuíno e se deva apenas à sua instrumentalidade política pontual para se resolver um problema imediato. Se nosso temor está correto, só o futuro dirá.

Porém, é certo que o problema da imparcialidade está muito além de juízes pontuais hiperpolitizados que explicitamente se valem do cargo público para tentar interferir grosseiramente nos rumos da política nacional a partir de suas visões políticas idiossincráticas. São casos que fogem da curva e que talvez devessem ser discutidos no âmbito da prevaricação – por isso nem nos interessam tanto assim. Nosso interesse está no modo como o conceito e o controle da imparcialidade globalmente funcionam dentro do sistema processual. E descobriremos, então, que a questão está no funcionamento meramente retórico do conceito, na medida em que as práticas judiciais sugerem que a parcialidade é a regra na atuação jurisdicional e que isso não se deve a esse ou àquele juiz, mas à maneira como esse conceito se estruturou, contemplando a subjetividade como um elemento inerente à atividade jurisdicional, porém com a defesa paradoxal de que a técnica, a apoliticidade e a impessoalidade são os pilares que regem o Poder Judiciário. As consequências desse panorama não são pontuais e são bastante graves: uma distribuição desigual de justiça em um país que já sofre demais com a desigualdade social.

O problema enfrentado, enfim, diz respeito ao caráter essencialmente irrealista e apolítico do conceito de imparcialidade construído pela doutrina processual, à ineficácia dos mecanismos processuais destinados à sua implementação e controle e às consequências práticas e políticas de sua defesa. Esse problema pode ser resumido nas seguintes perguntas: o conceito de imparcialidade aceito pela doutrina processual majoritária é viável do ponto de vista empírico? Os mecanismos de controle de imparcialidade existentes em nosso sistema são eficazes? A defesa desse conceito de imparcialidade tem uma função não declarada? Essa defesa produz quais efeitos na prática judicial brasileira? O discurso de imparcialidade ainda é apto a fornecer legitimidade à atuação do Poder Judiciário? Há solução possível para o problema da imparcialidade dentro de teorias estritamente jurídicas?

Pretende-se comprovar, com toda a pesquisa, que o conceito de imparcialidade, mesmo após sua distinção com relação ao conceito de neutralidade, não apenas é inatingível, mas também camufla uma problematização mais profunda sobre o modo de julgar dos juízes e serve mais para manter a legitimidade política do Poder Judiciário do que para garantir aos cidadãos o direito de não serem julgados por um juiz enviesado; que os mecanismos de controle de imparcialidade fracassam e são, na prática, meramente retóricos; que esse discurso de imparcialidade invisibiliza o excesso de arbitrariedade existente na prática judicial brasileira e sua consequente produção de desigualdade na distribuição de justiça; que a mitificação do juiz não é mais retórica discursiva apta a produzir legitimidade e credibilidade para a atuação do Poder Judiciário; que o problema da imparcialidade é essencialmente político, não jurídico, de forma que soluções baseadas em teses estritamente jurídicas ou que esperam uma revolução a partir do comportamento individual de juízes bem-intencionados estão condenadas ao fracasso.

A metodologia utilizada consiste numa revisão bibliográfica focada na exposição da maneira como a doutrina processual delineia os conceitos de imparcialidade e seus mecanismos de controle, bem como de uma análise de precedentes judiciais com o mesmo objetivo, para então os contrastar com dados de pesquisas empíricas acerca do comportamento humano nos processos de cognição e tomada de decisões e acerca do comportamento de juízes em sua atividade judicial. A pesquisa também inclui uma revisão bibliográfica sobre as soluções propostas por outros autores para se lidar com o problema da imparcialidade no processo penal.

Na primeira parte do trabalho, realizamos a apresentação do conceito de imparcialidade, dos fatores políticos e históricos que permitiram a construção dessa noção, de como ela foi recebida pela doutrina processual, de seu atual panorama legislativo e dos contornos do direito a um tribunal imparcial segundo a doutrina processual contemporânea. Também oferecemos uma breve reflexão sobre o abraço irrefletido da doutrina processual brasileira a esse conceito.

Na segunda parte, realizamos o contraste entre o conceito de imparcialidade, na forma como delineado pela doutrina processual, e os dados empíricos que tratam da realidade da atividade jurisdicional. Para tanto, inicialmente, fazemos um excerto sobre as dualidades e as contradições internas do processo penal, especialmente a partir das contradições políticas presentes em seu funcionamento. Em seguida, tratamos dos paradoxos legislativos, que ora exigem imparcialidade, ora fomentam parcialidade, e apresentamos os dados empíricos que tornam inconsistente o conceito de imparcialidade da doutrina processual. Tratamos, por fim, da constatação da parcialidade como inerente à atividade judicial, da natureza de mito do conceito de imparcialidade e de sua funcionalidade política de fornecimento de legitimidade e de camuflagem de arbitrariedades e desigualdades.

Na terceira parte, tratamos dos mecanismos do controle de imparcialidade e de sua ineficácia. Apresentamos a visão doutrinária sobre o dever de motivação das decisões judiciais e, em seguida, os fatores que indicam e explicam sua baixa eficácia como mecanismo de controle, em especial da imparcialidade. Aqui servem de base pesquisas empíricas sobre o enviesamento da cognição e sobre a racionalização das escolhas. O mesmo procedimento será adotado com relação aos instrumentos fornecidos pelo CPP para remoção dos juízes parciais. Inicialmente, apresentamos seu desenho doutrinário e, ao final, os dados que indicam a deficiência em seu funcionamento. Também abordamos a forma como os tribunais superiores enfrentam o problema do controle de comportamento de magistrados apontados como parciais e as dificuldades inerentes aos entendimentos prevalecentes. Incluímos nessa parte referência a outros fatores que indicam a dificuldade do controle de imparcialidade, tais como a legitimação da discricionariedade judicial, em especial na valoração da prova, a aceitação de juízos intuitivos em decisões de prognose e as dificuldades de controle pela via do recurso extraordinário das alegações de violação ao artigo 93, IX, da CF especificamente em razão do sistema de repercussão geral adotado pelo STF. Ao final, apresentamos uma reflexão sobre as consequências da falta de controle de imparcialidade.

Na última parte, discutimos as relações entre a gestão do poder punitivo e a política e como esta afeta o direito a um tribunal imparcial. Com esse foco, apresentamos inicialmente uma reflexão sobre a natureza política do direito e das decisões judiciais, bem como da influência política que o Poder Judiciário sofre. Em seguida, discutimos, por uma perspectiva realista, as hipóteses de suspeição e impedimento. Também com essa perspectiva, tratamos de outras controvérsias usualmente relacionadas ao problema da imparcialidade, tais como a iniciativa instrutória do juiz, o contato com a prova ilícita, o contato com o inquérito policial, as manifestações de opinião fora dos autos, entre outras. Por fim, refletimos sobre a natureza essencialmente política do problema da imparcialidade, das consequências práticas da adoção de um conceito que mitifica a atividade de julgar – em especial, a produção de desigualdade na distribuição de justiça – e sobre a inviabilidade do discurso de imparcialidade como meio para se obter a legitimação da atuação do Poder Judiciário.

Em conclusão, o trabalho pretende demonstrar que o controle de imparcialidade efetivamente levado a cabo nos processos judiciais é essencialmente político e casuístico, sendo completamente ineficaz do ponto de vista do controle de comportamento dos magistrados. Também pretendemos demonstrar que o conceito de imparcialidade, por outro lado, desempenha uma função política de legitimação do Poder Judiciário e, com esse fim, opera tão somente no nível de um mito, sem realização efetiva, mas, ao mesmo tempo, sem ser devidamente problematizado. E isso produz implicações práticas, em especial, a camuflagem de arbitrariedades no exercício da função jurisdicional e, consequentemente, a desigualdade na distribuição de justiça.

É importante ressaltar que o foco da nossa pesquisa está em desvelar o mau funcionamento do controle de imparcialidade nas práticas judiciais brasileiras, bem como indicar que as soluções que são usualmente propostas pela doutrina partem de dois pressupostos racionalistas equivocados. O primeiro diz respeito aos processos decisórios humanos, incluindo os dos juízes, e o segundo diz respeito a uma dinâmica idealista sobre o funcionamento dos processos penais em suas realizações concretas. Adiantamos ao/à leitor/a que não apontaremos uma solução concreta e fechada para o problema da imparcialidade. Pelo contrário, pretendemos demonstrar que a solução não está onde usualmente ela é buscada, isto é, em teses estritamente jurídicas e na Teoria do Direito em geral, porque a mudança das normas, por si só, não é capaz de mudar as práticas e a cultura. Nosso objetivo final é indicar que a solução é política e, portanto, depende da atuação de agentes políticos para se pôr em prática uma pauta de valores democrática que, esta sim, pode ser apontada pelos juristas.

Também quanto a esse ponto, esclarecemos que o problema não é de ordem conceitual. Pelo contrário, procuramos demonstrar que o conceito idealizado no campo do discurso mascara as funcionalidades de uma disfunção empírica. Isto é, o que orienta as práticas dos agentes não é realmente o discurso oficial sobre a imparcialidade, mas o que eles próprios acreditam que é o certo e a justiça para o caso concreto. A capa da imparcialidade não constrange e, ao contrário, camufla o papel que é realmente assumido pelos juízes em suas práticas cotidianas.

Quatro últimos esclarecimentos introdutórios se mostram necessários. Em primeiro lugar, reiteramos que o panorama atual de imparcialidade nas práticas judiciais brasileiras não é obra exclusiva dos juízes. Muito pelo contrário, há uma sinergia de esforços que mantém vigentes as práticas criticadas neste trabalho, afinal de contas, o Poder Judiciário é o resultado da colaboração de todos os atores que dele participam. Para a advocacia, por exemplo, a desigualdade na distribuição da justiça permite também o maior destaque para o papel da pessoa do advogado, já que os melhores profissionais do mercado serão aqueles hábeis em lidar com esse sistema e em conseguir a distinção dos casos de seus clientes perante os demais – enquanto em um sistema bastante uniforme, sem espaço para arbitrariedades casuísticas, há menos margem para destaques individuais, já que em tese qualquer advogado apto a formular os pedidos da forma correta alcançará os mesmos resultados. Anuências semelhantes também podem ser encontradas por parte do Ministério Público e dos demais atores. Porém, por razões metodológicas, nosso esforço está concentrado na figura do juiz.

Em segundo lugar, também por questões metodológicas, optamos por deixar de lado reflexões mais profundas sobre o problema das deficiências da colegialidade existentes no sistema brasileiro. Por exemplo, a falta de busca por soluções realmente consensuais entre os membros dos órgãos colegiados ou a formação de consensos nos bastidores, de forma não transparente. Entendemos que esse tema, pela sua complexidade, mereceria um estudo à parte, quem sabe a ser realizado por nós futuramente. Desse modo, neste texto, em que pese sua importância, o problema da colegialidade apenas será abordado tangencialmente.

Em terceiro lugar, o foco de nossa pesquisa é o processo penal brasileiro, de forma que priorizamos sempre as referências aos estudos nacionais. Sem dúvida, ainda que o discurso de imparcialidade seja também um problema em sistemas estrangeiros –que também lidam com a figura do juiz humano –, a discussão não é equivalente, pois aqui essas práticas discursivas são digeridas em um contexto das desigualdades estruturais típicas de nosso país. Também por essa razão, optamos por não fazer estudos comparados.

Por fim, em quarto lugar, também julgamos necessário explicitar, de pronto, nossa defesa de que o conceito de imparcialidade é irremediavelmente obsoleto, não apenas por ser inatingível, mas porque sua funcionalidade prática traz mais prejuízos que benefícios. Ao reconhecermos que juízes são humanos e, sendo assim, vulneráveis a enviesamentos, entendemos necessário que essa realidade seja encarada justamente para desmistificar a atividade jurisdicional, pondo-a como algo humana, demasiadamente humana. Ao mesmo tempo, entendemos que essa realidade implica a busca por mecanismos que enfraqueçam impacto da singularidade do ser humano na atividade jurisdicional, o que, a nosso ver, envolve principalmente o combate à cultura de tolerância com um decisionismo que decorre de toda estrutura do Poder Judiciário brasileiro, não de posturas de juízes individuais.

CAPÍTULO 1

A EXIGÊNCIA DE IMPARCIALIDADE

1.1 A construção do ideal racionalista de neutralidade e a impossibilidade teórica desse conceito

O discurso de imparcialidade ocupa um lugar fundamental tanto na doutrina quanto na jurisprudencial nacional contemporânea. Mais que isso, esse discurso desempenha um papel político importantíssimo, já que é em cima de uma artificial e mítica imparcialidade que o Poder Judiciário pretende encontrar legitimidade formal.

Para compreender esse panorama atual, e que será objeto de crítica nos capítulos seguintes, é necessário compreender inicialmente como foi possível se articular um discurso de imparcialidade nos moldes contemporâneos, como a doutrina processual o defendeu perante seus críticos e como a doutrina brasileira o absorveu.

Não temos aqui a pretensão de fazer uma evolução histórica desse conceito, a qual dependeria de uma metodologia adequada para tanto e que não é a que estamos adotando. Nosso foco está, em verdade, no discurso contemporâneo presente e, especialmente, naquele articulado pela doutrina brasileira processual penal. Mas a compreensão desse discurso e da crítica que aqui construímos depende da percepção da origem de alguns conceitos fundamentais, razão pela qual fazemos uma breve incursão na construção do ideal racionalista de neutralidade.

Em linha gerais, juiz neutro é aquele que neutraliza sua subjetividade e decide de forma estritamente técnica, aplicando a lei ao caso através de um silogismo quase matemático. Esse juiz deve chegar à única resposta correta para o caso e que poderia ser alcançada por qualquer rigoroso perito em Direito que se debruçasse sobre os mesmos autos. Esse é o ideal da atuação do Poder Judiciário na visão dos racionalistas dos séculos XVII e XVIII.

Mesmo apesar de ter sido formalmente superada, a noção de neutralidade merece nossa atenção, não apenas porque é em reação a ela que se desenvolvem as noções teóricas de imparcialidade atualmente aceitas pela doutrina processual penal, mas também porque essa noção continua presente no imaginário popular, tanto o leigo quanto o dos juízes, como se discorrerá mais adiante.

Não convém explorar em profundidade as origens e a história da noção de neutralidade, pois, insistimos, esta pesquisa não tem por método uma abordagem histórica. Para nossas pretensões, é suficiente a conceituação da imparcialidade como neutralidade e uma breve incursão no contexto político-filosófico em que a identidade entre essas duas noções pôde ser articulada.

Pois bem. Para compreender a ideia de neutralidade, é necessário se observar o grande impacto que o paradigma racionalista provocou nas ciências e como isso teve repercussão no Direito.

O racionalismo é um conjunto de doutrinas filosóficas que se desenvolve nos séculos XVII e XVIII e que tem como principais expoentes René Descartes (1596-1650), Espinosa (1632-1677) e Gottfried Leibniz (1646-1716). Naturalmente, o pensamento de cada um de seus representantes tem uma profundidade ímpar. Interessa-nos mais, todavia, apontar as similaridades entre eles, que os fazem integrar esse mesmo conjunto de filosofias. Em especial, interessa-nos a maneira como encaram o conhecimento humano. Para os racionalistas,[1] há determinadas assertivas que poderiam ser alcançadas através da razão, independentemente da experimentação. Por exemplo, assertivas como "uma coisa não pode existir e deixar de existir ao mesmo tempo", "duas coisas iguais a uma terceira são iguais entre si" e "cada coisa é idêntica a si".[2] Assim, de acordo com esse pensamento, desde que empregando uma atenção rigorosa e um esforço lógico, seria possível para qualquer pessoa alcançar determinadas ideias inatas. Sempre que se partisse de premissas confiáveis e se empregasse a lógica correta, haveria uma conclusão adequada a ser necessariamente alcançada. O racionalismo, portanto, deposita a máxima confiança na lisura dos processos cognitivos e na demonstração lógica.

---

[1] Cf. HUENEMANN, Charlie. *Racionalismo*. Tradução de Jacques A. Wainberg. Petrópolis: Vozes, 2012, Edição do Kindle. p. 9-13.
[2] *Ibidem*, p. 10.

Alguns racionalistas, como é o caso de Descartes, elaboraram uma filosofia moral em sintonia com o estoicismo.[3] Compreendiam, então, que a razão poderia se sobrepor às paixões, através de uma diagnose sóbria sobre o que se está fazendo. Desse modo, ainda que o pensador fosse acometido de uma inevitável tendência à irracionalidade, um cuidadoso ascetismo racional lhe permitiria sempre fazer prevalecer aquilo que é lógico.

É dentro desse paradigma que se articula a ideia de que o juiz, ao proferir um julgamento se valendo de uma sobriedade racional, seria capaz de apagar sua própria subjetividade, conhecer perfeitamente a realidade através de suas ferramentas cognitivas, interpretar a lei de forma objetiva e tão somente declarar a solução que o Direito fornece para aquele caso concreto.

Outro fator que também tem peso nesse contexto é o otimismo proporcionado pelo iluminismo e por todo o projeto da modernidade.[4] Depositou-se grande confiança em que a evolução da filosofia e das ciências, estas pautadas pelo método científico cartesiano e sua pretensão de objetividade, produziria avanços tamanhos em todas as áreas do conhecimento e isso conduziria a humanidade ao progresso, à estabilidade, à tranquilidade e, enfim, à sua emancipação. Havia, assim, uma busca pela consolidação da segurança jurídica, e, consequentemente, consagraram-se teses que retiravam do julgador a sua subjetividade e defendiam como possível uma atividade judicial assemelhada a um cálculo matemático ou a um enunciado científico.

Dentro do entorno desses fatores a ideia da neutralidade é desenvolvida. O ideal do juiz neutro pode ser condensado nas seguintes características: a) o julgador não teria nenhum interesse no caso julgado, tampouco teria inclinação a favorecer qualquer uma das partes; b) sua decisão seria fruto de processo lógico de subsunção do fato julgado à norma; c) essa atividade seria puramente objetiva (não se veria presente nela qualquer traço de pessoalidade do juiz) e puramente racional (a motivação da decisão decorreria de um processo inteiramente lógico); d) a razão que produz a decisão seria universal e qualquer juiz que agisse racionalmente chegaria ao mesmo resultado (exceto em caso de erros); e) a decisão que dá solução para o caso apenas seria tomada após a conclusão da análise das provas e do direito aplicável e nenhum fator

---

[3] *Ibidem*, p. 20-21.
[4] Cf. ARAÚJO, Fábio Roque da Silva. A ruptura do paradigma cartesiano e alguns dos seus reflexos jurídicos. *Revista CEJ*, Brasília, n. 46, p. 80-81, 2009.

externo ao processo contribuiria para esse raciocínio; f) os fundamentos apresentados como razões de decidir indicariam toda a motivação de fato e de direito que efetivamente impulsionaram a decisão.

Podemos citar a compreensão que Montesquieu (1689-1755) fez da atividade dos juízes, em seu célebre "O espírito das leis", como bastante representativo desse ideal. Nessa obra, o autor argumenta que os juízes "*são apenas (...) a boca que pronuncia as palavras da lei*".[5] Descreve-os, ainda, como "*seres inanimados*"[6] e afirma que o ato de julgar deveria ser *nulo* e *impessoal*.[7] Para Montesquieu, uma atividade jurisdicional que dependesse de escolhas pessoais do juiz levaria a uma problemática insegurança jurídica.[8] Noção semelhante se verifica em *Dos Delitos e das Penas*. Escreveu Beccaria[9] que os juízes não deveriam interpretar a lei, já que não seriam legisladores. A atividade jurisdicional deveria se resumir a um "silogismo perfeito", em que se teria a lei como premissa maior, a ação (o fato) como premissa menor e a liberdade ou a pena como consequência. Segundo o autor, "se o juiz for obrigado a elaborar um raciocínio a mais, ou se o fizer por sua conta, tudo se torna incerto e inseguro".[10]

Como se observa, as compreensões de Montesquieu e de Beccaria só se fazem possíveis dentro do paradigma racionalista e, em especial, a partir do modelo de sujeito cartesiano.

Também o positivismo jurídico clássico contribuiu para reforçar a ideia de neutralidade da atividade jurisdicional. Isso porque o movimento positivista pretendia transformar o estudo do Direito numa ciência, como se tivesse as mesmas características do estudo das ciências naturais e exatas.[11] Assim, esse estudo deveria estar desprovido de juízos de valor e deveria empregar um conhecimento objetivo da realidade, renunciando qualquer atitude moralista ou metafísica. Havia, portanto, um apelo à compreensão de que as ciências seriam neutras (avalorativas) e era esse tipo de cientificidade que se pretendia aplicar

---

[5] MONTESQUIEU, Charles de Secondat (Baron de). *O espírito das leis*. Tradução de Cristina Murachco. São Paulo: Martin Fontes, 1996. p. 175.
[6] *Idem*.
[7] *Ibidem*, p. 169.
[8] *Ibidem*, p. 170.
[9] BECCARIA, Cesare. *Dos Delitos e das Penas*. Tradução de Torrieri Guimarães. São Paulo: Martin Claret, 2003. p. 21-22.
[10] *Ibidem*, p. 22.
[11] BOBBIO, Norberto. *Positivismo Jurídico*: Lições de Filosofia do Direito. Tradução de Márcio Pugliesi; Edson Bini; Carlos E. Rodrigues. São Paulo: Ícone, 1995. p. 135.

no estudo do direito. Ao se compreender que era possível um estudo neutro do direito, fortaleceu-se a noção geral de neutralidade.

Outra característica do positivismo jurídico que contribuiu para essa noção foi a teoria da coerência e da completude do ordenamento jurídico. A partir dessa noção se poderia dizer que todas as contradições ou lacunas da lei seriam apenas aparentes e o juiz sempre poderia encontrar no ordenamento jurídico uma solução para qualquer caso que a ele fosse submetido.[12]

Mas a maior contribuição se deu através da teoria da interpretação mecanicista da lei, para a qual a atividade do juiz seria predominantemente declarativa. Nesse ponto, vale mencionar a contribuição específica da Escola da Exegese.[13] Essa escola compreendia o sistema legislativo como um conjunto fechado aos elementos externos e a interpretação da lei como consistente em técnicas que impõem subordinação rigorosa às disposições dos artigos dos Códigos e que objetivam, em caso de obscuridade ou lacuna da lei, reconstituir e revelar com fidelidade a vontade do legislador. A adoção desses métodos de interpretação, em especial do método lógico, permitiria que se alcançasse elevado grau de precisão e segurança.[14] Com isso, a Escola da Exegese reduzia a atuação do julgador a uma atividade mecânica de lógica dedutiva e impessoal, de mera subsunção de um fato à norma,[15] coerente com a figura do juiz neutro.

É preciso ressalvar, entretanto, que o positivismo jurídico passou por diversas fases de desenvolvimento, de forma que nem todas as concepções positivistas são compatíveis com a figura do juiz neutro. Para Kelsen (1881-1973), por exemplo, a neutralidade estaria restrita à ciência do Direito e não se estenderia ao ato de julgar. Esse autor, no capítulo VIII de sua célebre "Teoria Pura do Direito",[16] discorre que os tribunais, ao julgarem os casos, ver-se-iam diante de situações de indeterminação do Direito, nas quais mais de uma solução seria possível. Saber, dentre essas possibilidades, qual é a solução mais adequada não seria, para Kelsen, uma questão de conhecimento ou um problema de Teoria do Direito, mas um problema de política do Direito. O ato de

---

[12] *Ibidem*, p. 133.
[13] *Ibidem*, p. 83 e ss; LIMA, Iara Menezes. Escola da Exegese. *Revista Brasileira de Estudos Políticos*, n. 97, jan. 2008. p. 111-117.
[14] LIMA, *Escola da Exegese....*, p. 115.
[15] *Ibidem*, p. 116.
[16] KELSEN, Hans. Teoria pura do direito. Tradução de João Baptista Machado. São Paulo: Martins Fontes, 1998. p. 245-251.

julgar, enfim, para além de uma operação de conhecimento, também envolveria um ato de vontade, uma escolha feita pelo julgador. Essa concepção caminha no sentido contrário à ideia de neutralidade jurisdicional, já que reconhece o ato de julgar como uma escolha e, sobretudo, uma escolha política.

Outro fator a se considerar é que durante o período do Estado Liberal (do século XIX até a primeira guerra mundial), o Poder Judiciário nos países centrais europeus era de fato neutralizado politicamente. De acordo com Santos, Marques e Pedroso,[17] em razão da maneira como se compreendia o princípio da legalidade (impedimento de decisões contra o texto da lei e redução da atividade do magistrado a uma subsunção lógica dos fatos à norma), as decisões judiciais não poderiam ser guiadas por referenciais sociais ou políticos. O debate sobre a justiça distributiva e a desigualdade social era reservado aos demais poderes. Os litígios levados ao Judiciário eram de natureza eminentemente individuais (proteção da liberdade negativa), com decisões aplicáveis apenas para o caso concreto e sempre mediante provocação das partes. Predominavam os princípios da segurança jurídica e da coisa julgada, bem como o caráter geral e universalizante da lei. A prática judiciária seria, assim, tecnicamente exigente, mas eticamente frouxa.[18] Embora independente quanto à condução dos processos, o Judiciário era dependente administrativa e financeiramente do Legislativo e do Executivo. Nesse contexto, o discurso da neutralidade da atividade jurisdicional era coerente com a esperada neutralidade política de todo o Poder Judiciário.

Temos, enfim, alguns dos principais fatores que tornaram possível a crença e a expectativa de que o juiz poderia e deveria atuar de forma absolutamente objetiva, impessoal e com neutralidade axiológica. Essa crença deixou uma marca muito forte no Direito, tanto que, como já dito, ainda que teoricamente e formalmente superada, continua produzindo efeitos reais nas práticas e nos discursos judiciais.

A ideia de que juízes atuam com neutralidade, no entanto, não sobreviveu aos avanços teóricos da filosofia e das ciências paralelas.

No plano filosófico, o paradigma racionalista entrou em crise. Em primeiro lugar, porque parece ser inviável sustentar que o

---

[17] SANTOS, Boaventura de Sousa; MARQUES, Maria Manuel Leitão; PEDROSO, João. *Os Tribunais nas Sociedades Contemporâneas*. Coimbra: Oficina do CES, n. 65, p. 7-10, 1995. Cf. também FERRAZ JR., Tercio Sampaio. O Judiciário frente à divisão dos poderes: um princípio em decadência? *Revista USP*, São Paulo, n. 21, p. 14-16, 1994.
[18] SANTOS; MARQUES; PEDROSO, *Os Tribunais nas...*, p. 10.

projeto da modernidade teve êxito em todas as suas proposições.[19] A partir de uma análise bem simplificada, sem levar em conta todos os processos complexos que contribuíram para tais resultados, parece incontestável que nestes últimos duzentos anos houve um grande avanço no desenvolvimento do conhecimento, especialmente nos campos das chamadas ciências exatas e biológicas. As tecnologias desenvolvidas permitiram revoluções quanto à locomoção e quanto à comunicação, por exemplo. Já as ciências biológicas permitiram, através do desenvolvimento de vacinas, remédios e técnicas de intervenção médica, o combate eficiente a muitas enfermidades, o que aumentou significativamente a expectativa de vida dos seres humanos. No entanto, também dentro desse largo período histórico, e novamente simplificando a análise, parece também necessário constatar que houve exploração excessiva dos recursos naturais, que resultaram em gravíssimas consequências ambientais, houve o desenvolvimento de tecnologias de guerra de imenso potencial, que resultaram em armas de destruição em massa, e houve uma intensificação da desigualdade social e da concentração de riqueza.[20] Especialmente nos países periféricos, as promessas de segurança jurídica, de estabilidade política e de uma sociedade mais justa e livre não chegaram nem perto de serem alcançadas. Mesmo o desenvolvimento da internet – que parece estar nessa linha de aceleração do desenvolvimento tecnológico iniciada na modernidade – teve um impacto ambíguo, já que se por um lado se facilitou o acesso ao conhecimento, por outro lado, sobretudo após a popularização das redes sociais, fez-se proliferar as chamadas *fake news*,[21] deu-se espaço a teorias conspiratórias[22] e, enfim, produziu-se impacto dúbio na subjetividade humana.[23] Frisamos que nossa intenção

---

[19] Cf. ARAÚJO, *A ruptura do...*, p. 81-82.

[20] SANTOS, Boaventura de Sousa. *A crítica da razão indolente*: Contra o desperdício da experiência. São Paulo: Cortez, 2005. p. 56.

[21] E.g. DELMAZO, Caroline; VALENTE, Jonas C. L. Fake News nas redes sociais online: propagação e reações à desinformação em busca de cliques. *Imprensa da Universidade de Coimbra*, v. 18, n. 32, p. 155-169, 2018.

[22] E.g. SHAHSAVARI, Shadi; HOLUR, Paban; WANG, Tianyi; TANGHERLINI, Timothy R.; ROYCHOWDHURY, Vwani. Conspiracy in the time of corona: automatic detection of emerging COVID-19 conspiracy theories in social media and the News. *Journal of Computational Social Science*, 2020. Disponível em: https://link.springer.com/content/pdf/10.1007/s42001-020-00086-5.pdf. Acesso em: 12 abr. 2022.

[23] O fenômeno das redes sociais é relativamente recente e, portanto, ainda não há pesquisas realizadas a longo prazo. Mesmo assim, já há estudos sugerindo que o uso das redes sociais pode de alguma forma intensificar sintomas de ansiedade e depressão, sobretudo em adolescentes. E.g. BLEASE, C.R. Too Many 'Friends', Too Few 'Likes'? Evolutionary Psychology and 'Facebook Depression'. Review Of General Psichology, v. 19, n. 1, 2015,

não é a de discutir todos os processos complexos que culminaram nos resultados acima apontados, muito menos de atribuir exclusivamente ao racionalismo todas essas consequências, mas tão somente de observar que houve contraste entre as expectativas do projeto da modernidade e o que efetivamente se realizou e que isso enfraqueceu a defesa do discurso racionalista.

Em segundo lugar, as ideias de universalidade e de verdades absolutas sofreram grande abalo, já que as bases que sustentavam o culto à razão físico-matemática foram contestadas. Teorias como as da relatividade, de Einstein, e da Incerteza, de Feynmann e Heisenberg, colocaram em xeque as noções de certeza e exatidão na Física.[24] A noção de verdade e suas limitações foi um dos temas de maior interesse da filosofia no século XX[25] e isso teve um enorme impacto nas noções de verdade para os processos jurídicos.

Em terceiro lugar, a rigorosa separação entre sujeito e objeto operada pelo paradigma cartesiano também foi colocada em xeque. Já no século XIX Nietzsche promoveu contundente ataque a essa concepção, articulando a ideia de que o sujeito, ao conhecer o objeto, modifica-o criativamente a partir de sua própria linguagem, valendo-se de metáforas, metonímias, antropomorfismos, mas depois, ao pretender procurar uma verdade, acaba esquecendo desse mundo metafórico primitivo.[26] O conhecimento seria, assim, um ato que não mantém o objeto intacto e que tem grande participação do sujeito conhecedor. No século XX, a linguagem se tornou um dos temas mais importantes da filosofia, com o prevalecimento de concepções de que há uma complexa e intrínseca relação entre sujeito do conhecimento e objeto de conhecimento.

Em quarto lugar, o grande desenvolvimento de saberes como a psicologia, a psicanálise e a neurociência foi também um relevante fator que enfraqueceu o paradigma cartesiano. Destaca-se a grande influência de Freud e da psicanálise, que aprofundaram o estudo sobre

---

p.1-13; LABRAGUE, Leodoro J.; Facebook use and adolescents' emotional states of depression, ansiety, and stress. *Heath Science Journal*, v. 8, 2014. Disponível em: https://www.researchgate.net/profile/Leodoro-Labrague/publication/262725734_Facebook_use_and_adolescents%27_emotional_states_of_depression_anxiety_and_stress/links/0deec53893ce914f4c000000/Facebook-use-and-adolescents-emotional-states-of-depression-anxiety-and-stress.pdf?origin=publication_detail. Acesso em: 12 abr. 2022.

[24] ARAÚJO, *A ruptura do...*, p. 82.
[25] Cf. NICOLÁS, Juan Antonio; FRÁPOLLI, María José. *Teorías de la verdad en el siglo XX*. Madrid: Tecnos, 1997.
[26] NIETZSCHE, Friedrich. *Sobre verdade e mentira*. Tradução de Fernando de Morais Barros. São Paulo: Hedra, 2008. p. 36-41.

o inconsciente e sobre os aspectos irracionais que estão presentes na psique humana. A ideia de que a razão poderia se sobrepor às "paixões", a partir de um estado mental de sobriedade, foi profundamente abalada. A introdução da ideia de inconsciente, enfim, contribuiu para derrubar a razão e a consciência – enaltecidas a partir de Descartes – de seus tronos.[27]

Em quinto lugar, a impossibilidade de neutralidade também atingiu o discurso científico como um todo. Houve, no século XX, contundentes críticas contra a crença ingênua de que a ciência seria produzida de forma objetiva, sem influência dos interesses dos cientistas, dos financiadores de suas pesquisas ou do contexto político do momento. Conforme os críticos, a exemplo de Japiassu,[28] os conhecimentos seriam produzidos dentro de uma atmosfera sóciopolítico-cultural determinada, o que faria da ciência um produto humano, com pressupostos teóricos ou ideológicos nem sempre explicitados. Conforme o autor, seria impossível que um cientista atuasse dirigido por uma ética de um saber objetivo, já que o ser humano concreto sofre influências, ainda que de forma inconsciente, por exemplo, de técnicas publicitárias e estratagemas de condicionamentos de massa.[29] As práticas científicas, enfim, estariam impregnadas de ideologias, juízos de valor, argumentos de autoridade, dogmatismos ingênuos, etc. Assim, só por ingenuidade um cientista poderia se considerar neutro.[30]

Esse contexto impactou o campo do Direito. Alguns dos primeiros a contestar a possibilidade de uma atividade jurisdicional neutra foram os autores que integravam o movimento chamado de realismo jurídico americano, como é o caso de Jerome Frank[31] (1889-1957). Conforme esse autor, para se compreender como um juiz julga, seria necessário observar como pessoas comuns tomam decisões lidando com questões cotidianas. E a psicologia nos informaria que os julgamentos começam por uma conclusão já mais ou menos formada, seguida de uma busca pelas premissas que vão a fundamentar.[32] Se, iniciado esse processo, a pessoa não encontrar os fundamentos necessários, ela descartará a primeira conclusão e partirá para outra, retomando os

---

[27] CARVALHO, Salo de. *Anti-Manual de Criminologia*. Rio de Janeiro: Lumen Juris, 2008. p. 80.
[28] JAPIASSU, Hilton. *O Mito da Neutralidade Científica*. Rio de Janeiro: Imago, 1975. p. 7-47.
[29] *Ibidem*, p. 13.
[30] *Ibidem*, p. 11.
[31] FRANK, Jerome. *Law and the Modern Mind*. Londres: Stevens & Sons Limited, 1949.
[32] *Ibidem*, p. 100.

primeiros passos. Frank aponta que esse procedimento mental seria incompatível com a visão tradicional do processo jurídico, para o qual o juiz partiria das premissas legais, aplicaria essas premissas aos fatos e somente então chegaria a uma conclusão. Sendo o juiz obviamente um ser humano, seria razoável supor que suas decisões seguem o mesmo processo das demais decisões humanas, em vez de um silogismo artificial.[33] Apesar disso, discorre o autor, juízes citam doutrina e precedentes como se fossem a base de suas conclusões e raramente admitem como realmente as decisões são tomadas. Segundo Frank, esse processo decisório envolveria estímulos diversos das regras e dos princípios jurídicos, mas que não são revelados e não são levados em consideração no debate. O autor demonstra um especial interesse nos aspectos da personalidade do juiz, que seriam até mais relevantes do que outras categorias, muito amplas segundo ele, como inclinações políticas, econômicas ou morais.[34] Assim, por exemplo, as simpatias e antipatias do juiz para com partes e testemunhas poderiam ser determinantes na maneira como ele iria conhecer as provas e julgar o caso. Frank conclui que se a personalidade do juiz é um fator determinante na administração do Direito, então o Direito pode variar com a personalidade do magistrado que atua no caso.[35]

A crítica dos realistas foi bastante radical, mas permaneceu periférica. Houve, no entanto, uma assimilação no plano discursivo do campo do Direito de toda a crítica ao paradigma racionalista, com a busca da superação teórica da noção do juiz neutro, que julga de forma puramente mecânica e sem subjetividade. Mas, ao mesmo tempo, houve um significativo esforço na busca para salvar a noção de juiz imparcial e isso se deu através da separação dos conceitos de imparcialidade e neutralidade. Esse tema será abordado adiante.

É importante, ainda, destacar, na esteira de Santos, Marques e Pedroso, que ao mesmo tempo em que houve avanços teóricos no sentido da superação do paradigma racionalista, também houve uma confluência de fatores políticos que culminaram em uma desneutralização do Poder Judiciário tantos nos países centrais como nos países periféricos. Essa trajetória se mostra importante para compreender os paradoxos contemporâneos do discurso da imparcialidade, razão pela qual faz-se aqui breve imersão nesse tema.

---

[33] *Ibidem*, p. 101.
[34] *Ibidem*, p. 105.
[35] *Ibidem*, p. 111.

Nos países centrais, com o desenvolvimento do Estado de Bem-Estar Social no período após a Segunda Guerra Mundial, a produção de direito tomou o caráter de um instrumento de transformação política. Houve a consagração normativa de direitos sociais e econômicos e da liberdade positiva,[36] que exigiam, para sua efetivação, uma prestação do Estado. Ocorreu, assim, uma explosão legislativa, que prejudicou as noções de coerência e unidade do sistema jurídico, caras ao positivismo. Houve também uma explosão de litigiosidade demandando a efetivação desses direitos. Diante dessa nova e ampla gama de direitos, mesmo a realização do princípio da legalidade se tornou problemática e a técnica de subsunção lógica da norma pareceu insatisfatória até mesmo da perspectiva puramente teórica. Em resposta, uma série de medidas foram adotadas, como reformas processuais, reforço de recursos humanos, criação de tribunais especiais para litígio em massa, mecanismos alternativos para solução de litígios etc.[37]

Todavia, a demanda por justiça social se mostrou incompatível com a legitimação processual-formal, direcionada para a proteção da igualdade formal (liberdade negativa), que havia sustentado os tribunais até então. Estes passaram a ser avaliados politicamente pelos efeitos extrajudiciais de suas decisões e, desse modo, a neutralização política do Judiciário se tornou insustentável. Alguns setores do Poder Judiciário optaram por assumir sua responsabilidade política[38] na atuação promocional dos direitos sociais, ainda que entrando em competição com os demais poderes e sofrendo o risco de pressão pela

---

[36] FERRAZ JR., Tercio Sampaio. O Judiciário frente à divisão dos poderes: um princípio em decadência? *Revista USP*, São Paulo, n. 21, 1994. p. 18.

[37] Cf. a descrição detalhada em SANTOS; MARQUES; PEDROSO, *Os tribunais nas...*, p. 11-15.

[38] "O dilema em que se colocaram os tribunais foi o seguinte. Se continuassem a aceitar a neutralização política vinda do período anterior, perseverando no mesmo padrão de desempenho clássico, reactivo, de micro-litigação, poderiam certamente continuar a ver reconhecida pacificamente pelos outros poderes do Estado a sua independência, mas fá-lo-iam, correndo o risco de se tornarem socialmente irrelevantes e de, com isso, poderem ser vistos pelos cidadãos como estando, de facto, na dependência do poder executivo e do poder legislativo. Pelo contrário, se aceitassem a sua quota-parte de responsabilidade política na actuação promocional do Estado – nomeadamente através de uma vinculação mais estreita do direito ordinário à Constituição de modo a garantir uma tutela mais eficaz dos direitos de cidadania – corriam o risco de entrar em competição com os outros poderes e de, como poder mais fraco, começar a sofrer as pressões do controle externo, quer por parte do poder executivo, quer por parte do poder legislativo, pressões tipicamente exercidas por uma das três vias: nomeação dos juízes para os tribunais superiores; controle dos órgãos do poder judicial; gestão orçamental.
A independência dos tribunais só se tornou uma verdadeira e importante questão política quando o sistema judicial, ou alguns dos seus sectores, decidiu optar pela segunda alternativa" *(Ibidem*, p. 13-14.)

via do controle externo. Neste momento, a independência dos tribunais se tornou uma questão política.[39]

A desneutralização política do Judiciário aprofundou o vínculo entre a Constituição e o direito ordinário, com decisões que, por estarem baseadas em valores constitucionais, poderiam contrariar as normas infraconstitucionais, e decisões que reconheciam inconstitucionalidades por omissão. O enfoque nos efeitos extrajudiciais das decisões e a coletivização da litigiosidade deram mais visibilidade social e midiática aos tribunais.[40]

Ainda nos países centrais, já ao final da década de 1970, os Estados de Bem-Estar Social manifestaram os primeiros sinais de crise.[41] Especialmente a partir do início dos anos de 1990, com a intensa globalização da economia, o modelo neoliberal é difundido, com seu norte de desregulamentação.[42] Nesse mesmo período, ocorre um agravamento das desigualdades sociais. Observa-se um fenômeno de erosão da soberania do Estado, o aparecimento de um novo pluralismo político e a desregulamentação de algumas áreas em que o Estado se mostrava presente. Mas ao mesmo tempo, ocorre uma maior regulamentação de outras áreas,[43] inclusive uma expansão do Direito Penal.[44]

O Poder Judiciário perde seu protagonismo no domínio cível e enfraquece sua legitimidade como mecanismo de solução de litígios. A arbitragem internacional se torna uma via mais atrativa do que os tribunais para solução de litígios transnacionais de ordem econômica. Para se lidar com explosão de litigiosidade, as propostas de acessibilidade foram revistas e foram também criados mecanismos para dificultar o processamento de causas que exigem decisões mais complexas, controversas ou inovadoras.[45] Implementaram-se reformas processuais com enfoque no trato da morosidade (quantidade de Justiça), em vez da qualidade da Justiça.[46]

---

[39] *Idem.*
[40] *Idem.*
[41] *Ibidem*, p. 16-17.
[42] Sobre a relação entre o neoliberalismo e o protagonismo do judiciário, cf. SANTOS, Boaventura de Sousa. *Para uma revolução democrática da justiça*. São Paulo: Cortez Editora, 2014. p. 19-20.
[43] SANTOS; MARQUES; PEDROSO, *Os tribunais nas...*, p. 17.
[44] A partir da década de 1980, nota-se um fenômeno de expansão do Direito Penal em todo o mundo, com a criação de leis penais em áreas nas quais o poder punitivo estatal tradicionalmente não se fazia presente, como sistema financeiro, relações de consumo, meio ambiente, ordem econômica, etc. Para um diagnóstico dessa expansão e suas causas, Cf. SILVA SÁNCHEZ, Jesús-Maria. *La Expansión del Derecho Penal*. Madrid: Civitas, 2001.
[45] SANTOS; MARQUES; PEDROSO, *op. cit.*, p. 19-21.
[46] Acerca do tema, Cf. SANTOS, *Para uma revolução...*, p. 25-31.

Nesse período após a década de 1970 também se verifica uma crise da representação política, aliada a um outro fator que viria a ter um papel crucial na politização do Poder Judiciário: o aumento da corrupção política. O fenômeno do aumento da corrupção se explica, em parte, pela expansão da administração pública do período do Estado de Bem-Estar Social.[47] O aumento de funcionários, de concursos públicos e licitações e da amplitude das relações entre agentes políticos e agentes econômicos,[48] aliado a uma deficiência nos mecanismos de controle, deu margem para que essa corrupção se alastrasse. Houve um crescimento do uso do Poder Judiciário como instrumento em uma luta pelo poder político, na medida em que, pela competição política, crescem as denúncias recíprocas entre partidos políticos, que clamam por investigação da corrupção alheia. Também nesse momento ganha intensidade a interferência da mídia no Poder Judiciário, inclusive com participação ativa através de investigações paralelas, especialmente de casos de corrupção política.[49]

A corrupção e a criminalidade transnacional organizada (tráfico de drogas e lavagem de dinheiro[50]) se tornam a grande criminalidade desse período e os tribunais são colocados no centro desse complexo problema.[51] Isso, somado ao aumento da criminalidade comum, leva a visibilidade do Judiciário para o domínio penal.[52]

Porém, especialmente no que diz respeito à corrupção, há uma série de empecilhos que dificultam o seu combate. Segundo Santos,

---

[47] "Especificamente, os direitos sociais, tais como o direito ao trabalho e ao subsídio de desemprego, à educação, à saúde, à habitação e à segurança social, envolveram a criação de gigantescos serviços públicos, uma legião de funcionários e uma infinitude de concursos públicos, e de contratações, empreitadas e fornecimentos envolvendo avultadíssimas quantias de dinheiros. Tais concursos e contratações criaram as condições para a promiscuidade entre o poder econômico e o poder político. O afrouxamento das referências éticas no exercício do poder político, combinado com as deficiências do controle do poder por parte dos cidadãos, permitiram que essa promiscuidade redundasse num aumento dramático da corrupção" SANTOS; MARQUES; PEDROSO, Os tribunais nas..., p. 21-22.

[48] Segundo SANTOS; MARQUES; PEDROSO (op. cit., p. 22), um dos fatores que aumenta as chances de corrupção em sociedades democráticas é justamente a descentralização de poder. Como este fica dividido entre numerosos agentes políticos, as interações deles com agentes econômicos são maiores e, consequentemente, maiores são as probabilidades de corrupção, especialmente quando um partido ou grupo de partidos permanece por muito tempo no poder.

[49] SANTOS; MARQUES; PEDROSO, op. cit., p. 21-22.

[50] Um panorama do histórico da política de combate à lavagem de dinheiro pode ser encontrado em BLANCO CORDERO, Isidoro. El Delito de Blanqueo de Capitales. Cizur Menor: Aranzadi, 2012. p. 53-92.

[51] A perspectiva colocada não é apenas de combate à corrupção pelo Poder Judiciário, mas também de combate à corrupção do Poder Judiciário. (SANTOS, Para uma revolução..., p. 16)

[52] SANTOS; MARQUES; PEDROSO, op. cit., p. 22-23.

Marques e Pedroso, dois pontos se destacam: o despreparo técnico do Judiciário para se lidar com essa criminalidade – uma vez que a Justiça penal estava habituada a lidar apenas com crimes estereotipados pelo perfil do criminoso ou po *modus operandi* do crime[53] – e a falta de vontade política para a investigação de membros da classe política e de indivíduos ou organizações com muito poder político e social.[54] Em resposta a esse problema, em alguns países certos setores do Judiciário tomam uma postura politicamente ativa. Em meio à crise da representatividade política, essa postura dos tribunais transferiu para o Judiciário parte da confiança dos cidadãos no sistema político. A atuação política dos tribunais não se limitava mais à revisão da agenda política dos outros poderes, mas também ao confrontamento dos próprios agentes políticos e seus abusos de poder e isso se tornou um ingrediente da crise de representação política.[55]

O Poder Judiciário se mostra, neste período, fortemente politizado. Porém, a legitimidade constitucional desse poder político dependeria justamente de atividade jurisdicional apolítica, o que tornou especialmente complexa a posição dos tribunais. A demanda pela efetivação dos direitos constitucionais permanece, mas ela depende de que os agentes políticos cumpram as suas obrigações. Esse fator fomenta uma cultura judiciária intervencionista, da qual o caso italiano (Operação Mãos Limpas) é exemplo mais extremo nos países centrais.[56]

---

[53] Além da habitual seletividade do sistema penal (Acerca da seletividade, Cf. ZAFFARONI, Eugenio Raúl; BATISTA, Nilo; ALAGIA, Alejandro; SLOKAR, Alejandro. *Direito Penal Brasileiro I*. Rio de Janeiro: Revan, 2003. p. 43-57; BARATTA, Alessandro. *Criminologia Crítica e Crítica do Direito Penal*. Tradução de Juarez Cirino dos Santos. Rio de Janeiro: Revan, 2002. p. 101-116; DIAS, Jorge de Figueiredo. *Criminologia*. Coimbra: Coimbra Editora, 1997. p. 384-390), agravada em razão de que os "novos criminosos" não têm o estereótipo da criminalidade, a complexidade da nova criminalidade (frequentemente transnacional, empresarial e dentro de domínios complexos, como o sistema financeiro) gera uma especial dificuldade de detecção, produção de prova e responsabilização dessas infrações, o que resultou em uma tendência legislativa de flexibilização de direitos e garantias clássicas do Direito Penal e um debate acadêmico sobre as formas de racionalização desse movimento (Cf. SILVA SANCHEZ, *La Expansión del...*, p. 149-167). Essa tendência legislativa também é decorrente de um cenário de internacionalização do poder punitivo (Cf. DISSENHA, Rui Carlo; INCOTT JUNIOR, Paulo Roberto. A internacionalização do poder punitivo: os riscos normativos e políticos da demanda por leis universais. *Revista Brasileira de Ciências Criminais*, São Paulo, v. 147, 2018, p. 813-848).

[54] SANTOS; MARQUES; PEDROSO, *Os Tribunais nas...*, p. 23-24.

[55] *Ibidem*, p. 24-25.

[56] Acerca da Operação Mãos Limpas, Cf. ORLANDI, Renzo. "Operazione Mani Pulite" e seu Contexto Político, Jurídico e Constitucional. Tradução de Marco Aurélio Nunes da Silveira. *Revista da Academia Brasileira de Direito Constitucional*, Curitiba, v. 8, n. 15, p. 378-405, 2016.

O enfoque na garantia de direitos sociais e econômicos passa para a repressão do abuso do poder político.[57]

É importante ressalvar, todavia, que nos países periféricos, como é o caso do Brasil,[58] esse desenvolvimento ocorreu de forma diferenciada.[59] Em primeiro lugar, os períodos indicados anteriormente não se adequam, pois esses países apenas conquistaram a independência tardiamente e viveram alternância entre regimes democráticos e regimes ditatoriais. Em segundo lugar, os países periféricos jamais vivenciaram um efetivo Estado de Bem-Estar Social e são caracterizados por fortes desigualdades sociais. Nesses países, há grave deficiência de aplicação não apenas dos direitos sociais e econômicos, mas até mesmo dos direitos individuais. Em terceiro lugar, a questão da independência do Judiciário é posta de forma diferenciada, uma vez que os regimes democráticos são precários nessas regiões.[60]

Nos países periféricos, predominou até recentemente o modelo liberal, com um Judiciário neutralizado politicamente e atuando em conivência com regimes ditatoriais. Após a redemocratização dos anos 1970 e 1980, esses países consagraram em suas constituições os direitos de segunda e terceira dimensão. Porém, a efetivação desses direitos foi problemática uma vez que sua consagração normativa de deu de forma súbita – bem diferente dos países centrais, que levaram mais de um século para gradualmente os efetivar. Isso gerou um curto-circuito histórico.[61] Apontam Santos, Marques e Pedroso que a dificuldade se inicia pela própria resistência cultural dos magistrados, já que, pela sua própria formação e pelo histórico de conivência do Judiciário com a larga violação de direitos fundamentais nos períodos ditatoriais, tendem a compreender esses direitos como declarações programáticas de caráter utópico. A isso se soma a deficiência da organização judiciária, a ausência de uma opinião pública forte em favor da implementação desses direitos e a falta de orçamento do Poder Executivo.[62]

Considerando tanto a realidade dos países centrais quanto a dos países periféricos, é possível afirmar que há um fenômeno global de expansão do Poder Judicial em curso, como articulado por C. Neal

---

[57] SANTOS; MARQUES; PEDROSO, op. cit., p. 27.
[58] Acerca da politização do Judiciário no Brasil, Cf. CAMPILONGO, Celso Fernandes. O Judiciário e a Democracia no Brasil. *Revista USP*, São Paulo, n. 21, p. 116-125, 1994.
[59] SANTOS; MARQUES; PEDROSO, *Os Tribunais nas...*, p. 28-37.
[60] Ibidem, p. 28-30.
[61] Ibidem, p. 32.
[62] Ibidem, p. 30-37.

Tate e Torbjörn Vallinder.[63] Esse fenômeno pode ser descrito como uma infusão de decisões judiciais e procedimentos judiciais em área políticas, onde elas não se encontravam anteriormente. Ao mesmo tempo em que o direito de produção de decisões de natureza política é levado para dentro dos tribunais, principalmente pela via da revisão constitucional, os métodos de decisão judicial são expandidos para fora do Judiciário.[64]

Em suma, tem-se juízes – figuras formalmente não-políticas – precisando agir como políticos ao proferir decisões que: a) interferem diretamente em políticas públicas elaboradas por outras agências políticas (Executivo ou Legislativo),[65] delimitando ou invalidando sua implementação;[66] b) criminalizam a irresponsabilidade política e o abuso de poder de agentes políticos;[67] c) decidem conflitos (denúncias cruzadas) entre membros da classe política.[68] Em que pese essa atuação apenas possa ocorrer em certas condições,[69] ela também depende de uma atitude pessoal dos juízes, bem como de suas preferências políticas ou valorativas.[70]

Considerando esse contexto político e os fatores indicados anteriormente, a exigência formal de neutralidade do juiz se tornou um discurso obsoleto. Mas o caminho inverso, no sentido do reconhecimento da parcialidade da atuação do Poder Judiciário e de seu papel político, também não poderia ser trilhado de maneira tranquila. Isso porque a legitimidade do Poder Judiciário, dentro do discurso que ampara essa ordem política, ainda se concentra nos pilares da técnica, da impessoalidade e da apoliticidade. Por isso, para salvar essa ordem política foi necessária a construção de uma solução alternativa, que pudesse, por um lado, reconhecer a impossibilidade de neutralidade, mas, por outro lado, manter o Poder Judiciário sustentado pelos mesmos pilares. E, assim, construiu-se a distinção entre neutralidade e imparcialidade.

---

[63] TATE, C. Neal; VALLINDER, Torbjörn (Org.). *The Global Expansion of Judicial Power*. Nova Iorque e Londres: New York University Press, 1995.

[64] VALLINDER, Torbjörn. When the Courts Go Marching In. *The Global Expansion...*, p. 13.

[65] TATE, C. Neal. Why the Expansion of Judicial Power? *The Global Expansion...*, p. 27-28.

[66] Acerca do uso dos tribunais por grupos de interesses políticos e pela oposição, cf. CARVALHO, Ernani Rodrigues de. Em busca da Judicialização da Política no Brasil. *Revista de Sociologia Política*, Curitiba, n. 23, p. 119-120, 2004.

[67] SANTOS; MARQUES; PEDROSO, *Os Tribunais nas...*, p. 3.

[68] SANTOS, *Para uma revolução...*, p. 17-18.

[69] Sobre essas condições, Cf. TATE, Why the Expansion... p. 28-32; CARVALHO, *Em busca da...* Sobre os demais fatores que influenciam o protagonismo político dos tribunais, Cf. SANTOS; MARQUES; PEDROSO, *op. cit.*, p. 37-54.

[70] *Ibidem*, p. 33.

1.2 A distinção conceitual entre neutralidade e imparcialidade e as teses de parcialidade positiva

Pelas razões expostas nos tópicos anteriores, tornou-se insustentável o discurso de que os juízes decidem de forma impessoal, objetiva e com neutralidade axiológica. As críticas a esse modelo tiveram impacto – algumas mais do que outras – a ponto de não haver hoje praticamente nenhuma voz a defender teoricamente a recuperação do ideal do juiz boca da lei.

Embora em geral os manuais de processo penal brasileiros tratem o tema da imparcialidade de maneira muito superficial,[71] não é difícil encontrar na doutrina mais especializada autores que apresentam o juiz neutro como um modelo obsoleto e que sustentem o entendimento de que o julgador não pode se desfazer de seus valores e de sua subjetividade ao proferir uma decisão.[72] Em linhas gerais, defendem que

---

[71] As abordagens dos manuais, em geral, não ultrapassam a definição do princípio da imparcialidade e a discussão sobre as causas de impedimento e suspeição. Mas há, como exceção, manuais que chegam a abordar o tema com maior profundidade (E.g. LOPES JR., Aury. *Direito Processual Penal*. São Paulo: Saraiva Educação, 2020, versão digital. p. 89-103; BADARÓ, Gustavo Henrique. *Processo Penal*. São Paulo: RT, 2015. p. 38-43; LIMA, Renato Brasileiro de. *Manual de Processo Penal*. Salvador: Jus Podivm, 2020. p. 120-125).

[72] E.g. "Não sendo o magistrado exceção aos demais seres humanos, nem possuindo qualquer 'dom' de se desvencilhar de experiência passadas e eventuais preconceitos, é inevitável que imponha uma carga valorativa às suas decisões, fruto de sua interpretação da sociedade e dos fenômenos que nela acontecem" (RITTER, Ruiz. *Imparcialidade no processo penal*: reflexões a partir da teoria da dissonância cognitiva. São Paulo: Tirant lo Blanch, 2019, p. 71); "[...] a 'praxis' do direito é atrelada aos seus personagens, seres humanos, cuja subjetividade sofre influências de experiências educacionais, profissionais e pessoais. Portanto, é possível que o juiz decida também em função de aspectos intersubjetivos" (LORA, Deise H. K. *Subjetividade e imparcialidade no processo penal*. Florianópolis: Tirant lo Blanch, 2019. p. 108). No mesmo sentido: "A neutralidade é um mito concebido pelo Direito Romano e fortalecido pela Escola Exegética Francesa por motivos históricos hoje bem conhecidos, pois o juiz em sendo homem está mergulhado na formação social em que vive como produto culturalmente condicionado pelo seu meio social. Na sua sentença influirão sua formação jurídica, suas crenças políticas e religiosas, seu caráter e temperamento, sua condição econômica e os interesses dos grupos sociais com os quais se identifica" (BRUM, Nilo Bairro de. *Requisitos retoricos da sentença penal*. São Paulo: Clube de Autores, 2021. p. 21). Ainda: "[...] tanto a compreensão do juiz como homem inserido em um dado contexto social, quanto os vieses psicanalíticos propostos por Freud e Jung, conduzem à impossibilidade de pensá-lo como um ser isolado no mundo, isento de valores e emoções, apto a colocar-se diante de controvérsias jurídicas sem experimentar, diante delas, nenhuma sensação emotiva. Um magistrado nesses moldes não seria sequer capaz de julgar efetivamente, pois o julgamento pressupõe uma tomada de posição, uma escolha entre duas ou mais opções, o que é incompatível com a ideia de abstenção característica da neutralidade" (MAYA, André Machado. *Imparcialidade no processo penal*. São Paulo: Atlas, 2014, p. 57-58). "[...] o magistrado leva consigo os valores de sua formação, que acabam por justificar entendimentos distintos em relação a uma pluralidade de situações fáticas, o que não significa, a princípio, que seja parcial. [...] a isenção preconizada pelo

o ato de julgar é pessoal, carregado dos valores do próprio julgador e influenciado pelo contexto social, econômico e político. Esse já é um senso comum teórico entre os autores que se aprofundaram no tema. Mas há que se observar dois fatores.

Por um lado, a aceitação de que o juiz julga com sua subjetividade não advém de uma construção teórica que apresenta uma ética sobre como o juiz deve julgar. Pelo contrário, ela sobrevém de uma pretensão de conexão com a realidade e de um não-há-nada-a-se-fazer acerca de um modelo do ato de decidir humano informado por saberes paralelos.

Por outro lado, o impulso para a assimilação do modelo de juiz não-neutro é causado pela necessidade de solução de um problema político concreto. É que a desconstrução do modelo de juiz neutro implicava o descarte do princípio da imparcialidade, ao menos na forma como ele estava estabelecido no século XIX. E isso teria por consequência a ruína de alguns dos pilares que sustentavam a legitimidade da atuação do Poder Judiciário, especificamente, como já dito, a técnica, a impessoalidade e a apoliticidade. Assim, foi necessário um esforço retórico para se conciliar a noção de imparcialidade com a do novo modelo de juiz, que julga com subjetividade e que exerce grande poder discricionário. A partir desse impulso, enfim, sobreveio a separação entre os conceitos de neutralidade e de imparcialidade.

Não pretendemos aqui realizar um resgate histórico de todo o percurso até se chegar ao senso comum teórico contemporâneo. Mas é válida uma referência ao célebre texto de Werner Goldschimidt, pelo prestígio que ele recebe da doutrina contemporânea. No texto, publicado em 1940 e intitulado *La imparcialidad como principio básico del proceso (la partialidad y la parcialidad)*,[73] o autor articula um conceito

---

ordenamento jurídico [...] não induz que o juiz se abstraia de seus valores para que exerça seu mister" (TÁVORA, Nestor; ALENCAR, Rosmar Rodrigues. *Curso de Direito Processual Penal*. Salvador: JusPodivm, 2017. p. 73-74). Também o autor desta tese já fez afirmação nesse sentido: "Não é novidade que o modelo de juiz imparcial, completamente isento de influências externas e que está internamente motivado tão somente em realizar o direito no caso concreto é um modelo ideal, de impossível realização plena. Isso porque, por um lado, um juiz não é uma máquina de decidir, mas um ser humano e, assim, carrega e manifesta em suas decisões valores pessoais, frutos de experiências próprias, que muitas vezes são estranhos ao sistema valorativo legitimado pelo sistema jurídico. Por outro lado, também não é possível que se evite inteiramente a influência e as pressões de grupos externos, como a imprensa, que frequentemente emite pré-juízos ou pós-juízos acerca de um caso, criticando ou enaltecendo o trabalho de um tribunal" (SZESZ, André. Sobre os critérios jurisprudenciais de identificação de perda de imparcialidade de um magistrado. *Revista Brasileira de Ciências Criminais*, v. 140, p. 213-214, fev. 2018.).

[73] GOLDSCHMIDT, Werner. *La imparcialidad como principio básico del proceso (la partialidad y la parcialidad)*. Disponível em: http://www.academiadederecho.org/upload/biblio/contenidos/la_imparcialidad.pdf. Acesso em: 13 jun. 2022.

de imparcialidade já pouco compatível com a noção positivista de neutralidade. Nesse texto, o autor se debruça especificamente sobre a possibilidade teórica de que alguém figure como parte e, ainda assim, porte-se de forma imparcial. Ele argumenta que haveria figuras que se aproximam do papel de parte, mas mesmo assim sobre elas recaem um dever de imparcialidade. Isso aconteceria no caso de testemunhas (que podem estar inclinadas a um dos lados), do Ministério Público e, sobretudo, de juízes que atuam com excessiva proximidade a uma das partes (a exemplo de tribunais internacionais em que juízes representam um dos Estados que são parte na controvérsia) e que poderiam estar inclinados a esta.[74] Goldschimidt conclui que seria possível ser parte e, ainda assim, ser imparcial. Seu fundamento é o de que o princípio da imparcialidade, em verdade, abordaria a relação entre os motivos imediatos de uma pessoa e o ato processual.[75] Assim, a relação poderia ser qualificada como imparcial se a pessoa tiver por motivação dizer a verdade ou resolver a controvérsia de forma justa e dentro da lei. Nem mesmo importaria se houvesse uma motivação remota inspirada por ódio ou amor, desde que a motivação próxima fosse a de atuar com imparcialidade. Por outro lado, argumenta Goldschimidt, haveria parcialidade se a motivação próxima fosse indevida, como o desejo de obter uma vantagem pessoal. Assim, bastaria uma motivação próxima idônea para se ter a garantia de imparcialidade em nível adequado ao processo. Desse modo, seria possível que um sujeito tivesse interesse remoto no processo, como um juiz-parte, mas também tivesse uma motivação próxima adequada ao direito e isso já esgotaria a exigência de imparcialidade.

Goldschimidt tenta aproximar o conceito de imparcialidade no processo com o conceito de neutralidade dentro de uma guerra, como Estados que são neutros porque não tomam parte, ainda que tenham algum interesse remoto no conflito. Mas sua tese ainda está presa a uma noção racionalista de imparcialidade, tanto que chega a afirmar que esta consistiria em "colocar entre parênteses todas as considerações subjetivas do julgador",[76] e que este "deve estar imerso no objeto" e deve "esquecer a sua própria personalidade".[77] Seu texto contém problemas e contradições teóricas, que não convém serem abordadas aqui. O que vale destacar é o esforço do autor para construir o modelo de um juiz

---

[74] *Ibidem*, p. 8 e ss.
[75] *Ibidem*, p. 19 e ss.
[76] (tradução livre) *Ibidem*, p. 20.
[77] *Idem*.

que tem interesses, inclinações e emoções e que mesmo assim poderia atuar com imparcialidade. Ou seja, o modelo de um juiz que não é neutro, mas que pode ser imparcial.

Hoje é prevalecente na doutrina nacional o entendimento de que os conceitos de imparcialidade e de neutralidade são separados e independentes e de que o que se espera do magistrado é a imparcialidade, não a neutralidade.

Maya,[78] por exemplo, considera que essa diferenciação é necessária para que se possa definir imparcialidade "dentro dos limites possíveis ao conhecimento humano" e, assim, assume que "ser imparcial não significa, pois, ser neutro". A imparcialidade pressuporia, segundo o autor, uma autoconsciência do julgador acerca de "sua formação subjetiva, de seus conceitos, de sua função", para, a partir desse saber, adotar uma postura de distância dos interesses das partes.

Ritter argumenta que é imprescindível que se desvele a ausência de neutralidade no ato de julgar, considerando a necessária subjetividade da atividade do julgador. Considera, desse modo, que a imparcialidade judicial é uma construção jurídica que tem como principal finalidade "a preservação da cognição do magistrado no processo, para que nenhuma parte seja beneficiada em detrimento da outra, mesmo involuntariamente".[79]

Para Renato Brasileiro, a neutralidade é uma "utópica abstração subjetiva", na medida em que pressupõe "um complexo isolamento do ser em relação ao contexto social em que está inserido" e é, assim, "algo inalcançável diante da essência do próprio juiz, ser humano constituído por razão e emoção".[80]

Para Badaró, os pré-juízos dos juízes, que decorrem de suas histórias de vida, concepções, contextos sociais e históricos, levariam a se considerar que, na acepção pura da palavra, eles não são imparciais. Mas, discorre o autor, o juiz boca da lei pretendido por Montesquieu só poderia existir se vivesse isolado da sociedade, desinteressado acerca do mundo fora do tribunal. Ao contrário, há, segundo o autor, um pluralismo político e ideológico dentro da própria magistratura, que refletiria o pluralismo da sociedade. Hoje, enfim, nem mesmo uma neutralidade política dos juízes poderia ser sustentada, uma vez que seria irrealizável.[81]

---

[78] MAYA, *Imparcialidade no processo...*, p. 99.
[79] RITTER, *Imparcialidade no processo*, p. 72.
[80] LIMA, Renato Brasileiro, *Manual de processo....*, p. 121 (nota de rodapé n. 39).
[81] BADARÓ, *Processo Penal...*, p. 40-41.

Para Zaffaroni, a imagem do juiz asséptico (neutro) é uma caricatura empobrecida, estereotipada e cinza, que desenha o juiz como alguém sem ideias e alheio à sociedade.[82] Para o autor, não existe neutralidade ideológica, e seria insustentável a concepção de que o juiz não tenha uma compreensão própria do mundo e da realidade, que não participe de certa ordem de ideias e, mais ainda, que não seja parte do processo de decisões políticas do Estado.[83]

Há que se notar que a grande maioria dos autores toma como suficiente e satisfatória a distinção entre imparcialidade e neutralidade. Há também, por outro lado, aqueles que consideram promissor o conceito de imparcialidade como distinta da neutralidade, mas que reputam necessária uma lapidação.

É o caso de Deise Lora.[84] A autora pontua que, em termos genéricos, a neutralidade estaria relacionada à ideia de ausência de interferências e valores no ato de decidir, enquanto a imparcialidade partiria da consideração de que o juiz não pode se livrar de sua subjetividade, formada a partir de suas vivências e experiências, e estaria centrada na desvinculação do julgador aos interesses das partes. Lora aponta que a separação encontra dificuldades operativas, já que é possível que os valores e interesses das partes se confundam com os valores e interesses do magistrado. Dessa forma, para ela, a celeuma contemporânea não estaria mais na impossibilidade de neutralidade, mas na coexistência da imparcialidade com o proselitismo mundano. No entanto, haveria escassez epistêmica para se conjugar de forma satisfatória a essência do ser do juiz com sua atividade jurisdicional. A separação ocorrida no processo penal contemporâneo estaria ainda voltada ao absolutismo cartesiano, com mera segmentação ideal dos institutos, mas que não entraria no campo de sua efetividade democrática e, assim, apenas contribuiria para a manutenção do *status quo*. A autora busca avançar nessa discussão, consolidando a posição de ultrapassagem da neutralidade, mas tentando pensar um procedimento capaz de oferecer aos sujeitos condições de atuações minimamente imparciais. Compreende que a imparcialidade é, assim, "além de um dever, um ânimo, uma disposição que acompanha a atuação dos personagens da jurisdição".[85]

---

[82] ZAFFARONI, Eugenio Raúl. *Poder Judiciário: Crise, Acertos e Desacertos*. Tradução de Juarez Tavares. São Paulo, RT, 1995. p. 91.
[83] *Ibidem*, p. 92.
[84] LORA, *Subjetividade e imparcialidade...*, p. 147-159.
[85] *Ibidem*, p. 159

Em termos gerais, é possível dizer que a separação entre os conceitos de imparcialidade e neutralidade foi uma solução em alguma medida bem-sucedida, já que reestruturou a exigência de imparcialidade no plano discursivo sem permitir que se colocasse em dúvida a legitimidade do Poder Judiciário e conseguiu se firmar como um senso comum teórico.

Essa separação teórica entre os conceitos de neutralidade e imparcialidade foi, enfim, a resposta majoritária ao problema da desconstrução do modelo de juiz neutro. Porém, há também uma resposta minoritária que caminhou em outra direção.

Essa segunda posição também recusa o conceito de neutralidade e admite que o ato de julgar envolve a subjetividade do julgador e a influência do contexto social e político no qual ele se insere. A diferença é que, para essa resposta alternativa, não há que se empregar esforços para se tentar fazer parecer que os julgadores podem ser imparciais. Pelo contrário, haveria que se aceitar que o juiz atua ideologicamente, mas desde que a ideologia que motiva a atividade jurisdicional seja a assunção dos valores democráticos. Eventualmente se mantém uma separação entre neutralidade e imparcialidade, mas o papel desta fica reduzido à proibição de determinadas parcialidades negativas. A seguir destacamos o entendimento de alguns autores, cujas teses, embora diferentes entre si, enquadram-se nessa defesa de uma parcialidade positiva.

A primeira tese que destacamos é a de Rui Portanova. O autor reconhece que os juízes são profundamente afetados por suas concepções de mundo, sua formação, seus valores de classe, tendências ideológicas da profissão etc.[86] Ao mesmo tempo, compreende que neutralidade é uma ideologia, cuja defesa teria por finalidade ocultar os conflitos sociais, econômicos e políticos da sociedade para a manutenção do *status quo*.[87] Portanova sustenta que o Direito e a Justiça são parciais, pois traduzem uma vontade política e encerram determinada dimensão valorativa, e que hoje o Poder Judiciário deveria assumir um novo papel político, buscando traduzir o sentimento de justiça da comunidade. Os juízes, assim, deveriam ser, ao mesmo tempo, cientistas (por estarem abertos à aplicação de um saber decorrente de uma cultura multidisciplinar) e artistas (em razão de exercerem um poder criador, que deveria estar conectado com as aspirações do povo).[88] Juízes seriam, enfim, a

---

[86] PORTANOVA, Rui. *Motivações ideológicas da sentença*. Porto Alegre: Livraria do Advogado, 1997. p. 15-22.
[87] *Ibidem*, p. 63-66.
[88] *Ibidem*, p. 93-95.

expressão da democracia e a exigência de imparcialidade teria foco na completa independência com relação a autoridades superiores.[89]

Para Andrade,[90] a ideologia é um fator intrínseco a qualquer postura humana. Mesmo assim, os juízes "submetidos ao senso comum" teriam dificuldade em se ver como não neutros e em compreender que fazem escolhas ideológicas. Todavia, segundo o autor, a exigência de imparcialidade se esgotaria na conduta com relação às partes. Assim, não haveria contrassenso na postura do magistrado que aplica a lei buscando uma justiça material, de forma a favorecer não a uma pessoa individual, mas a toda uma classe oprimida. Para Andrade, os juízes deveriam assumir a sua "responsabilidade pelo resultado social da prestação jurisdicional[91]" e deveriam julgar almejando colaborar para o melhoramento da sociedade e para a diminuição de suas mazelas. Observa Andrade que quando um juiz "tradicional" aplica do Direito conforme os interesses da classe dominante, dificilmente alguém o acusa de atuar de forma parcial.[92]

Para Coutinho,[93] a defesa da neutralidade da atividade jurisdicional em determinado período histórico esteve assentada em três premissas. Em primeiro lugar, a crença numa razão de validade universal, por influência do racionalismo. Em segundo lugar, a necessidade de legitimação do discurso do Estado moderno, que naquele período se formava. Em terceiro lugar, a urgência em ocultar que os interesses do Estado eram de classe, não do povo. Sobre essas premissas teria surgido a visão de que o juiz é um órgão do Estado neutro e imparcial e que, por não ter interesse direto no caso, tutelaria a igualdade entre as partes. Essas categorias, no entanto, já não se sustentariam mais no presente, uma vez que hoje se sabe que o sujeito de conhecimento é construtor da realidade. Assim, não haveria motivos para esconder as suas ideologias e suas escolhas. O Direito seria ideológico, assim como seria a defesa do bem comum e do interesse público. Por isso, os agentes em cena, incluindo o juiz, precisariam assumir a sua ideologia e se comprometer com as reais aspirações das bases sociais, em vez de se esconder sob a máscara da neutralidade ou da objetividade.

---

[89] Ibidem, p. 122-125.
[90] ANDRADE, Lédio Rosa de. *Juiz alternativo e Poder Judiciário*. São Paulo: Académica, 1992. p. 87-92.
[91] Ibidem, p. 91.
[92] Ibidem, p. 89.
[93] COUTINHO, Jacinto Nelson de Miranda. O Papel do novo juiz no processo penal. *Crítica à Teoria Geral do Direito Processual Penal*. Jacinto Nelson de Miranda Coutinho (Coord.) Rio de Janeiro/São Paulo: Renovar, 2001. p. 42-48.

Artur César de Souza[94] também defende uma postura ativa do juiz e a compreende como uma decorrência do próprio princípio da imparcialidade, que exigiria que o julgador levasse em consideração as diferenças materiais observáveis no caso. Para o autor, a imparcialidade teria dois aspectos.[95] Enquanto regra jurídica, diria respeito à vedação de determinadas parcialidades negativas (as hipóteses de recusa ou abstenção do juiz previstas na lei). Já enquanto princípio, além de visar os mesmos objetivos da regra jurídica, almejaria também uma postura positiva do juiz no sentido de que este deveria ponderar todos os interesses relevantes da questão – valores como verdade, justiça, democracia etc. – e se inclinar pela efetivação material dos princípios fundamentais previstos na CF, em busca da construção de "uma sociedade livre, justa e solidária, e a erradicação da pobreza, marginalização, reduzindo as desigualdades sociais e regionais".[96] Citando Fábio Konder Comparato, o autor afirma que a verdadeira justiça é sempre parcialíssima.[97]

Como se observa, em suma, são teses que entendem que assumir que o Direito é ideológico e assumir que o juiz concreto tem ideologias é a melhor saída para o impasse da imparcialidade. O magistrado ainda poderia ser recusado por incidir em uma hipótese de impedimento ou suspeição, a exemplo de um juiz que está impedido de julgar o próprio irmão, mas não poderia ser recusado por assumir que faz escolhas valorativas. Apesar de aceitar um atuar ideológico, essas teses vinculam essa permissão a uma determinada ideologia, que seria a pretensão de realização da democracia de justiça material. Esse discurso teve impacto, que será discutido posteriormente, mas permaneceu minoritário.

1.3 Os contornos contemporâneos da exigência de imparcialidade

O direito a um tribunal imparcial integra o ordenamento jurídico. É interessante observar, no entanto, que ele não está previsto expressamente na Constituição Federal e tampouco no Código de Processo Penal de 1941.

A Constituição Federal apenas faz referência expressa à independência do Poder Judiciário, em seu artigo 2º ("São Poderes da União,

---

[94] SOUZA, Artur César de. *A Parcialidade Positiva do Juiz*. São Paulo: Almedina, 2018. p. 234-257.
[95] *Ibidem*, p. 62-71.
[96] *Ibidem*, p. 237.
[97] *Ibidem*, p. 239.

independentes e harmônicos entre si, o Legislativo, o Executivo e o Judiciário"), e à garantia do juiz natural, prevista no artigo 5º, incisos XXXVII, que trata da vedação de tribunais de exceção ("não haverá juízo nem tribunal de exceção") e LIII, que trata da vedação de julgamento por um juiz incompetente ("ninguém será processado nem sentenciado senão pela autoridade competente"). É preciso algum esforço retórico para deduzir a imparcialidade a partir dessas disposições (geralmente com apelo ao §2º do artigo 5º e/ou ao artigo 1º, que estabelece o Estado Democrático de Direito), já que elas não são idênticas à garantia da imparcialidade. Com efeito, ainda que a independência e a competência sejam pressupostos para um juiz imparcial, é possível que um juiz seja competente e independente, mas parcial.

Não deixa de ser curioso observar que o legislador constituinte optou por não fazer essa previsão de forma expressa. Ou dizendo em palavras mais precisas, que das disputas políticas ocorridas no período da confecção da Constituição de 1988, não houve a preponderância do interesse de se estabelecer de forma clara, direta e inequívoca essa garantia. Com efeito, segundo Alexandre Carvalho, a partir dos debates e textos publicados na época da confecção do Constituição, é possível constatar que o recurso ao léxico da imparcialidade esteve relacionado sobretudo à defesa dos atributos da independência judicial, como a prerrogativa de vitaliciedade dos ministros do STF e a resistência ao controle externo.[98] Inclusive a defesa de interesses corporativos, como a preservação de prerrogativas dos magistrados, teve papel decisivo na construção do desenho do Poder Judiciário.[99] A defesa desses interesses por parte dos próprios membros da magistratura que participaram do debate se deu sob o pretexto de que se trataria de atender a uma exigência popular de um Poder Judiciário forte.[100] O autor aponta, além disso, que a noção de neutralidade política sofria uma mudança radical, na medida em que os próprios magistrados estavam mobilizados pela reinserção da função política de suas atividades, considerando o entrelaçamento entre direito e política e a necessidade de confiança na atuação dos ministros do STF no papel da interpretação do texto constitucional.[101] A imparcialidade como garantia do jurisdicionado

---

[98] CARVALHO, Alexandre Douglas Zaidan de. *Imagens da Imparcialidade entre o Discurso Constitucional e a Prática Judicial*. São Paulo: Almedina, 2017, Edição do Kindle, posição 4361.
[99] *Idem*.
[100] *Ibidem*, posição 4405.
[101] *Ibidem*, posição 4464.

contra um exercício arbitrário da atividade jurisdicional não era uma questão naquele momento.

Apesar da ausência de previsão literal no texto constitucional, o direito a um tribunal imparcial está expressamente previsto em tratados internacionais dos quais o Brasil é signatário. Assim o Pacto Internacional Sobre Direitos Civis e Políticos, em seu artigo 14, nº 1:

> Todas as pessoas são iguais perante os tribunais de justiça. Todas as pessoas têm direito a que a sua causa seja ouvida equitativa e publicamente por um tribunal competente, independente e imparcial, estabelecido pela lei, que decidirá quer do bem fundado de qualquer acusação em matéria penal dirigida contra elas, quer das contestações sobre os seus direitos e obrigações de caráter civil. As audições à porta fechada podem ser determinadas durante a totalidade ou uma parte do processo, seja no interesse dos bons costumes, da ordem pública ou da segurança nacional numa sociedade democrática, seja quando o interesse da vida privada das partes em causa o exija, seja ainda na medida em que o tribunal o considerar absolutamente necessário, quando, por motivo das circunstâncias particulares do caso, a publicidade prejudicasse os interesses da justiça; todavia qualquer sentença pronunciada em matéria penal ou civil será publicada, salvo se o interesse de menores exigir que se proceda de outra forma ou se o processo respeita a controvérsias matrimoniais ou à tutela de crianças.

Também o artigo 10º da Declaração Universal de Direitos Humanos: "Toda pessoa tem direito, em plena igualdade, a uma audiência justa e pública por parte de um tribunal independente e imparcial, para decidir de seus direitos e deveres ou do fundamento de qualquer acusação criminal contra ele".

E ainda o Artigo 8, nº1, da Convenção Americana de Direitos Humanos:

> 1. Toda pessoa tem direito a ser ouvida, com as devidas garantias e dentro de um prazo razoável, por um juiz ou tribunal competente, independente e imparcial, estabelecido anteriormente por lei, na apuração de qualquer acusação penal formulada contra ela, ou para que se determinem seus direitos ou obrigações de natureza civil, trabalhista, fiscal ou de qualquer outra natureza.

Quanto ao CPP, também é preciso notar que não há uma previsão expressa de dever de imparcialidade. Tomando o texto isoladamente, este dever apenas pode ser deduzido como decorrência lógica dos artigos 252 a 256 que tratam das hipóteses de impedimento e suspeição.

Ainda, é importante notar que o Código de Ética da Magistratura trata da imparcialidade em três de seus artigos:

Art. 1º O exercício da magistratura exige conduta compatível com os preceitos deste Código e do Estatuto da Magistratura, norteando-se pelos princípios da independência, da imparcialidade, do conhecimento e capacitação, da cortesia, da transparência, do segredo profissional, da prudência, da diligência, da integridade profissional e pessoal, da dignidade, da honra e do decoro.

Art. 8º O magistrado imparcial é aquele que busca nas provas a verdade dos fatos, com objetividade e fundamento, mantendo ao longo de todo o processo uma distância equivalente das partes, e evita todo o tipo de comportamento que possa refletir favoritismo, predisposição ou preconceito.

Art. 9º Ao magistrado, no desempenho de sua atividade, cumpre dispensar às partes igualdade de tratamento, vedada qualquer espécie de injustificada discriminação.

Parágrafo único. Não se considera tratamento discriminatório injustificado:

I - a audiência concedida a apenas uma das partes ou seu advogado, contanto que se assegure igual direito à parte contrária, caso seja solicitado;

II - o tratamento diferenciado resultante de lei.

Coerente com a natureza de um código de ética, a imparcialidade, como se observa, é estabelecida na perspectiva de um dever, ao contrário dos tratados internacionais citados anteriormente que a instituem como um direito dos cidadãos. O estabelecimento desse dever se dá de forma abrangente, pois contempla a imparcialidade em seu aspecto de código de conduta, tanto com relação à produção de provas e ao conhecimento dos fatos, quanto com relação ao tratamento das partes. Mas é preciso notar que se trata de uma resolução advinda do CNJ, não de um ato produzido pelo Poder Legislativo.

Esse quadro normativo, em que pese não ser o ideal, é suficiente para se afirmar de forma inequívoca a contemplação do direito a um tribunal imparcial pelo ordenamento jurídico brasileiro.

Já pela perspectiva doutrinária, atualmente é possível afirmar que há certo consenso acerca da definição dos contornos gerais da exigência de imparcialidade. Importante notar que no Brasil essa discussão segue à risca o desenho posto por autores europeus. Através de uma análise dessa doutrina, conseguimos identificar seis aspectos que são considerados essenciais. Em cada um desses aspectos, a imparcialidade está associada a outro valor.

a) Imparcialidade como corolário do princípio da jurisdição

O Princípio da Jurisdição estabelece a legitimidade e as regras gerais da atuação do Poder Judiciário. A imparcialidade é compreendida como uma dessas regras, no sentido de que só há atividade jurisdicional legítima se ela é realizada por um tribunal constituído previamente[102] e composto por juízes imparciais e independentes.

A imparcialidade é apontada, por esse aspecto, como uma *conditio sine quae non* da atividade jurisdicional, como um elemento que integra o devido processo legal e como um elemento essencial para a própria democracia.[103] Nesse sentido, ela seria "um princípio supremo do processo".[104] Em síntese, como pontua Zaffaroni, "sem imparcialidade não há jurisdição".[105]

Por consequência, e dentro dessa perspectiva, a atuação do magistrado parcial não configuraria de fato uma atividade jurisdicional, sendo, então, um mero exercício de poder ilegítimo, arbitrário e imprestável. Também por isso, o ato do juiz parcial não seria passível de convalidação, já que um juiz legítimo não poderia, através do seu poder jurisdicional, transformar em ato de jurisdição um ato arbitrário praticado por outro magistrado.

b) Imparcialidade como decorrência do sistema acusatório

Há controvérsias sobre qual é exatamente o sistema adotado pelo ordenamento jurídico brasileiro – se é um sistema legitimamente acusatório, um sistema misto ou um sistema com fortes traços inquisitórios.

---

[102] E.g. SILVA, Germano Marques da. *Curso de processo penal*. v. I. Lisboa: Verbo, 2008. p. 55.

[103] E,g. "é inegável que a imparcialidade do magistrado é *conditio sine quae non* de qualquer juiz, funcionando, pois, como verdadeira garantia constitucional implícita decorrente do devido processo legal" (LIMA, *Manual de processo...*, p. 121). "A constituição não assegura, expressamente, o direito a um juiz imparcial. Mesmo assim, é inegável que a imparcialidade é conditio sine qua non de qualquer juiz, sendo, pois, uma garantia constitucional implícita. [...] Alias, a ideia de jurisdição está indissociavelmente ligada à ideia de juiz imparcial, na medida em que, se o processo é um meio de hétero composição de conflitos, é fundamental que o terceiro, no caso, o juiz, seja imparcial, isto é, não parte" (BADARÓ, *Processo Penal...*, p. 40).

[104] MAYA, *Imparcialidade e processo...*, p. 99. Também RITTER, *Imparcialidade no processo...*, p. 66.

[105] "Se a atividade decisória não fosse realizada por um 'terceiro', que está acima ou entre as partes, seria uma decisão adotada por alguém aliado a uma das partes (parcial) e, enfim, a decisão seria um puro ato de força. A jurisdição não existe se não for imparcial. Isto deve ser devidamente esclarecido: não se trata de que a jurisdição possa ou não ser imparcial e se não o for não cumpra eficazmente a sua função, mas que sem imparcialidade não há jurisdição. A imparcialidade é a essência da jurisdicionalidade e não seu acidente" (ZAFFARONI, *Poder Judiciário...*, p. 86).

Sem adentrar nessa polêmica, é indiscutível que a imparcialidade figura como uma característica essencial do sistema acusatório e é assim identificada por muitos autores.[106]

Isso porque, dentro do modelo ideal de sistema acusatório, o juiz deve atuar como um terceiro imparcial e passivo, na medida em que a verdade sobre o ocorrido pertence às partes, inclusive com a possibilidade de composição entre elas. Há contraposição com um modelo ideal de sistema inquisitório, no qual, ao menos segundo nosso olhar contemporâneo,[107] o julgador é necessariamente parcial, uma vez que concentra as atividades de acusar e julgar. Nesse modelo, o magistrado domina a verdade, inclusive com a possibilidade de investigação de ofício.

O sistema misto defendido por alguns autores flexibiliza alguns desses pontos, notadamente com as características de inexigência de uma postura necessariamente passiva do juiz, de possibilidade de produção de prova de ofício em alguma medida e de possibilidade de que o juiz que atuou na fase investigativa venha a julgar a causa. Mesmo assim, essas características são defendidas como sendo não impactantes na possibilidade de imparcialidade do juiz.

Dentro desses contornos, é consenso que a imparcialidade figura como condicional em qualquer sistema defendido atualmente (misto ou mais próximo do acusatório puro), já que ambos só poderiam ser realizados por um Judiciário que conta com tribunais independentes, imparciais e que separam, de forma bem definida, as funções de acusar e de julgar.

---

[106] e.g. "Este alheamento do julgador aos interesses em jogo funciona como princípio supremo do processo, marca do sistema processual acusatório, enfim, como verdadeira garantia fundamental orientada à concretização de um processo penal justo e ético." (LIMA, *Manual de Processo...*, p 120); "[...] lo (modelo normativo) acusatorio establece un sistema completo – o comparativamente más completo – de enjuiciamiento penal que requiere una serie de elementos como, por ejemplo, imparcialidad, defensa, oralidad, publicidad, contradictorio, jurados, etcétera." (LANGER, Máximo. La dicotomía acusatorio-inquisitivo y la importación de mecanismos procesales de la tradición jurídica anglosajona: alguns reflexiones a partir del procedimiento abreviado. *El procedimiento abreviado*. MAIER, Julio; BOVINO, Alberto (Org.). Buenos Aires: Del Puerto, 2001. p. 15.) Também: FERRAJOLI, Luigi. *Derecho y razón*. Tradução de Perfecto Andrés Ibañez; Alfonso Ruiz Miguek; Juan Carlos Bayón Mohino; Juan Terradilhos Basoco; Racío cantarero Bandrés. Madrid: Editorial Trotta, 1995. p. 580; RITTER, *Imparcialidade no processo...*, p. 67-68.

[107] Convém observar que todo teórico sustenta que o sistema por ele defendido é imparcial e técnico. Sem dúvida, mesmo o sistema inquisitório é considerado imparcial pelo olhar de seus teóricos. Isto é, o inquisidor não condenaria o réu de forma arbitraria, mas, em tese, a partir de uma análise imparcial das provas, eventualmente através de um tribunal colegiado e com um sistema de prova tarifada – características estas formalmente destinadas a se evitar arbitrariedades. Por essa perspectiva, a imparcialidade é uma retórica que acompanha praticamente todos os sistemas processuais.

c) Imparcialidade como relativa ao princípio da independência dos magistrados

A imparcialidade tem intrínseca relação com a independência dos magistrados. Vale a pena se atentar para a abordagem apresentada por Figueiredo Dias,[108] uma vez que bastante abrangente e elucidativa. O autor observa que se trata de um caráter indispensável à função de julgar dentro de um Estado de Direito marcado pelo princípio da separação dos poderes. Essa independência poderia ser compreendida pelos aspectos material (objetivo) e pessoal (subjetivo). O primeiro diria respeito à independência do tribunal em relação a fatores externos, não apenas jurídicos, mas também políticos e econômicos. A corte, para efetuar um julgamento imparcial, deveria estar livre de influências de outros órgãos estatais, de partidos políticos, grupos sociais, imprensa etc., inclusive de outros tribunais. A independência também deveria se dar no âmbito do próprio tribunal e para isso não poderia haver ordens de superiores hierárquicos relativas à função de julgar. Como consequência, algumas questões de organização judiciária não poderiam ser alteradas. As características de inamovibilidade, irredutibilidade de vencimentos e vitaliciedade seriam meios de garantir ao magistrado essa isenção de influências.

Já o segundo aspecto diria respeito à garantia da imparcialidade do juiz em relação ao próprio processo que ele deverá julgar. O mais importante, destaca Figueiredo Dias,[109] não é o fato de que o juiz venha a efetivamente conseguir manter sua imparcialidade, mas a defesa contra a suspeita dessa imparcialidade perante a sociedade, porque reforçaria a confiança nos magistrados e no Judiciário. No sentido de proteção da imparcialidade subjetiva, o sistema jurídico atribuiria à carreira da magistratura as já mencionadas características de inamovibilidade, irredutibilidade de vencimentos e vitaliciedade, como forma de proporcionar ao juiz uma autonomia econômica e social. A dúvida quanto à imparcialidade pode impossibilitar o julgamento (hipóteses de impedimento do magistrado) quando há relação direta do juiz com o caso (é réu ou vítima), com um dos envolvidos (relação de parentesco ou casamento com réu ou vítima), com o processo penal (é testemunha ou realiza outra função processual) ou quando é sujeito

---

[108] DIAS, Jorge Figueiredo de. *Direito Processual Penal*. Coimbra: Coimbra Editora, 2004. p. 302-320. Já apresentamos essa abordagem em SZESZ, *Sobre os critérios...*, p. 199 e 200. Sobre a relação entre independência e imparcialidade, Cf. também BADARÓ, *Processo Penal...*, p. 38-39; BINDER, Alberto. *Elogio de la audiencia oral y otros ensayos*. Monterrey: Coordinación Editorial, 2014, p. 28-29.

[109] DIAS, *op. cit.*, p. 315.

em outro processo judicial contra um dos envolvidos (autor ou réu em outro processo de qualquer natureza em que se tem como parte um dos envolvidos no processo que deve julgar). Em outros casos (hipóteses de suspeição), quando há relação de interesse, amizade ou inimizade ou outras relações de parentesco, a desconfiança acerca da imparcialidade precisa ser manifestada por uma das partes. Figueiredo Dias[110] destaca como um princípio geral do direito o de que a lei deve cuidar para que em todos os tribunais reine a atmosfera da "pura objetividade e incondicional juridicidade" e frisa também que ao juiz caberia agir de forma a evitar qualquer perturbação a essa atmosfera, principalmente a fim de proteger a imagem, perante a sociedade, do tribunal imparcial.

Enfim, é possível afirmar que, dentro do desenho contemporâneo da imparcialidade que vigora na doutrina processual penal, há também uma relação de condição, na medida em que em só poderia ser imparcial o juiz que é independente, e não haveria como se esperar imparcialidade de um juiz que não tem autonomia para tomar as suas decisões. É interessante observar que, nesse modelo, a razão de ser das prerrogativas da magistratura é a efetivação do direito dos jurisdicionados de serem julgados por um juiz independente. Ou seja, a inamovibilidade, a vitaliciedade e a irredutibilidade de vencimentos não poderiam ser compreendidas como um privilégio de classe, mas como meio para que o cidadão possa exercer plenamente seu direito a um tribunal imparcial.[111]

d) Imparcialidade como ausência de interesse do magistrado no processo concreto

Um dos principais aspectos dos contornos contemporâneos da exigência de imparcialidade é a necessidade de que o magistrado que venha a julgar a causa não tenha interesse no resultado concreto do processo. Essa ausência de interesse na causa é ressaltada por inúmeros autores.

Nas palavras de Montero Aroca,[112] a imparcialidade exigiria o "desinteresse subjetivo" do magistrado, ou seja, que este não apenas

---

[110] *Ibidem*, p. 320.
[111] "As garantias da magistratura [...] não são privilégios estamentais: são mecanismos políticos de defesa da sua independência com relação aos poderosos, não com relação aos cidadãos [...]." (PORTANOVA, *Motivações ideológicas da...*, p. 93). Cf. também BADARÓ, *Processo Penal...*, p. 39-40.
[112] MONTERO AROCA, Juan. *Sobre la imparcialidad del Juez y la incompatibilidad de funciones procesales*. Valencia: Tirant lo Blanch, 1999. p. 187.

não poderia ser parte, mas também não poderia servir à finalidade subjetiva das partes em um processo. De acordo com Nestor Távora, a imparcialidade exigiria que o juiz não pode "ter vínculos subjetivos com o processo de modo a lhe tirar o afastamento necessário para conduzi-lo com isenção".[113] Para Binder, o princípio da imparcialidade estabelece que em nenhuma circunstância o juiz deveria se converter em gestor de interesses, nem mesmo os coletivos. O que caracterizaria o magistrado como imparcial não seria a ausência de preconceitos ou ideologias, mas justamente a ausência de gestão de interesses.[114] Luigi Ferrajoli destaca que a atividade jurisdicional não teria direção política definida. Sendo assim, os juízes não apenas não deveriam ter interesse na solução da controvérsia a que foram chamados a resolver, mas também não deveriam perseguir interesses políticos e nem poderiam pretender atender à vontade da maioria, já que o Poder Judiciário não seria um poder de maioria, como o Executivo e o Legislativo.[115]

Excertos com teores semelhantes a estes destacados podem ser encontrados com facilidade na doutrina mais especializada.[116] Em síntese, tem-se aqui uma contraposição bastante clara com o modelo do juiz neutro. Enquanto o modelo antigo exigia que o magistrado julgasse sem subjetividade, o modelo contemporâneo aceita que o julgador decida conforme sua subjetividade, mas desde que o faça dentro do ordenamento jurídico, que ele próprio não venha a ter um ganho com o resultado do processo e que ele não esteja inclinado ao interesse de uma das partes. É dentro desse espaço que está distribuída a maioria das hipóteses de suspeição e impedimento.

Cumpre aqui observar que, se por um lado o magistrado não pode ter interesse no processo, alguns autores destacam que, por outro lado, ele deveria ter interesses pré-determinados, quais sejam, de busca da elucidação dos fatos, de realização do direito (ou da justiça) e de impedir lesão a direitos fundamentais dos cidadãos.[117]

---

[113] *Ibidem*, p. 73-74.
[114] BINDER, *Elogio de la*..., p. 28.
[115] FERRAJOLI, *Derecho y Razón*..., p. 578-584.
[116] "[...] ao juiz deverá restar tão somente a condição de terceiro desinteressado em relação às partes, um 'estar alheio' aos interesses processuais" (RITTER, *Imparcialidade no processo*..., p. 68). Também MAYA, *Imparcialidade e processo*..., p. 69.; LOPES JR., Direito Processual Penal..., p. 90.
[117] E.g. SILVA, *Curso de processo*...., p. 50-51; VALENTE, Manuel Monteiro Guedes. *Processo Penal*. T. I. Coimbra: Almedina, 2009. p. 228; FERRAJOLI, *Derecho y Razón*, p. 578-584.

e) Imparcialidade como dever de tratamento igualitário às partes

A imparcialidade também é relacionada ao tratamento igualitário que o magistrado deve conferir a ambas as partes. A partir dessa premissa, pode-se deduzir duas acepções. Em primeiro lugar, o dever de equidistância em relação às partes. Em segundo lugar, a compreensão do direito a um tribunal imparcial como parte do devido processo legal.

Com relação a primeiro aspecto, há uma clara proximidade com o que já foi abordado no tópico anterior. A equidistância em relação às partes pressupõe que o magistrado não tenha uma inclinação subjetiva em relação a qualquer uma delas. Ou seja, os magistrados "devem comportar-se na condução do processo como terceiros alheios aos interesses das partes".[118] Isso, em última instância, já está contemplado pela necessidade de que o julgador não tenha interesse no resultado concreto do processo.

O segundo aspecto envolve o que a doutrina distingue pelo brocardo *"audiatur et altera pars"* e se relaciona com a exequibilidade de garantias constitucionais que integram o devido processo legal, como o contraditório, a ampla defesa e a presunção de inocência.[119] Em síntese, nas palavras de Renato Brasileiro, compreende-se que o magistrado imparcial deve se comprometer "a apreciar na totalidade ambas as versões apresentadas sobre os fatos em apuração, proporcionando sempre igualdade de tratamento e oportunidades aos envolvidos".[120]

f) Imparcialidade como proibição de prejulgamento

Parte da doutrina destaca que a imparcialidade pressupõe que o magistrado não manifeste prejulgamentos da causa antes de proferir a sentença.[121] Esse tema geralmente é referenciado ao se comentar a

---

[118] GIACOMOLLI, Nereu José. *O Devido Processo Penal*. São Paulo: Atlas, 2014. p. 233. Também Geraldo Prado: "O que caracteriza a imparcialidade é a verificação da 'distância legalmente determinada entre o tribunal e as partes' que materialize substancial caráter de árbitro, terceiro desinteressado, que grava a jurisdição nos tempos modernos" (A imparcialidade do juiz no processo penal brasileiro. *Processo Penal e Direitos Humanos*. Rio de Janeiro: Lumen Juris, 2014. p. 143).

[119] LORA, *Subjetividade e imparcialidade...*, p. 140.

[120] LIMA, *Manual de Processo...*, p. 120. "A imparcialidade requer do magistrado, portanto, uma postura de equidistância em relação às partes, a exigir que assuma uma posição para além dos interesses delas, o que, em tese, permitirá uma atuação jurisdicional objetiva, desapaixonada, na qual não deverá favorecer, seja por interesse ou simpatia, seja por ódio ou antipatia, a nenhuma das partes. Em outras palavras, é o desinteresse subjetivo no resultado do processo o que caracteriza o ser imparcial." (*Idem*)

[121] E.g. LOPES JR., *Direito Processual Penal...*, p. 532. LIMA, *Manual de Processo...*, p. 742; NUCCI, Guilherme de Sousa. *Curso de Direito Processual Penal*. Rio de Janeiro: Forense, 2020, versão digital, p. 450.

fundamentação de decisões ou a postura do magistrado em audiência, mas raramente é abordado com profundidade.

Pode-se relacionar a vedação de prejulgamento com o que o direito processual penal estadunidense chama de *princípio da lousa limpa*. Para este, o juiz não deve julgar se já tem conhecimentos judiciais relevantes sobre o caso antes de o conhecer enquanto juiz. A ideia central é o caso deve ser julgado por um magistrado que não tenha convicção formada e que esteja aberto para o conhecer através da instrução probatória e das manifestações das partes. Pretende-se também evitar que o juiz que tome conhecimento de provas não admitidas ou não apresentadas em juízo possa julgar.[122]

A proibição de prejulgamento significa também, por um lado, a vedação de que o magistrado que já desempenhou outra função processual naquele caso venha a o julgar, porque já teria sua convicção influenciada pelo olhar lançado a partir de uma perspectiva enviesada. Por exemplo, se naquele caso já atuou como advogado ou se já proferiu decisão enquanto juiz de instância inferior.

Por outro lado, significa ainda o impedimento de que o magistrado manifeste convicção sobre o caso antes do julgamento final. Isso poderia ocorrer tanto pela via de outras decisões – a exemplo de uma decisão que, ao fundamentar o deferimento de uma medida cautelar, manifesta certeza acerca da culpabilidade do acusado -, quanto por vias extraprocessuais, como manifestações públicas em entrevistas, redes sociais ou até mesmo em sede acadêmica. Nesse ponto, há clara relação com a dimensão objetiva da imparcialidade,[123] qual seja, a exigência de que o magistrado deva manter a aparência de imparcialidade para fomentar a confiança dos jurisdicionados e dos demais cidadãos na lisura da atuação jurisdicional.

Em que pese exista certo consenso sobre a vedação de prejulgamentos, há controvérsias na doutrina brasileira sobre em quais circunstâncias se pode considerar haver violação do princípio da imparcialidade. Por exemplo, se esse desrespeito ocorre com a participação do juiz na fase investigativa ou com o seu contato com uma prova ilícita. Abordaremos detidamente essas controvérsias no quarto capítulo.

---

[122] LEUBSDORF, John. Theories of judging and judge disqualification. *New York University Law Review*, v. 62, n. 2, p. 289-291, 1987.
[123] Esse tema será abordado no terceiro capítulo.

1.4 Síntese

É de suma importância notar que a discussão nacional sobre o problema da imparcialidade sofre de um grande déficit, uma vez que reproduz um discurso que é essencialmente europeu como se ele fosse perfeitamente transponível à realidade brasileira.

Com efeito, indicamos que o modelo de juiz imparcial foi construído sobretudo a partir de um contexto político e filosófico europeu e que nunca se equivaleu ao latino-americano. O desenho da imparcialidade dentro da doutrina brasileira contemporânea continua profundamente influenciado pela doutrina europeia, em especial, de italianos, espanhóis, alemães e portugueses. Isto é, grosso modo, a doutrina nacional diz algo muito parecido com essa doutrina europeia.

Porém, ao proceder dessa maneira, a doutrina brasileira parece deixar de refletir sobre o que realmente se passa dentro das práticas jurídicas locais. E, nesse ponto, colocamos em dúvida se de fato o discurso de imparcialidade é genuíno ou se se trata de uma ideia fora do lugar.[124] Em outras palavras, se de fato há vontade política de se realizar o controle do comportamento dos juízes ou se há conivência com o modelo do jeito que está, com uma retórica descolada da realidade prática, mas que funciona para conferir legitimidade política ao Poder Judiciário.

A base racionalista da imparcialidade, que continua presente na doutrina contemporânea, parece, de fato, decorrer de uma herança colonial, que trata o conceito como a remissão a um lugar europeu idealizado, mais especificamente a um saber científico fantasiado como neutro, o qual, no fim das contas, tem por finalidade não declarada alcançar a inquestionabilidade das decisões judiciais. O tema merece atenção, mas o deixaremos de lado porque seu aprofundamento implicaria desviarmos bastante de nosso objeto principal de pesquisa.

De todo modo, podemos afirmar que essa aceitação acrítica da discussão europeia se mostra muito problemática, porque, como discorreremos nos próximos capítulos, impede que se problematize a função de julgar a partir das dificuldades locais e contribui para se manter ocultos problemas típicos de nossa região, como o da desigualdade na distribuição da justiça.

---

[124] A referência é ao primeiro capítulo da obra de Roberto Schwarz, *Ao vencedor as batatas* (São Paulo: Duas Cidades, 2000. p. 9-31), em que o autor argumenta sobre a prática histórica brasileira de se adotar razões estrangeiras descontextualizadas para justificar arbítrios locais.

Feita essa reflexão, passemos às conclusões gerais. Ao longo deste capítulo, buscamos demonstrar que, em primeiro lugar, o discurso de imparcialidade como neutralidade pôde ser articulado em um contexto filosófico de ascensão do racionalismo, bem como de um contexto político europeu em que o Poder Judiciário estava neutralizado politicamente. Assim, desenhou-se o modelo de juiz boca da lei, cuja atividade seria puramente objetiva e racional, de subsunção lógica do fato à norma e com exteriorização perfeita, no documento jurídico, das razões de fato e de direito que impulsionaram a decisão.

Em segundo lugar, que, com o declínio do racionalismo e a desneutralização política do Poder Judiciário nos países centrais, o discurso de neutralidade se tornou insustentável. No entanto, como essa imparcialidade desempenhava um papel de legitimação política do Poder Judiciário, foi necessário um esforço para salvar o conceito. E, nesse contexto, desenvolveu-se a diferenciação entre a imparcialidade e a neutralidade, reconhecendo-se o juiz como uma figura sujeita a subjetividades, que decidiria com seus próprios valores, porém ainda assim incumbida de uma imparcialidade, agora reduzida à distância das partes e à ausência de interesse pessoal no resultado do processo.

Em terceiro lugar, que houve uma reação alternativa às críticas ao conceito de imparcialidade como neutralidade. Alguns autores assumiram que a parcialidade do juiz e sua atuação ideológica seria um dado da realidade incontornável. Porém, condicionaram a legitimidade dessa atuação jurisdicional a uma adesão ideológica à pretensão de realização de uma justiça democrática e igualitária. Essa posição se manteve minoritária.

Em quarto lugar, que a doutrina processual brasileira majoritária sustenta um discurso de imparcialidade nos mesmos moldes que a doutrina europeia, associando-o a princípios da jurisdição, ao sistema acusatório, à independência dos magistrados, ao desinteresse subjetivo no resultado do processo, ao tratamento igualitário das partes e à proibição de prejulgamento. Porém, há dúvidas sobre se esse discurso realmente carrega uma vontade política de controle do comportamento dos magistrados ou se é apenas uma repetição irrefletida de um discurso estrangeiro, permeada apenas pelo interesse na construção retórica da legitimidade política do Poder Judiciário.

CAPÍTULO 2

PARADOXOS DA EXIGÊNCIA DE IMPARCIALIDADE

2.1 Dualidades do Processo Penal

No capítulo anterior, discorremos sobre o desenho contemporâneo do discurso de imparcialidade. Agora trataremos do contraste entre esse desenho e a realidade das práticas judiciais.

O principal objetivo deste capítulo é demonstrar que o desenho da imparcialidade está completamente descolado da realidade das práticas judiciais, mas, mesmo assim, é fortemente defendido pela doutrina e pela jurisprudência. Ainda, que esse paradoxo se explica pelo fato de que o conceito de imparcialidade funciona, ao menos em tese, como retórica que produz legitimidade política para a atuação jurisdicional.

Para tanto, inicialmente apresentaremos uma reflexão sobre a dinâmica real do processo penal que, longe de funcionar seguindo com fidelidade os modelos doutrinários, é palco de ferrenha disputa política, a partir de discursos ideológicos contraditórios.

Em seguida, trataremos do paradoxo de que o ordenamento jurídico, se por um lado consagra o direito a um tribunal imparcial, por outro cria situações práticas em que o magistrado necessariamente precisa agir com parcialidade, resolvendo processos concretos a partir de sua subjetividade. Também apresentaremos pesquisas empíricas estrangeiras e nacionais que evidenciam que a subjetividade do magistrado não apenas é influente, mas é decisiva dentro de sua atuação jurisdicional.

Ao final, discorremos sobre o funcionamento do discurso da imparcialidade na forma de mito, bem como sobre suas funções políticas não declaradas.

Feitas essas considerações iniciais, vamos ao primeiro ponto. A imparcialidade ocupa um importante espaço dentro do discurso oficial que dá legitimidade ao processo penal e que delineia suas bases e seus limites. Mesmo com a superação formal do racionalismo filosófico, o discurso de imparcialidade continua baseado em premissas racionalistas e idealistas de processo penal, ainda pressupondo que os modelos racionais construídos pela doutrina e pela legislação se impõem pela lisura de seus fundamentos e realizam-se por atores que comungam de um apreço uniforme pelos mesmos valores democráticos.

Ocorre que esse processo penal teórico é puramente idealista e não corresponde aos processos penais concretos, os quais são eivados de contradições, dualidades e disputas de poder. É necessário, por isso, pensar a exigência de imparcialidade dentro dessas disputas.

Essas tensões existentes dentro do processo penal são bem descritas por Alberto Binder. O autor[125] chama a atenção para o fato de que ao processo penal são atribuídas duas funções que, em verdade, são paradoxais. Por um lado, espera-se que o processo viabilize a aplicação da sanção criminal e, assim, contribua para coibir a lesão aos cidadãos causada pela ocorrência dos crimes, bem como para atenuar as dores das vítimas. Ou seja, espera-se que contribua para evitar a impunidade. Ao mesmo tempo, espera-se que o processo sirva como instrumento para se combater os abusos do exercício do poder punitivo e para se defender as liberdades públicas. Ou seja, espera-se que sirva para conter e racionalizar o uso da punição criminal.

Binder[126] aduz que a fórmula clássica preceitua que o processo penal tem o compromisso de conciliar essas duas funções e satisfazer os dois interesses. Mas, conforme o autor, na prática o sistema é binário e apenas é capaz de satisfazer um interesse por vez: ou se condena ou se absolve. Não haveria realmente dialética, pois não seria possível se fazer uma síntese desses interesses, já que sempre um deles prevalecerá. Também por isso não seria possível se falar em harmonia ou equilíbrio estável. Para o autor, a fórmula conciliadora não serviria nem como utopia – já que o horizonte ideal é o que busca algo melhor que o processo penal –, nem como fórmula pedagógica – porque oculta as reais contradições do processo penal. Em verdade, o que realmente impulsionaria o processo seriam as demandas sociais, as quais não são harmônicas.

---

[125] BINDER, *Elogio de la.*, p. 97-99.
[126] *Ibidem*, p. 99-102.

Binder[127] aponta como problemáticas as ideologias que apresentam o processo como um mero instrumento ou que o desvinculam de suas consequências políticas, porque elas diluiriam e encobririam as suas ambiguidades e contradições. O processo penal, no entanto, poderia ser explicado como uma antinomia fundamental: a contradição seria a sua base e a sua dinâmica. Ademais, destaca o autor, o processo penal precisaria ser compreendido e pensado a partir de sua natureza de um instrumento de política criminal.

Como se observa, Binder chama a atenção para os paradoxos que são cruciais no funcionamento do processo penal. E de fato, qualquer teoria jurídica que não leve em consideração essa dinâmica poderá se transformar numa retórica facilmente manipulável, distanciada da realidade e que legitima as práticas reais independente da correspondência destas com os discursos legitimadores.

É essencial, enfim, compreender que o processo penal funciona a partir de impulsos que empurram as práticas para direções políticas contraditórias e de forma não consistente. As decisões concretas se encontram no meio dessa polaridade, podendo estar mais próximas de um polo ou de outro. Apenas através da análise de um caso concreto se pode diagnosticar em qual localização desse diagrama político a decisão em questão se encontra. Para realizar esse diagnóstico, faz-se necessário um apelo aos modelos de estado, de direito e de processo que explicitam os valores que estão em jogo nessa disputa. Trabalhamos aqui com duas dessas articulações[128] que constroem modelos para se avaliar a atuação concreta do Poder Judiciário.

Em primeiro lugar, é interessante observar a dualidade entre os modelos de *estado de direito* e de *estado de polícia* apresentada por Zaffaroni.[129] Segundo o autor, o estado de polícia seria aquele impulsionado por decisões dos governantes da situação, enquanto o estado de direito seria aquele regido pelo respeito a uma constituição democrática. O modelo de estado de polícia teria as seguintes características: dentro dele, o saber sobre o que é bom e sobre o que é possível seria prerrogativa de uma classe social ou de um segmento dirigente; a justiça, por

---

[127] *Ibidem*, p. 102-105.
[128] Essas perspectivas foram escolhidas porque são aquelas que explicitam o caráter político do direito penal e do processo penal. Deixamos de lado outra dualidade que é comum na crítica do processo penal, qual seja, aquela entre um modelo garantista e um modelo inquisitivo (FERRAJOLI, *Derecho y Razón*..., p. 91 e ss.), porque se trata de uma análise essencialmente de teorias jurídicas e, por isso, não se encaixa bem em nossa proposta.
[129] ZAFFARONI; BATISTA; ALAGIA; SLOKAR, *Direito Penal Brasileiro*..., p. 93-95.

isso, tenderia a ser substancialista; consequentemente, penderia para um direito transpersonalista (a serviço de algo meta-humano); a submissão à lei seria compreendida como decorrente do dever de obediência ao governo; o direito seria paternalista, tutelando os súditos inclusive contra suas próprias ações autolesivas; frente aos conflitos, suas atitudes seriam no sentido de se pretender os suprimir; suas agências jurídicas estariam voltadas a controlar o respeito à vontade hegemônica.

Já o estado de direito, conforme Zaffaroni,[130] teria as seguintes características: dentro dele, nenhum grupo social dominaria o saber sobre o que é bom ou possível, já que essas definições decorreriam de decisões da maioria, sempre levando em consideração os direitos das minorias; a justiça, por isso, tenderia a ser procedimental; consequentemente, penderia para um direito personalista (para humanos); a submissão à lei nada mais seria do que o acatamento das regras que foram previamente definidas; o direto seria fraterno e conferiria um tratamento igualitário a todos, reconhecendo a autonomia de cada um para decidir o que é bom para si, e, ao intervir nos conflitos, procuraria afetar o mínimo possível a existência dos envolvidos; frente a esses conflitos, suas atitudes seriam no sentido de pretender os solucionar; suas agências jurídicas estariam voltadas a controlar o respeito às regras estabelecidas.

Zaffaroni ressalta que esses modelos são ideais e não correspondem a nenhum estado concreto. Em todo estado de direito histórico haveria um percurso no sentido de progressos e retrocessos com relação ao estado de polícia. Conforme o autor, "em qualquer tipo de poder político institucionalizado na forma de estado, o estado de direito e o estado de polícia coexistem e lutam".[131] Ou seja, em qualquer estado real poderíamos encontrar elementos dos dois estados, com tendências paradoxais no sentido de conservar o poder vertical arbitrário e no sentido de limitar e horizontalizar tal poder. Em razão dessa tensão, os direitos nunca se realizariam de forma plena e a tarefa do direito penal de racionalização do poder punitivo estaria sempre inconclusa e aberta.[132]

A articulação dessa dualidade reforça a compreensão de que não há estática no funcionamento do processo penal, tanto do ponto de vista legislativo, quanto do ponto de vista judiciário. Quanto ao Legislativo,

---

[130] Idem.
[131] Ibidem, p. 95.
[132] Ibidem, p. 94-96.

dentro de um estado de direito concreto há a produção de legislação que o aproxima do modelo ideal de estado de direito, mas também há paradoxalmente a produção de leis autoritárias. Por exemplo, a própria Constituição de 1988, que se por um lado criou um amplo rol de garantias fundamentais, por outro lado também contém aspectos autoritários, como a criação do nebuloso conceito de crime hediondo, que posteriormente serviu para uma retórica política populista autoritária. Já quanto ao Judiciário, há que se constatar a produção, num mesmo período, de decisões que se aproximam de cada um dos modelos. Por exemplo, as idas e vindas do Supremo Tribunal Federal quanto ao tema da permissão ou vedação de execução da pena sem que a condenação tenha transitado em julgado.[133]

Outra articulação de dualidades que interessa bastante a essa pesquisa é aquela descrita por Herbert Packer,[134] que constrói dois modelos ideais de processo penal chamados de *"modelo de controle do crime"* e *"modelo do devido processo legal"*. Ressalva-se que o autor fala a partir das práticas do processo penal americano de sua época – o texto foi publicado em novembro de 1964. Porém, mesmo assim, essa análise se mostra com potencial para a crítica contemporânea. Packer[135] descreve o processo penal como uma luta constante entre dois polos. De um lado, quem pratica o crime (ou simplesmente quem dele é acusado), que por regra aplica todos os seus esforços para não ser deflagrado, se deflagrado, para não ser condenado e se condenado, para não cumprir a pena. De outro lado, as instâncias de acusação, que costumam empregar todos seus esforços para condenar aqueles que acreditam terem cometido um crime. Em meio a essa disputa, haveria no processo penal uma inquieta coexistência entre o que ele é e aquilo que se diz que ele deveria ser. Nesse cenário, o autor pretendeu construir modelos a partir das escolhas valorativas antagônicas que estariam refletidas no funcionamento habitual do processo penal. Packer destaca que esses modelos não seriam perfeitamente correspondentes à realidade do processo penal, tampouco se apresentariam como um dever ser. Seriam, ao contrário, uma ferramenta para se poder avaliar os processos do dia a dia.

---

[133] Essas decisões serão abordadas em detalhes no último capítulo desta tese.
[134] PACKER, Herbert L. Two models of the criminal process. *University of Pennsylvania Law Review*, v. 113, n. 1, p. 1-68, 1964.
[135] *Ibidem*, p. 2-6.

O primeiro modelo é o "controle do crime".[136] Para este, a repressão das condutas criminosas seria de longe a mais importante função do processo penal. A ineficácia em se conseguir levar as condutas criminosas ao controle do Poder Judiciário seria vista como uma ameaça à ordem pública, porque se parte da premissa de que a impunidade e, sobretudo, a defasagem entre prender e condenar, leva ao desprezo do controle legal. O modelo clamaria por uma atenção primária na eficiência do procedimento pré-judicial em fazer triagens de suspeitos e, respeitando determinados limites jurídicos relacionados a direitos individuais, determinar a culpabilidade. Por eficiência, compreender-se-ia a capacidade de manter alta a proporção de persecução penal das ofensas que se tornaram conhecidas. Para esse modelo operar com sucesso, seria necessária uma carga alta de prisões e condenações. Para tanto, o processo deveria ser veloz, o que implicaria certa informalidade e uniformidade de atos. Uma rotina estereotipada de procedimentos seria essencial para esse modelo, que teria um caráter administrativo quase gerencial, com grande ênfase na fase pré-judicial. O modelo requereria, também, a redução das oportunidades de impugnação dos atos pelos investigados. Assim, o processo poderia ser representado pela imagem de uma montagem em linha, em que trabalhadores executam pequenas ações essenciais e há alta produtividade. O processo seria visto com sucessivos estágios (investigação, prisão, preparação para o julgamento, julgamento, condenação, etc.) cujo sucesso seria medido pelo alcance de conclusões bem-sucedidas. Por estas, compreender-se-ia o descarte, em fases iniciais, dos casos com baixa probabilidade de culpabilidade e a garantia, para os demais, de condenações rápidas com o mínimo de oportunidades para questionamentos. Para esse modelo, a expertise de policiais e promotores para determinar a provável culpabilidade ou inocência seria essencial. Aos casos que passaram do filtro inicial, seria aplicável o que Packer descreve como uma presunção de culpa. Essa presunção não seria uma norma jurídica, tampouco uma presunção de inocência invertida. Ela seria uma constatação descritiva e factual de um ânimo que guiaria uma série de práticas. Consistiria na suposição de que a triagem realizada por policiais e promotores seria confiável e as atividades seguintes poderiam ser superficiais, porque partiriam do pressuposto de que o investigado é culpado. Por exemplo, se alguém pratica um homicídio na frente de inúmeras testemunhas e ainda confessa, seria absurdo sustentar que a probabilidade maior é a

---

[136] *Ibidem*, p. 9-13.

de que essa pessoa não é culpada por esse crime. Os atos processuais desse processo, por isso, serão conduzidos já com o pressuposto fático de que o resultado será a condenação e deverão ser céleres. Enquanto a presunção de inocência seria uma orientação de como o suspeito deveria ser tratado, a presunção de culpa seria uma previsão do resultado do processo e funcionaria como uma meta para repressão de crimes com processos sumários sem perda de eficiência. Buscar-se-ia valorizar as informações produzidas na fase investigativa e desvalorizar os estágios seguintes. Outra característica importante é que esse modelo seria mais tolerante com os níveis de conclusões equivocadas (condenações ou absolvições errôneas), desde que não sejam em intensidade tão grande a ponto de isso interferir no objetivo de conter a criminalidade, seja porque muitos culpados estão escapando, seja pela pouca confiança no processo fomentada pelos numerosos erros. Esse modelo também conteria regras sobre prisões ilegais, buscas ilegais, interrogatórios coercitivos, etc., mas não aceitaria que suas violações sejam sancionadas dentro do processo. Por exemplo, se uma prova foi obtida de forma ilegal, os agentes responsáveis deveriam ser punidos no âmbito administrativo, mas essa ilegalidade não deveria poder ser arguida no próprio processo e não deveria gerar a exclusão da prova ou a reversão da condenação, porque isso impactaria na eficiência do processo. Por fim, o papel do advogado seria periférico, pois o modelo estaria centrado na formação da culpa factual e não da discussão do próprio procedimento.

O segundo modelo descrito por Packer é o do "devido processo legal".[137] A imagem que melhor o representa seria a de uma pista de obstáculos. Isso porque, dentro desse modelo, cada estágio seria designado para apresentar oportunidades de questionamentos que impedem de se avançar para a fase seguinte. O modelo não negaria o desejo social de repressão do crime, mas desconfiaria do acerto dos procedimentos investigativos e da habilidade dos investigadores e promotores em reconstruir os fatos de forma correta e próxima à verdade em um ambiente informal. Por isso, o modelo rejeitaria o processo informal como idôneo para definição da culpa e insistiria num modelo formal, judicial e adversarial de busca de fatos, em que o caso é submetido a um tribunal imparcial e avaliado apenas após o réu ter a oportunidade de desacreditar a acusação. Nesse modelo, a demanda pela conclusão seria baixa, e o processo deveria durar enquanto houver alegações de

---

[137] *Ibidem*, p. 13-23.

erros. Haveria baixa tolerância com erros e haveria pretensão de os prevenir e os remediar na medida do possível. Nesse ponto, o modelo se assemelharia a uma fábrica que reduz a quantidade de saída para melhorar a qualidade daquilo que é produzido, já que o processo deveria ser submetido a controle e garantias que o impediriam de operar com eficiência máxima. O modelo rejeitaria a presunção de culpa e consideraria que o indivíduo não deveria ser tomado por culpado apenas porque isso é provável. É que, se as regras que resguardam o processo (portanto, questões que não têm relação com a culpa factual) não tiverem sido respeitadas, o réu poderá ser inocentado. De fato, dentro desse modelo as ilegalidades dos atos procedimentais (prisões ou buscas ilegais, interrogatórios coercitivos, etc.) seriam sancionadas dentro do processo judicial e, como dito, essas sanções poderiam se sobrepor à culpa factual. O horizonte desse modelo seria a descrença sobre a utilidade das penas criminais e sobre o cumprimento das funções oficialmente atribuídas ao poder punitivo e, assim, tenderia a uma pressão para a limitação do uso do direito penal. O papel do advogado seria central e, desse modo, haveria a preocupação de que todos pudessem exercer direito de defesa em igualdade de condições, ou seja, que todos tivessem acesso a um defensor. Packer indica que a força e a fraqueza desse modelo estariam em sua dependência por uma validação pelo Poder Judiciário. Isso porque haveria força no apelo político à Constituição, que deveria fornecer a última palavra. Porém, seria fácil para os tribunais simplesmente dizer "não" quando querem em casos específicos.

A dualidade descrita por Packer se mostra importante para a compreensão da dinâmica do processo penal concreto. Sem dúvida, o modelo desenhado pela lei brasileira é mais próximo do devido processo legal. Porém, na realização dos processos concretos há também impulsos no sentido do modelo de controle do crime,[138] tanto com decisões

---

[138] Há explícitos impulsos retóricos no sentido do modelo do controle do crime por aqueles que aderem genuinamente a discursos de combate à criminalidade ou à impunidade com pretensões de se expandir o poder punitivo. Por exemplo, o *site* oficial do Ministério Público Federal, ao prestar informações sobre a operação Lava Jato, mede como êxitos as prisões e as condenações obtidas (Cf. https://www.mpf.mp.br/grandes-casos/lava-jato/resultados, acesso em, 21 mar. 2023). Também ocorre, por outro lado, o apelo ao discurso punitivista como uma retórica populista de pessoas que não estão realmente interessadas no controle do crime, mas apenas em autopromoção ou em combate a adversários políticos. Pudemos assistir recentemente, por exemplo, figuras integrantes da magistratura e do Ministério Público associados ao discurso de combate à corrupção que acabaram se tornando políticos e passaram a relativizar explicitamente atos de corrupção de seus novos aliados (Cf. MORO DIZ TER 'confiança pessoal' em Onyx, que admitiu caixa dois. *Revista Veja*, 4 dez.

que relativizam o procedimento em prol de uma maior eficácia na repressão de crimes, como com práticas subterrâneas. Não é tão relevante tentar buscar uma correspondência precisa dos modelos descritos por Packer com a realidade do processo contemporâneo brasileiro. Em vez disso, é mais interessante buscar perceber nas práticas e nas entrelinhas dos discursos oficiais como os atores concretos operam tentando conduzir o processo para o modelo que melhor corresponde à sua visão política particular (ou mesmo institucional) de como deve funcionar o poder punitivo.

Aqueles que confiam na capacidade do direito penal de cumprir as funções a ele atribuídas costumam se alinhar às teses e aos discursos que dão ênfase para a segurança pública e para a necessidade de repressão dos crimes e, assim, vislumbram um processo centrado no controle do crime. Por exemplo, discursos que buscam reduzir, em alguma medida, a envergadura da presunção de inocência ou que buscam reduzir as garantias dos investigados frente a medidas investigativas invasivas. É bem ilustrativa a defesa de Deltan Dallagnol[139] da redução do *standard* probatório em crimes difíceis de provar, como a lavagem de dinheiro, para que assim se pudesse aumentar as estatísticas de condenação de delitos dessa natureza. O autor chega a reconhecer que essa tese poderia aumentar o número de condenações equivocadas, mas aceita essa circunstância sob a justificativa de que isso seria um efeito colateral lamentável, mas necessário para que haja a punição de culpados. Também serve como exemplo a defesa institucional do Ministério Público Federal pelas *10 medidas contra a corrupção*, um conjunto de propostas legislativas que, em resumo, pretendiam reduzir os direitos de garantias de acusados para todos os crimes a pretexto de se aumentar o número de condenações por crimes de corrupção.[140]

Já aqueles que desconfiam da racionalidade do uso do poder punitivo tendem a se alinhar a teses e discursos que dão ênfase para a proteção do cidadão diante do Estado e assim vislumbram um processo

---

2018. Disponível em: https://veja.abril.com.br/politica/moro-diz-ter-confianca-pessoal-em-onyx-que-admitiu-caixa-dois/. Acesso em: 21 mar. 2023; DAL PIVA, Juliana. Análise: Moro, Deltan e um combate light à corrupção. *UOL*, 05 out. 2022. Disponível em: https://noticias.uol.com.br/colunas/juliana-dal-piva/2022/10/05/moro-deltan-combate-corrupcao-light-bolsonaro-segundo-turno.htm. Acesso em: 21 fev. 2023).

[139] DALLAGNOL, Deltan Martinazzo. *As lógicas das provas no processo*. Porto Alegre: Livraria do Advogado, 2018. p. 253-259.

[140] Sobre esse tema, Cf. SZESZ, André. *O discurso de combate à corrupção*: análise por uma perspectiva dos estudos de Eugenio Raúl Zaffaroni. *Revista Brasileira de Ciências Criminais*, São Paulo: RT, v. 184, p. 217-243, out. 2021.

centrado nas garantias fundamentais. Por exemplo, autores com perspectivas abolicionistas ou minimalistas, a exemplo de Zaffaroni/Batista/Alagia/Slokar,[141] Ferrajoli[142] e Andrés Ibañez,[143] que argumentam a total incompatibilidade da prisão preventiva com o princípio da presunção de inocência, sob o fundamento de que apesar da retórica jurídica essa medida cautelar se caracterizaria em alguma medida como uma pena antecipada.

A tendência pode ser constatada sem muita dificuldade ao se observar a opinião de autores sobre questões controversas como a possibilidade de execução provisória da pena antes do trânsito em julgado da acusação. Aqueles que dão mais ênfase para o problema da segurança pública e da confiança no poder judiciário em geral tendem a não ver problemas nessa execução provisória. Já aqueles que dão ênfase para a limitação do poder punitivo em geral apontam as contradições com a Constituição e com o CPP.

Não se pretende neste momento valorar nenhuma dessas posições.[144] Busca-se chamar a atenção para o fato de que, apesar da aparência de que a discussão se dá exclusivamente no plano da racionalidade, em verdade o que se tem ali implícito é uma disputa política. E em meio a essa disputa, tem-se os processos penais concretos, conduzidos por atores que o tentam modelar a partir de suas próprias visões políticas. Isso denota a primeira grande defasagem entre o discurso oficial, ainda baseado em pressupostos idealistas, e a realidade das práticas jurisdicionais.

2.2 O paradoxo da exigência de parcialidade

No capítulo anterior, discorremos sobre os aspectos essenciais do princípio da imparcialidade, bem como sobre a existência de consenso doutrinário acerca desses pontos. Apontamos, também, para a consagração legislativa do direito a um tribunal imparcial. A partir disso,

---

[141] ZAFFARONI; BATISTA; ALAGIA; SLOKAR, *Direito penal brasileiro...*, p. 169-171.
[142] FERRAJOLI, *Derecho y Razón...*, p. 549-550 e 555.
[143] ANDRÉS IBÁÑEZ, Perfecto. El juez y la prisión provisional. *In*: BARBERO SANTOS, Marino (Org.) *Prisión provisional, detención preventiva y derechos fundamentales*. Cuenca: Ediciones de la Universidad de Castilla-La Mancha, 1997. p. 17-19 e 25-29.
[144] Também ressaltamos que essas posições são exemplificativas, pois outros enfoques para o problema penal, como modelos muito liberais, abolicionistas ou de justiça restaurativa, ou ainda modelos muito autoritários, de restrições fortes de direitos fundamentais para determinados grupos (como traficantes de drogas, terroristas, etc.), são também articuláveis a partir das compreensões político-ideológicas do articulador.

foi possível concluir que a exigência de imparcialidade desempenha função importante no discurso oficial que dá legitimidade ao Estado para o exercício do poder punitivo.

No entanto, é preciso notar que esse discurso está em contradição com o papel do juiz desenhado pelo ordenamento jurídico brasileiro. Isso porque este implicitamente induz o magistrado a uma atuação parcial, conforme se verifica pela combinação de dois fatores.

Por um lado, a Constituição Federal contempla uma ampla gama de valores que podem ser tomados como referência para as decisões judiciais. Muitos desses valores podem ser contraditórios dentro de um caso concreto, o que torna necessário que um deles prepondere. É desnecessário aprofundar a discussão sobre a hermenêutica jurídica,[145] notadamente sobre as teorias que discorrem sobre as relações entre regras e princípios e sobre as relações dos princípios entre si quando invocados para incidir em determinado caso. Isso porque aqui partimos de uma constatação prática, independente das construções teóricas, de que o magistrado encontra na Constituição um rol de valores manipuláveis para se criar fundamentações em diferentes direções, de que o senso comum teórico atualmente vigente permite essa manipulação e de que não há nenhum mecanismo de controle eficaz sobre essas práticas – discorreremos mais sobre isso no próximo capítulo.

Por outro lado, em determinadas matérias, a legislação infraconstitucional confere um amplo espaço de decisões possíveis aos juízes, no qual não há alternativa a não ser realizar uma escolha.[146] Por mais objetivo que o magistrado tente ser, é impossível que ele não se valha da própria subjetividade para determinar quais valores ou quais circunstâncias devem incidir no caso. E qualquer escolha realizada no caso concreto, desde que dentro do âmbito da legalidade, será considerada válida pelo ordenamento jurídico, independentemente de sua qualidade. Dois exemplos são suficientes para ilustrar esse cenário.

---

[145] Ressaltamos que nosso foco não está na construção teórica de como o juiz deve decidir, mas na constatação de como de fato ele decide. Com efeito, não se nega a importância dessas teorias, mas é preciso levar em consideração que elas apenas são dominadas por alguns juízes mais estudiosos e que dão valor para a técnica acadêmica. As pesquisas empíricas que serão apresentadas adiante dão conta de que por regra os juízes decidem sem se preocupar com essas construções. A questão não é se a maioria dos juízes conhece essas teorias, mas simplesmente que, mesmo que conheçam, não há nada que os obriga a as aplicar e nada os proíbe de atuar de forma puramente intuitiva, desde que as decisões sejam acompanhadas de uma racionalização, como será detalhadamente abordado no próximo capítulo.

[146] No próximo capítulo, trataremos mais profundamente do problema da discricionariedade, já adiantando que a conclusão é no sentido de que, apesar das pertinentes críticas, ela é uma realidade nas práticas judiciais.

Em primeiro lugar, o caso da prisão preventiva. Esta é uma medida cautelar pessoal prevista no Código de Processo Penal que, para ser decretada, depende do preenchimento de alguns pressupostos materiais e da existência de um fundamento cautelar, como um risco de fuga, de se atentar contra a prova do processo ou de reiteração delitiva. Esse fundamento cautelar pressupõe a realização de uma prognose, através da qual se afirma a possibilidade ou probabilidade juridicamente relevante da futura prática de alguma ação antijurídica por parte do réu. Apesar da complexidade desse raciocínio, o ordenamento jurídico não fornece critérios ou mesmo um método para a realização da prognose. Nessas condições, em regra, as decisões são tomadas a partir de critérios puramente intuitivos, em que fica explícita a prevalência dos valores do magistrado do caso.[147] Assim, em contextos fáticos e processuais muito similares, diferentes magistrados podem produzir soluções muito diferentes. Para ilustrar esse cenário, imaginemos um caso em que determinada pessoa que ostenta antecedentes é flagrada novamente portando pequena quantia de entorpecentes para finalidade de comercialização. A partir desses elementos, um magistrado pode decretar a prisão preventiva por considerar que a existência de antecedentes é fundamento suficiente para justificar a existência de perigo de reiteração delitiva,[148] enquanto outro magistrado, diante das circunstâncias mais ou menos semelhantes, pode deixar de decretar essa medida, a pretexto de considerar a pequena quantia apreendida como indicativo de desnecessidade ou desproporcionalidade da prisão.[149]

A questão fundamental é que ambas as soluções são consideradas válidas pelo ordenamento jurídico. E de fato podem ser validadas

---

[147] SZESZ, André. Sobre a decisão que decreta uma prisão preventiva. *Revista Brasileira de Ciências Criminais*, vol. 111. São Paulo: RT, 2014. p. 194.

[148] E.g.: "2. Apesar da pequena quantidade de droga apreendida com o acusado, encontra-se fundamentado o decreto prisional, visto que alicerçado nos maus antecedentes do paciente, demonstrando sua insistência em permanecer na vida criminosa" (HC n. 344.653/SP, relator Ministro Sebastião Reis Júnior, Sexta Turma, julgado em 17/3/2016, DJe de 31/3/2016.).

[149] E.g.: "2. Na hipótese em apreço, o fato ensejador do flagrante não transborda da normalidade do modelo descrito no tipo proibitivo (art. 33 da Lei de Drogas), notadamente diante da quantidade não tão expressiva de entorpecentes apreendidos, o que não demonstra concretamente a periculosidade do Agravado. 3. Ainda que tenha sido consignado o histórico criminal em desfavor do Acusado, uma condenação por fato ocorrido em 2017, deve ser observado o binômio proporcionalidade e adequação.
4. Desse modo, embora a via eleita (restrição total da liberdade) seja adequada para o fim desejado (evitar reiteração delitiva), mostra-se excessiva, considerando que o Agravado foi apreendido com quantidade de entorpecentes não exacerbada, o que revela a desproporcionalidade da medida extrema" (AgRg no RHC n. 149.257/AL, relatora Ministra Laurita Vaz, Sexta Turma, julgado em 14/9/2021, DJe de 24/9/2021.).

pelas instâncias de revisão, caso o magistrado tenha apresentado uma fundamentação juridicamente aceitável e os juízes revisores concordem com ela. Não há, portanto, um certo ou errado. O que prepondera, em última instância, são os valores eleitos pelo magistrado do caso, e que poderiam ser outros se o magistrado fosse outro. Como essa escolha passa necessariamente pela subjetividade desse magistrado, que inevitavelmente decide a partir de seu próprio olhar, seus próprios valores e seu próprio horizonte político, essa atuação é necessariamente parcial.[150]

O segundo exemplo é a realização da dosimetria da pena. O Código Penal estabelece em seu artigo 68 o critério trifásico, o qual se inicia pela fixação da pena base, a partir das circunstâncias do artigo 59, seguida da pena provisória, com agravantes e atenuantes, e concluindo a pena definitiva com as majorantes e minorantes. Destacamos aqui a fixação da pena base. O artigo 59 estabelece oito circunstâncias (culpabilidade, antecedentes, conduta social, personalidade, motivos, circunstâncias, consequências e comportamento da vítima) que são relativamente vagas e que dão espaço para que o magistrado encontre no caso aquilo que julgue ter relevância para a culpabilidade do agente. Esse espaço de discricionariedade dá margem para que cada magistrado lance um olhar próprio sobre o caso. A mesma circunstância que é considerada relevante para um, poderá não ser relevante para outro. Como não há critério legal que oriente precisamente qual deve ser a dosagem de aumento ou diminuição da pena para cada circunstância relevante, também aqui se verifica grande espaço em que a subjetividade do juiz ganha muita importância. Ainda que os tribunais superiores, em especial o STJ, contenham alguns excessos, em geral dentro de um mesmo caso são possíveis variados cálculos com variados resultados, desde que estejam acompanhados de uma fundamentação idônea.[151]

Nessas situações, como em tantas outras, o magistrado se vê obrigado a escolher. Essas escolhas necessariamente implicam a incidência de um leque de valores do próprio magistrado. E quaisquer que sejam as escolhas, elas serão consideradas válidas pelo ordenamento jurídico, desde que fundamentadas dentro de uma retórica aceitável e que as instâncias revisoras concordem com ela.

---

[150] Vide tópico 2.5.
[151] "A dosimetria da pena insere-se dentro de um juízo de discricionariedade do julgador, atrelado às particularidades fáticas do caso concreto e subjetivas do agente, somente passível de revisão por esta Corte no caso de inobservância dos parâmetros legais ou de flagrante desproporcionalidade" (HC 447.857/RS, Rel. Ministro REYNALDO SOARES DA FONSECA, QUINTA TURMA, julgado em 21/08/2018, DJe 28/08/2018).

É importante deixar claro que aqui não pretendemos fazer a defesa da parcialidade judicial, nos moldes das teses de parcialidade positiva, nem teorizar sobre como os juízes devem se portar ao formularem as suas decisões. Nossa pretensão é a de constatar que o próprio ordenamento jurídico empurra os juízes para decisões que são inevitavelmente subjetivas. Essas conclusões propositalmente não levam em conta as teorias da hermenêutica jurídica, justamente pelo fato de que elas são a construção de um modelo ideal sobre o melhor julgar possível, enquanto nosso interesse está centrado no ser.

Porém, no campo do dever ser, devemos considerar que há também um fomento e um discurso de legitimação, de parte da doutrina, de um atuar parcial dos magistrados. Essa defesa é explícita no caso das teses de parcialidade positiva, que já abordamos anteriormente. Mas também podemos verificar essa defesa de forma implícita e paradoxal por autores que, ao mesmo tempo, defendem também a exigência de imparcialidade do Poder Judiciário. Nesse sentido, por exemplo, as teorias que fomentam uma postura mais ativa do magistrado no processo. No processo penal, isso pode ser bem ilustrado com a defesa de uma iniciativa probatória por parte do magistrado ou de um *standard* probatório que esteja centrado na convicção pessoal do julgador.[152] Já no processo civil, serve de exemplo a defesa de que o juiz tome decisões empáticas e esteja, em alguma medida, mais próximo das partes.

Também há implícita defesa de parcialidade por parte dos autores e decisões judiciais que sustentam o entendimento de que o ato de julgar deve ser realizado pelo juiz em conformidade com seu entendimento pessoal ou, em outros termos, conforme sua própria consciência.[153] Trata-se de uma implícita defesa de uma parcialidade na atividade jurisdicional, na medida em que legitima que a subjetividade do julgador não apenas seja decisiva para o caso, mas também seja suficiente para justificar a escolha realizada, ainda que dele se exija uma fundamentação racional.

Em resumo, a partir desse quadro, podemos afirmar que o próprio ordenamento jurídico contempla a pessoalidade do juiz como um elemento da atividade jurisdicional. Isso porque, como visto, há espaços

---

[152] Ambos os temas serão aprofundados mais adiante.

[153] Nesse sentido, é interessante observar a obra de Lênio Luiz Streck, intitulada *O que é isso – decido conforme minha consciência?* (Porto Alegre: Livraria do Advogado, 2012), através da qual o autor realiza ferrenha crítica à legitimação do poder discricionário dos juízes. Nela, especialmente nos capítulos 2, 3 e 4, é possível encontra uma compilação exemplificativa de decisões judiciais e excertos doutrinários com a defesa do entendimento de que os juízes devem decidir conforme suas consciências pessoais.

de discricionariedade em que se espera do magistrado a realização de escolhas entre variáveis possíveis com resultados juridicamente distintos, como uma decisão pelo deferimento ou indeferimento de um pedido de prisão preventiva, sendo que qualquer escolha, desde idoneamente fundamentada, poderá ser validada pelas instâncias de revisão, independentemente de seu teor.

2.3 O contraste com a realidade: a parcialidade empiricamente atestada

Qualquer teoria jurídica sobre o comportamento dos atores envolvidos nas relações processuais que não leve em consideração o que os saberes paralelos dizem sobre o comportamento humano está condenada a uma grande defasagem com relação à realidade. No capítulo anterior, já abordamos o tema da evolução do pensamento filosófico e científico acerca do problema do atuar humano sem subjetividade. Neste momento, nosso foco serão as pesquisas empíricas acerca do comportamento dos magistrados.

Quanto a esse ponto, uma ressalva inicial precisa ser feita. A pesquisa jurídica depende do material produzido por outros campos do conhecimento acerca dos atores jurídicos, em especial da sociologia e da antropologia jurídica. Infelizmente, no Brasil há pouquíssimas pesquisas acerca do comportamento dos magistrados. E as que existem geralmente partem de um recorte muito pequeno. Isso dificulta bastante a reflexão jurídica sobre o tema. Não resta alternativa a não ser o apelo a estudos estrangeiros. Roga-se, assim, para que pesquisas dessa natureza sejam realizadas no Brasil em grande estrutura, com os financiamentos necessários e com a atenção acadêmica merecida.

a) Pesquisas com magistrados estrangeiros

Sobre os estudos estrangeiros, ainda que não se possa desconsiderar a diferença cultural que provavelmente tem efeito sobre os resultados, eles também são válidos para a reflexão que propomos. Isso porque nossa abordagem leva em conta mais uma perspectiva psicológica do que propriamente jurídica. Note-se bem que não pretendemos afirmar que a psicologia dos juízes é universal ou que a dos estrangeiros é idêntica à dos brasileiros, mas tão somente que o espaço de interferência de fatores psicológicos é uma constante para ambos.

Ressaltamos que o que apresentamos a seguir não é um compilado exaustivo de todas as pesquisas já realizadas com magistrados, mas tão somente um apanhado de alguns dos estudos mais recentes. Essa amostragem é suficiente para a articulação do argumento por nós defendido, uma vez que é corroborado por todos os estudos citados.

Pois bem. Como já exposto, o discurso oficial exige do magistrado a equidistância em relação às partes, a ausência de inclinação com relação a qualquer uma delas, a ausência de interesse na causa e que os fundamentos da decisão sejam constituídos a partir da análise das provas produzidas nos autos. As pesquisas empíricas realizadas com magistrados, no entanto, sugerem um comportamento diferente. A seguir apresentamos alguns desses estudos.

Em primeiro lugar, vale mencionar a pesquisa realizada por Shai Danziger, Jonathan Levav e Liora Avnaim-Pesso, intitulada "Extraneous factors in judicial decisions".[154] A pesquisa pretendeu testar empiricamente a máxima caricata dos realistas americanos do início do século XX, que afirmavam que até o que o juiz come no café da manhã influencia suas decisões ao longo do dia. Para tanto, analisaram-se 1112 decisões, proferidas por um grupo de 8 juízes (6 homens e 2 mulheres), em 50 dias de audiências ocorridas num intervalo de 10 meses. A maioria dos pedidos analisados dizia respeito à obtenção do que, grosso modo, equivale-se ao livramento condicional no ordenamento jurídico brasileiro. Os demais pedidos envolviam mudança nos termos desse livramento condicional já obtido ou outras questões de execução penal. A pesquisa observou a rotina de audiências desses juízes e constatou que a porcentagem de decisões favoráveis cai gradualmente de 65% para quase zero a cada decisão, retomando abruptamente o patamar de 65% logo após um intervalo para o lanche. Isso indicaria que as chances de uma decisão mais favorável para o requerente são muito maiores no início das audiências ou logo após o intervalo. Os autores ponderam que não é possível determinar se o que pesa nessa mudança de comportamento após o intervalo é a alimentação, o simples descanso ou uma melhora de humor. Mas concluem que, de todo modo, há variáveis estranhas ao processo que influenciam o julgamento. Ou seja, há situações juridicamente irrelevantes, como uma simples pausa para comer, que podem levar os juízes a decisões diferentes em casos com características jurídicas semelhantes.[155]

---

[154] DANZIGER, Shai; LEVAV, Jonathan; Avnaim-Pesso, Liora. Extraneous factors in judicial decisions. *PNAS*, v. 108, n. 17, p. 6889-6892, abr. 2011.

[155] "Therefore, although our data do not allow us to test directly whether justice is what the judge had for breakfast, they do suggest that judicial decisions can be influenced by whether the judge took a break to eat [...]."

Outra pesquisa que também merece referência é aquela realizada por Darrel Steffensmeier e Chris Hebert, intitulada "Women and men policymakers: Does the judge's gender affect the sentencing of criminal defendants?".[156] Esse estudo buscou enfrentar o seguinte problema: poderia ser empiricamente comprovada a diferença do teor das decisões judiciais criminais em razão do gênero de quem as profere? Partiu-se da hipótese de que homens e mulheres, porque em tese teriam sido socializados de forma diferente e porque em tese desempenhariam papéis diferentes em suas famílias, na comunidade e nas relações profissionais, estariam propensos a olhar o processo por perspectivas diferenciadas. Assim, analisaram-se condenações criminais proferidas por juízes e juízas. Esse estudo chegou às seguintes conclusões: sentenças de juízas mulheres, especialmente com relação a crimes patrimoniais, seriam mais duras, com 10% a mais de propensão ao encarceramento e com proposição de penas em média cinco meses maiores. Já com relação a crimes sexuais, a pesquisa não constatou diferenças relevantes entre as sentenças proferidas por mulheres ou por homens. Os autores também puderam concluir que as juízas usam mais, na fundamentação da sopesagem da pena, as características pessoais do réu, tais como raça, sexo, idade e antecedentes.[157] O estudo concluiu a existência de diferenças com relação ao tratamento de pessoa de raça e idade diversas. De acordo com os autores, homens e mulheres profeririam sentenças muito parecidas para rés brancas, mas juízas sentenciariam mais duramente raça e sexo diversos (rés negras, réus brancos e réus negros). As juízas seriam mais duras com jovens adultos e especialmente duras com negros e negras reincidentes. Por outro lado, as juízas atenuariam mais a pena do que os juízes se o réu for idoso ou se for primário e, em suas fundamentações, mostrariam maior preocupação com o risco de reincidência.

Nevertheless, our results do indicate that extraneous variables can influence judicial decisions, which bolsters the growing body of evidence that points to the susceptibility of experienced judges to psychological biases (19, 20; for a review, see ref. 21). Finally, our findings support the view that the law is indeterminate by showing that legally irrelevant situational determinants—in this case, merely taking a food break—may lead a judge to rule differently in cases with similar legal characteristics." (*Ibidem*, p. 6890 e 6892)

[156] STEFFENSMEIER, Darrell; HEBERT, Chris. Women and Men Policymakers: Does the Judge's Gender Affect the Sentencing of Criminal Defendants? *Social Forces*, v. 77, n. 3, p. 1163-1196, mar. 1999.

[157] "Our main finding is that the sentencing decisions of women judges are contextualized more by defendant characteristics such as race, sex, and age and by defendant's prior record" (*Ibidem*, p. 1183).

Outra pesquisa que investigou o papel do gênero na produção de decisões foi realizada por Christina L. Boyd, Lee Epstein e Andrew D. Martin, com o título "Untangling the Casual Effects of Sex on Judging".[158] Duas questões foram colocadas pelos pesquisadores. Em primeiro lugar, se homens e mulheres decidem de forma distinta. Em segundo lugar, se a presença de uma juíza mulher em um julgamento faz com que homens se comportem de forma diferente. Com relação à primeira questão, a pesquisa concluiu que, em geral, considerando o recorde de temas avaliados,[159] não houve diferenças relevantes. Mas houve uma exceção: o julgamento de questões referentes à discriminação sexual. Nesse caso, de acordo com os dados da pesquisa, a probabilidade de uma decisão favorável a quem alega a discriminação é 10% menor se o juiz for homem. Já com relação à segunda questão, os autores puderam verificar resultado relevante também quanto ao tema da discriminação sexual. A pesquisa constatou que quando uma juíza mulher participa do julgamento, as chances de os juízes homens votarem a favor de quem alega a discriminação sexual aumenta de 12% a 14%.[160]

Ainda envolvendo questões de gênero, merece menção a pesquisa de Adam N. Glynn e Maya Sem, intitulada "Identifying Judicial Empathy: Does Having Daughters Cause Judges to Rule for Women's Issues?". O estudo pretendeu verificar se, em especial através da via da empatia, relações pessoais podem afetar a forma como juízes decidem os casos. Por empatia, compreendeu-se uma aprendizagem sobre uma visão de mundo de outra pessoa. Com esse objetivo, a pesquisa buscou analisar se o gênero dos filhos dos juízes tem algum efeito sobre seus votos. De acordo com os dados da pesquisa, juízes que tem ao menos uma filha mulher consistentemente proferem decisões com caráter mais

---

[158] BOYD, Christina L.; EPSTEIN, Lee; MARTIN, Andrew D. Untangling the Casual Effects of Sex on Judging. *American Journal of Political Science*, v. 54, n. 2, p. 389-411, abr. 2010.

[159] A pesquisa informa que as áreas analisadas foram: *Americans with Disabilities Act, Evironmental Protection, Abortion, Affirmative Action, Campaign Finance, Capital Punishment, Contract Clause, Federalism, Piercing the Corporate Veil, Sex Discrimination, Sex Harassment, Takings Clause* e *Race* (*Ibidem*, p. 397).

[160] "The results of this exercise are now reasonably clear: the presence of women in the federal appellate judiciary rarely has an appreciable empirical effect on judicial outcomes. Rarely, though, is not never. Based on an account that isolates the analysis to judge-vote observations with a nearest-neighbor match, we observe consistent and statistically significant individual and panel effects in sex discrimination disputes: not only do males and females bring distinct approaches to these cases, but the presence of a female on a panel actually causes male judges to vote in a way they otherwise would not – in favor of plaintiffs" (*Ibidem*, p. 406).

feminista em questões de gênero do que juízes que tem apenas filhos homens. Os autores concluem que não apenas as experiências pessoais dos juízes influenciam como eles decidem – o que já foi objeto por outras pesquisas-, mas também que a empatia pode também ser um fator relevante. Os dados não permitiram explicar de que forma esse efeito de empatia opera. Os autores consideraram como explicações possíveis o fato de que muitos juízes homens podem não estar familiarizados com as adversidades pelas quais passa uma mulher jovem quando enfrenta questões como assédio sexual ou a relação da maternidade com as leis trabalhistas. Desse modo, ao se ter uma filha, haveria um aumento em alguma medida do conhecimento do juiz sobre essas questões. Esse conhecimento inclinaria um pouco o voto do juiz em favor dos direitos das mulheres. Outra explicação cogitada pelos pesquisadores é que as posições mais liberais diminuiriam as chances de suas próprias filhas sofrerem discriminação, especialmente no mercado de trabalho. Os dados levam os autores à conclusão de que é provável que conexões similares de empatia que influencia o voto devem ocorrer em outras matérias, com respeito a outros tipos de relações.

Ainda merece menção a pesquisa de Thomas J. Miles e Afam B. Cox intitulada "Judging the Voting Rights Act".[161] Esse estudo teve por objeto a influência de raça e de ideologia partidária de juízes no julgamento envolvendo direito de voto das minorias (casos da Seção 2 do *Voting Rights Act*). De acordo com os dados da pesquisa, juízes nomeados por democratas são mais propensos a votar a favor das minorias, em questões envolvendo direito de voto, do que os nomeados por republicanos. Essa propensão é ainda maior no caso de juízes que integram as minorias raciais. Também ficou demonstrado o chamado *panel effect*: juízes brancos ficam mais propensos a votar em favor das minorias, nesses casos, quando participam de um julgamento colegiado no qual fazem parte juízes que integram as minorias raciais. Os autores concluem, enfim, que a pesquisa permite afirmar que a ideologia e a raça dos juízes influenciam suas decisões nos casos envolvendo direito de voto.[162]

Por fim, vale citar o artigo publicado por Jeffrey J. Rachlinski e Andrew J. Wistrich intitulado "Judging the Judiciary by Numbers:

---

[161] MILES, Thomas J.; COX, Adam B. Judging the Voting Rights Act. *John M. Olin Program in Law and Economics Working Paper*, n. 337, p. 1-51, 2007.

[162] "(This Article) provides the first systematic evidence that a judge's race and partisan affiliation are important determinants of liability in Section 2 cases" (*Ibidem*, p. 49).

Empiral Research on Judges".¹⁶³ O artigo examina, através de uma visão panorâmica (meta-análise), diversas pesquisas empíricas que avaliam o comportamento dos juízes, incluindo algumas das citadas acima. Os autores concluem que, apesar da grande expectativa que se cria sobre um comportamento neutro dos juízes, estes, ao decidir, cometem os mesmos deslizes que qualquer ser humano.¹⁶⁴ Segundo Rachlinski e Wistrich, há alguns fatores que contribuem para isso, como o excesso de trabalho e a falta de tempo para se dedicar individualmente a cada caso sob julgamento, o que levaria os juízes a buscarem atalhos cognitivos para decidir o caso de forma mais rápida. Ainda, faltaria feedback para os juízes acerca da qualidade de seu trabalho, já que as decisões judiciais não podem ser facilmente categorizadas como certas ou erradas, e isso contribuiria para a busca desses atalhos. Os autores propõem algumas formas de se tentar driblar essas falhas e melhorar a qualidade das decisões – mas isto apenas será abordado mais adiante. Concluem que, no fim das contas, Jerome Frank estava certo ao dizer, décadas atrás, que "when all is said and done, we must face the fact that judges are human".¹⁶⁵

Essas pesquisas não nos mostram resultados surpreendentes. Em verdade, são resultados até mesmo intuitivos e que de certa forma já foram antecipados pelos realistas americanos da primeira metade do século passado. Mas essas pesquisas nos levam a conclusões importantes. A primeira e mais óbvia é a de que o conceito jurídico de imparcialidade é humanamente inatingível. E isso não se refere apenas à neutralidade descrita pelos positivistas da Escola da Exegese, mas também ao conceito contemporâneo de imparcialidade. Ao se analisar o comportamento dos juízes, é inevitável se identificar que em alguma medida há a influência de fatores metajurídicos, que por regra não fazem parte do discurso oficial e tampouco dos fundamentos que integram a decisão publicada, que podem ou não ser conscientes, mas que influenciam o ato de julgar. Essa influência não apenas conduz o juiz para um resultado diverso do que aquele que poderia ser alcançado por

---

[163] RACHLINSKI, Jeffrey J.; WISTRICH, Andrew J. judging the Judiciary by the Numbers: Empirical Research on Judges. *13 Annual Review of Law and Social Science*, 2017, p. 1-44.

[164] "Society expects a lot from its judges. Most people have opinions and beliefs that arise from their identities, but we expect judges to set these aside. Most people overreact to mechanisms of accountability, but we expect judges to respond in a measured fashion. Most people rely too heavily on intuition and heuristics, but we expect judges to be deliberative and logical. Emotions and biases influence people too readily, but we expect judges to decide within the law and on the record. The research suggests that judges fall short in some respects." (*Ibidem*, p. 31)

[165] *Ibidem*, p. 33.

uma análise robótica dos fatos, das provas e da legislação aplicável – o que apenas afastaria a ideia de neutralidade. Essa influência também denota predisposições para um julgamento empático ou inclinado ao resultado mais coerente com a perspectiva pessoal de mundo daquele juiz, o que se choca com a exigência de equidistância e de ausência de pré-julgamento. Especificamente as pesquisas citadas indicaram disposições dos juízes para julgamentos diferentes em razão de seu estado de ânimo, de suas características pessoais, de sua ideologia política ou mesmo de empatia para com pessoas do seu círculo familiar. Não se ignora que tais pesquisas provavelmente chegariam a resultados um pouco diferentes se fossem repetidas ou realizadas com outro grupo de juízes ou mesmo em outra localidade ou em outra época – isto é, não pretendemos afirmar que, por exemplo, juízes com filhas mulheres tem universalmente a probabilidade "x" de se inclinar em favor dos direitos das mulheres. O que é crucial é que parece ser inquestionável que a subjetividade do juiz faz, sim, muita diferença no momento de se proferir uma decisão. Ou seja, quem é o juiz da causa frequentemente importa, porque há grandes chances de juízes diferentes proferirem decisões diferentes em casos juridicamente idênticos.

A segunda conclusão a que nos levam as pesquisas acima citadas é a de que a margem de diferença de decisões existente em razão da subjetividade é abraçada pelo ordenamento jurídico, que considera válida quaisquer decisões passíveis de serem justificadas. Esse aspecto é fundamental, porque indica que a parcialidade dos julgadores é, em verdade, compreendida pelo sistema jurídico.

b) Pesquisas com magistrados brasileiros

As reflexões apresentadas no tópico anterior podem ser aprofundadas a partir de algumas pesquisas nacionais que merecem atenção. Essas pesquisas foram realizadas com metodologias diferentes das estrangeiras e nos fornecem resultados um pouco menos objetivos, porém refletem mais a realidade do nosso Poder Judiciário e explicitam a existência de um fator adicional: o peso das vontades dos juízes.

A primeira delas é a pesquisa feita em 2018 através de questionário enviado aos magistrados, intitulada "Quem Somos: a magistratura que queremos", de autoria de Luiz Werneck Vianna, Maria Alice Rezende de Carvalho e Marcelo Baumann Burgos.[166] Essa pesquisa teve uma

---

[166] VIANNA, Luiz Werneck; CARVALHO, Maria Alice Rezende de; BURGOS, Marcelo Baumann. *Quem Somos: A magistratura que queremos*. Rio de Janeiro: AMB, 2018.

abrangência significativa, porque contou com resposta de 19% dos magistrados brasileiros ativos naquele momento e 15% dos já inativos. O questionário é amplo e aborda inúmeros temas interessantes, mas que não dizem respeito ao nosso estudo.

Chamamos a atenção para a questão que tratou especificamente do tema da imparcialidade. Pediu-se aos magistrados que escolhessem entre as seguintes alternativas:[167] a) a não neutralidade do Judiciário ameaçaria as liberdades; b) o Judiciário não seria neutro e a lei deveria ser interpretada no sentido de a aproximar dos processos sociais substantivos e; c) o Judiciário não seria neutro e o magistrado, ao decidir, deveria levar em conta a consequência de suas decisões, tomando o cuidado de não extrapolar a esfera da própria atuação. Aproximadamente 68,9% dos juízes de primeiro grau e 62,7% dos juízes de segundo grau escolheram esta última opção. A resposta menos escolhida foi a primeira. Esse resultado sugere que a grande maioria dos magistrados entende que o Poder Judiciário não é neutro, porém uma parcela relevante (8,6% dos magistrados de primeiro grau e 10,2% dos de segundo grau) acredita que ele é ou deve ser neutro. Essa pesquisa não esclarece exatamente o que os magistrados compreendem por neutralidade e não neutralidade. Ainda, o pequeno número de alternativas existentes não permite que se confie que a resposta escolhida corresponde exatamente ao pensamento do magistrado, que pode ter feito sua escolha por aproximação ou eliminação. De todo modo, a resposta mais escolhida indica uma análise consequencialista na tomada de decisões, a qual, na esfera penal, costuma indicar a incidência de fatores metajurídicos.

A pesquisa mostra outros dados interessantes, como uma grande preocupação dos juízes de primeiro grau com o seu alto volume de trabalho.[168] Esse excesso de processos é um fator que pode em tese contribuir para que os juízes busquem soluções mais rápidas aos casos, como sugerido por Rachlinski e Wistrich, o que implica uma análise menos criteriosa de cada um dos autos. Ainda, a pesquisa indica atenção dos juízes com a maneira como a imprensa retrata o seu trabalho,[169] o

---

[167] *Ibidem*, p. 142.
[168] A "equalização da distribuição da força de trabalho entre primeira e segunda instância" foi a alternativa mais escolhida pelos juízes de primeiro grau entre as listadas para a questão 32, que pedia para se apontar quais deveriam ser as prioridades do CNJ. Curiosamente, essa foi a alternativa menos escolhida entre os juízes de segundo grau (*Ibidem*, p. 62-63). Em resposta a outra questão sobre as dificuldades do Poder Judiciário, 63% dos magistrados de primeiro grau consideraram essencial que "magistrados(as) sobrecarregados(as) se tornam obstáculos à maior eficiência da atividade judicial" (*Ibidem*, p. 158-159).
[169] Aproximadamente 58,2% dos magistrados de primeiro grau consideraram essencial, com relação às dificuldades do Poder Judiciário, "a forma negativa como a imprensa retrata, em geral, a atividade do(a) magistrado(a)" (*Ibidem*, p. 148).

que também pode sugerir uma análise consequencialista das decisões a partir de sua possível repercussão em casos midiáticos. Por fim, a pesquisa mostra que os magistrados entendem que é prioritário para o Poder Judiciário a defesa da ordem pública e o controle da probidade administrativa.[170] Isso sugere, na esfera penal, uma ênfase na atividade repressiva do Poder Judiciário.[171]

Outro estudo relevante para esta tese é aquele realizada por Antoin A. Khalil, publicada com o título *A personalidade do juiz e a condução do processo*.[172] O autor pretendeu fazer uma análise, a partir da psicanálise de Jung, sobre a influência da personalidade na atuação dos juízes nos processos judiciais. Para tanto, realizou entrevistas com seis magistrados, as quais constituem o material de análise a partir de seu referencial teórico. Em que pese o fato de que as conclusões desse estudo não interessam tanto a esta pesquisa – para além da constatação de que o exercício da jurisdição se pauta por aspectos metajurídicos –, não se pode deixar de observar alguns pontos de interesse no material das entrevistas. Todos os juízes entrevistados admitiram que olham para o processo já inclinados para uma direção e, apenas após, buscam na lei fundamentos para essa decisão já tomada intuitivamente. As entrevistas evidenciam que os juízes dão soluções aos casos a partir de seu próprio entendimento, e, seja ele qual for, constroem uma justifica com base na lei. A seguinte afirmação de um dos entrevistados ilustra bem esse cenário: "o juiz pode decidir do jeito que quiser que encontrará de algum modo amparo no ordenamento".[173] Outro entrevistado comparou os princípios da Constituição de 1988 com "massinhas de

---

[170] Ao serem questionados sobre quais seriam as três áreas mais importantes de atuação do Poder Judiciário numa democracia, a opção mais escolhida pelos magistrados de segundo grau foi a defesa da ordem pública, seguida do controle da probidade administrativa interna e externa. Os magistrados de primeiro grau também escolheram essas opções, porém em ordem inversa. A defesa dos direitos humanos e controle da violência estatal ficou em terceiro lugar para ambos os grupos (*Ibidem*, p. 144).

[171] Nesse sentido, também Fabiana Alves Rodrigues em análise apenas das respostas dos juízes federais: "As quatro áreas apontadas como mais importantes para os juízes federais foram: controle da probidade (22,2%), defesa dos direitos humanos (17,2%), defesa da ordem pública (15,7%) e repressão a delitos econômicos (12,6%). Ao se considerar que a defesa da ordem pública tem sido reiteradamente mencionada nas decisões de prisões preventivas da Operação Lava Jato e que o controle da probidade é uma das faces do controle da corrupção política, os dados indicam que os juízes federais atribuem muita importância à atividade repressiva do Judiciário." (RODRIGUES, Fabiana Alves. *Lava Jato: Aprendizado institucional e ação estratégica na Justiça*. São Paulo: WMF Martins Fontes, 2020. Edição do Kindle. p. 47-48).

[172] KHALIL, Antoin Abou. *A personalidade do juiz e a condução do processo*. São Paulo: LTr, 2012.

[173] *Ibidem*, p. 144.

crianças", no sentido de serem algo muito fluído e moldável ao gosto do intérprete.[174] Este último entrevistado reconhece que, quando atuava na área criminal, tinha uma inclinação para a acusação e que, se decidido a condenar, caso só encontrasse precedentes que levariam o réu à absolvição, mantinha a posição mais rígida e buscava tentar contra argumentar esses julgados.[175]

Em que pese a pesquisa tenha sido realizada com um grupo pequeno de juízes, ela dá uma dimensão do quanto a personalidade de cada juiz é determinante no conjunto de suas ações e decisões no exercício do cargo. As entrevistas deixam claro que essa subjetividade é vista pelos magistrados como algo inerente ao seu ofício e que, em todos os casos, havia uma busca por uma realização de uma justiça definida a partir de uma moralidade pessoal. A pesquisa também evidencia como o ordenamento jurídico abraça essas variações de decisões a partir das subjetividades dos juízes.

Também merece menção a pesquisa de Fabiana Alves Rodrigues, que fez um importante estudo dos processos relacionados à conhecida Operação Lava Jato através de um enfoque institucional (Justiça Federal) e do voluntarismo político dos atores envolvidos.[176] O estudo foi feito a partir da análise de dados objetivos dos processos e nesse ponto se diferencia das demais pesquisas citadas neste tópico. Mas algumas de suas conclusões são importantes para esta tese. A autora utiliza um conceito que nos é bastante interessante: a "ação estratégica",[177] a qual seria caracterizada pela atuação dos atores do sistema judicial que manejam as zonas cinzentas – espaços de indefinição e discricionariedade – e o *timing* para a prática de atos obrigatórios de forma a atingir objetivos não declarados sem praticar ilegalidades. Um exemplo disso seria uma aceleração ou um retardamento de uma determinada marcha processual a fim de se obter uma conclusão do processo no momento desejado com a finalidade de produzir efeitos extraprocessuais. A autora ressalta que essas ações estratégicas são possíveis devido à ampla

---

[174] *Ibidem*, p. 259
[175] *Ibidem*, p. 267.
[176] RODRIGUES, *Lava jato*....
[177] "[...] a ação de atores do sistema judicial que põem os fins acima dos meios e calculam seus passos e suas decisões em função dos resultados que pretendem alcançar." *Ibidem*, p. 143. "A estratégia dos atores está essencialmente na forma como manejam as zonas cinzentas e no *timing* escolhido para a prática de atos, incluindo aqueles que lhes são impostos" (*Ibidem*, p. 142).

flexibilidade[178] que os juízes têm para definição de questões que podem ter efeitos extrajurídicos, como o estabelecimento de competência processual pela conexão, a organização de uma pauta de audiências ou de julgamento de recursos, a escolha de qual processo terá prioridade, entre outras. A autora identificou, por exemplo, que na operação por ela estudada houve a priorização de processos nos quais havia o objetivo não declarado de se obter uma condenação rápida de réus-chave para se justificar suas prisões preventivas e, assim, veladamente os induzir a realizar acordos de colaboração premiada com o Ministério Público Federal.[179]

Com efeito, Fabiana chamou a atenção para a existência de zonas cinzentas nas quais, dentro da legalidade, mas a partir dos critérios subjetivos do próprio magistrado, pode-se ou não praticar um determinado ato processual, bem como o adiantar ou o atrasar. Os despachos e decisões proferidos dentro dessa zona podem ser manejados – como foram, segundo Fabiana, no caso por ela estudado – com a finalidade de se produzir um efeito que não será declarado em nenhum momento. Esses atos são sempre presumidos como idôneos, de forma que é praticamente impossível para as partes identificar se há ou se não há interesses não declarados. O caso estudado por Fabiana é bastante peculiar, porque envolve operação cujos processos tiveram alta repercussão midiática e efeitos políticos evidentes, como a prisão e condenação do então pré-candidato à Presidência da República para as eleições de 2018, Luís Inácio Lula da Silva. Houve, posteriormente, o reconhecimento da parcialidade de um magistrado da causa, Sérgio Moro, inclusive por algumas de suas ações estratégicas, tais como a

---

[178] "A flexibilidade conferida aos operadores do Direito para interpretar as normas relativas à definição da competência pela conexão referida dá margem a ações estratégicas por parte dos atores do sistema de Justiça, o que pode viabilizar o direcionamento de casos considerados prioritários para unidades da Justiça Federal preparadas para imprimir agilidade e/ ou rigor nas investigações e ações criminais. Esse comportamento estratégico pode promover seletividade no controle da corrupção política sem violar tecnicamente a legislação." (Ibidem, p. 42)

[179] "Ainda no grupo dos presos que não colaboraram, Jorge Zelada, preso em julho de 2015, e João Henriques, preso em setembro do mesmo ano, compartilham a posição de réus em três ações criminais. Foram rapidamente condenados na primeira ação, em 180 dias; o segundo processo foi conduzido com menor agilidade e julgado em 352 dias; o terceiro tramitava havia mais de dois anos e nove meses sem julgamento até dezembro de 2018 (1.019 dias). Essa diferença de ritmos também sugere o uso da gestão temporal estratégica dos processos pelo juiz Sérgio Moro, ao selecionar aqueles que deveriam ter tramitação prioritária para assegurar a manutenção das prisões decretadas nas fases ostensivas da operação. Diante da expectativa de longo período na prisão, isso poderia incentivar a delação." (Ibidem, p. 257)

liberação de gravações telefônicas ilegais que tiveram grande impacto político naquele momento.[180] De nossa perspectiva, é interessante observar que ações estratégicas, tais como descritas por Fabiana, podem ser praticadas em escala muito menor, sem qualquer relevância política, mas com efeitos práticos para as partes, se assim o magistrado desejar. Como, por exemplo, um processo que venha a ser priorizado, porque o julgador o considera mais importante que os demais, ou um processo que esteja sendo atrasado porque o julgador quer retardar o início do efeito das decisões. O ponto central é que essas decisões são sempre baseadas a partir da subjetividade do julgador.

Merece muita atenção a pesquisa realizada por Bárbara Baptista, na qual ela realizou entrevistas com dezenas de operadores do direito, sobretudo juízes e desembargadores, mas também advogados, defensores públicos e promotores de justiça, todos com atuação no Tribunal de Justiça do Rio de Janeiro. A pesquisa é densa, e foi apresentada principalmente através da obra intitulada "Paradoxos e Ambiguidades da Imparcialidade Judicial: Entre 'quereres' e 'poderes'",[181] a qual tem mais de 600 páginas. Aqui destacaremos apenas algumas das conclusões principais, que são importantes para esta tese. Recomendamos, de todo modo, a leitura da íntegra do trabalho, para o conhecimento da base fática que fundamenta essas conclusões.

Analisando todo o material, a autora chama a atenção para a existência de uma dimensão subterrânea dos quereres da magistratura, que apesar de não figurarem no discurso oficial e tampouco na fundamentação das próprias decisões judiciais, de fato submeteriam os quereres dos demais atores em cena. Nesse sentido, a autora cita vários quereres que foram manifestados pelos seus interlocutores ao narrarem casos nos quais atuaram (e.g.: "eu queria fazer justiça", "eu não queria prender esse cara", "eu quero dar um jeito de conceder a ordem"). Esses quereres seriam transformados em poderes, através de decisões judiciais com força coercitiva, porque o ordenamento jurídico dá condições para que isso aconteça.[182]

---

[180] STF, HC 164493, Rel. Edson Fachin, Rel. p/ Acórdão: Gilmar Mendes, Segunda Turma, julgado em 23.03.2021, Dje de 04.06.21.

[181] BAPTISTA, Bárbara Gomes Lupetti. *Paradoxos e ambiguidades da imparcialidade judicial*. Porto Alegre: Sergio Antonio Fabris, 2013. Cf. também, da mesma autora, A Minha Verdade é a Minha Justiça: atualizando os significados atribuídos ao princípio da imparcialidade judicial. *Revista Interdisciplinar de Direito*, v. 18, n. 1, p. 75-95, jan./jun. 2020; A crença no princípio (ou mito) da imparcialidade judicial. *Revista de Estudos Empíricos em Direito*, v. 7, n. 2, p. 203-223, jun. 2020.

[182] BAPTISTA, *Paradoxos e ambiguidades...*, p. 439.

Ao tratar do tema da imparcialidade, a autora aponta interessante paradoxo: vários interlocutores afirmaram que a imparcialidade não existiria de fato nas práticas judiciais, mas, mesmo assim, apontaram-na como estruturante do Poder Judiciário, no sentido de que a crença nesse instituto daria legitimidade e faria movimentar o sistema. Ainda, a pesquisa demonstra que a representação que os interlocutores têm sobre o que é imparcialidade judicial teria distintos significados, que não necessariamente corresponderiam àquele previsto em lei. Se alguns a definem em correspondência com a conceituação da moderna doutrina processual penal, outros a compreendem de forma mais nebulosa, a exemplo de magistrados que simplesmente confundem neutralidade com imparcialidade.[183]

A pesquisa mostra um contraste entre a exigência de imparcialidade e o que efetivamente ocorre nas práticas judiciais. Segundo Baptista, os dados etnográficos por ela colhidos indicariam que, muito apesar da proibição, nos processos concretos por regra os magistrados realizariam um prejulgamento da causa.[184] Ou seja, já tomariam uma decisão prévia – estruturada não por aquele processo específico que está sob julgamento, mas por experiências anteriores – e conduziriam o caso a partir dessa imagem. Mesmo que possam modificar esse preconceito com o contato com a prova produzida nos autos, o norte inicial por regra já estaria ali. A exigência de imparcialidade acabaria se esgotando numa preocupação em não deixar transparecer esse prejulgamento. E essa prática estaria além de qualquer controle possível.[185]

A autora ressaltou outra dimensão que está fora do discurso oficial, mas que produziria efeitos relevantes nas práticas: o peso das relações pessoais lícitas entre os juízes e os advogados, que produziria uma desigualdade na administração dos processos. Com efeito, haveria

---

[183] Ibidem, p. 329-337.
[184] "Prejulgar, segundo revelaram os dados etnográficos, é o padrão; a regularidade. O trabalho demonstrará que há práticas que fogem ao padrão. E estas, são criticáveis pelos próprios operadores – como, por exemplo, expressar opiniões de cunho meramente pessoal nas sentenças. Entretanto, há outras práticas que não fogem ao padrão, embora alguns operadores imaginem que sim, como demonstra a fala do magistrado acima reproduzida. O que diferencia esta percepção é a perspectiva a partir da qual se olha para a questão. Algumas práticas fogem ao padrão da lei, mas apresentam regularidades enquanto práticas, ou seja, enquanto padrões de comportamento daquele grupo. E, nesse sentido, apresentam um padrão, que não é o da lei, mas é o padrão da prática. Este seria o caso do prejulgamento" (BAPTISTA, *Paradoxos e ambiguidades...*, p. 188).
[185] "[...] os dados de campo mostram que, apesar de a Lei exigir imparcialidade do juiz, este mesmo sistema possibilita ao magistrado prejulgar a causa a partir de um preconceito que recai sobre a parte do processo, o que explicita um paradoxo (isto é, um obstáculo irresolúvel)" (*Ibidem*, p. 193).

relações pessoais que permitiriam a aqueles que "têm amigos" no tribunal a viabilização de certas circunstâncias privilegiadas que seriam impossíveis para os que não tem amigos. Essas circunstâncias poderiam ser compreendidas como um acesso privilegiado ao juiz, uma atenção especial conferida ao processo ou uma leve troca de favores.[186]

Outro fator interessante revelado pela pesquisa é que, em paralelos às divergências doutrinárias sobre se o juiz deve ter uma postura mais ativa ou mais contida, o sistema contemplaria como possível as duas formas de conduzir o processo. Assim, na prática, seria o magistrado do caso que elegeria, forma pessoal e subjetiva, se o processo vai ser conduzido de forma mais ativista ou de forma mais contida. Inclusive ocorreria de um mesmo juiz atuar de forma ativista em um processo e de forma contida em outro. Nesse contexto, a definição de um conceito como igualdade poderia ser moldada conforme circunstâncias e moralidades específicas, a exemplo de uma postura contida a pretexto de uma atuação igualitária (não favorecer nenhuma das partes) e de uma postura ativista com o mesmo pretexto (desigualar os desiguais).[187] Ocorreria também de a mesma legislação ser utilizada para fundamentar uma postura ativista ou contida. Desse modo, o que seria decisivo é a opinião pessoal do juiz da causa.

Como já se sabe, os juízes, como todos os seres humanos, experimentam diversas emoções, gostos, reações, preconceitos etc. Os dados indicariam que, no entanto, para parecerem imparciais, os magistrados entenderiam que é preciso esconder esses sentimentos. Ocorre que, apesar de dissimulados, os sentimentos estariam ali e continuariam produzindo efeitos.[188] A autora aponta como paradoxal que se exija imparcialidade e, ao mesmo tempo, que se fomente uma magistratura mais empática e mais próxima aos jurisdicionados.[189]

---

[186] "Os dados empíricos mostram que o fato de 'ter amigos' não é 'o' problema. 'O' problema surge quando 'não ter amigos' inviabiliza circunstâncias que só são viabilizadas quando se 'tem amigos'. Melhor dizendo: quando você só consegue certas coisas porque você tem amigos. Sem eles, você jamais conseguiria" (*Ibidem*, p. 205).

[187] "O nosso sistema mescla comportamentos positivistas e ativistas, conforme as circunstâncias do caso concreto e as moralidades envolvidas na causa. [...] O problema é a subjetividade e as moralidades que circunscrevem o conceito de justiça, sempre, necessariamente, pessoal" (*Ibidem*, p. 253-254).

[188] "Na pesquisa de campo, ficou claro para mim que a impossibilidade de expressar sentimentos também comunica e também tem algo a dizer. Ao não expressar, os magistrados também expressam. A eficácia da contenção dos sentimentos está a serviço de manter viva a crença na imparcialidade judicial" (Ibidem, p. 275).

[189] "Um aspecto da empatia e da alteridade que me chama a atenção e que foi revelado na fala dos interlocutores é o fato de elas configurarem mais um dos paradoxos que a etnografia permite perceber: ao mesmo tempo em que constituem um exercício necessário à atividade

Segundo Baptista, os dados apontariam que, em meio ao amplo poder discricionário, os juízes acabariam decidindo as questões a partir de suas próprias moralidades. Inclusive a visão religiosa do juiz teria, sim, influência em sua decisão, apesar da laicidade do Estado. Já a moralidade das partes litigantes, que podem ser bastante distintas da do juiz, geralmente sequer seriam levadas em consideração.[190] A partir desse cenário, a autora observa que a moralidade aplicada aos casos não seria, de fato, a da lei ou mesmo a do Estado: seria a de seu funcionário, o juiz.[191]

Conforme a autora, todos esses fatores acima mencionados, apesar de frequentemente serem conhecidos dos julgadores, seriam por regra ocultados do discurso oficial em favor da aparência de imparcialidade. Ainda quanto a isso, Baptista percebe outro fator interessante: nas entrevistas teria sido possível perceber que a impossibilidade de neutralidade costumeiramente é utilizada como justificativa retórica para atitudes parciais. Essas parcialidades seriam racionalizadas com uma série de retóricas, como "experiência de vida", "empatia", desigualar os desiguais", "proteger o mais fraco", "buscar a verdade", entre outras. O que a autora observa é que os juízes efetivamente estariam fazendo o que acham que devem fazer, mas racionalizariam essas ações com algum contradiscurso justificador.[192]

Existiria um aspecto de empatia e identificação perceptível na conduta dos juízes, já que o Poder Judiciário deferiria muito mais pedidos urgentes de fornecimento de remédios, situação na qual os

---

do magistrado, que, para julgar melhor, tem de se colocar no lugar do outro, também representa certo 'risco' à imparcialidade, uma vez que essa aproximação demasiada e essa vivência trazida ao julgamento podem ocasionar uma pré-concepção que oriente a sua decisão desde uma perspectiva extra-autos" (*Ibidem*, 294).

[190] "[...] o juiz pode perfeitamente determinar qual é a moralidade que vai ganhar a causa, no caso concreto. E esta escolha tem a ver com a sua moralidade – do juiz. [...] A leitura das decisões explicita, ao menos, três questões básicas: 1) as moralidades dos julgadores influenciam as suas decisões; 2) a opção religiosa do julgador pode influenciar sua decisão; 3) os julgamentos são proferidos com base na moralidade daqueles que o proferem e não daqueles a quem se dirigem" (*Ibidem*, p. 315).

[191] "Sob a justificativa de que o Estado-juiz é imparcial, o direito desloca o poder de decisão para as pessoas que integram o Estado. Mas a moralidade arbitrada não é a do Estado e sim a de seu funcionário, no caso, o juiz, que acaba julgando o conflito segundo sua própria subjetividade." (*Ibidem*, p. 321)

[192] "Muitas outras histórias e narrativas explicitam comportamentos que, se pensados sob a perspectiva discursiva da imparcialidade, poderiam ser tachados como "parciais". Porém, a partir da ressignificação do termo e da ação de 'eufemismos' construídos para acomodar as práticas, são categorizados de novas formas e, desse jeito, conformam o sistema judiciário, mantendo, ao mesmo tempo, a crença sublimada e as práticas distorcidas em convivência pacífica e harmoniosa" (*Ibidem*, p. 343)

magistrados e seus familiares também poderiam estar sujeitos, do que pedidos relacionados à falta de moradia.[193]

Segundo Baptista, os dados também indicariam deficiência nos mecanismos de contenção do arbítrio dos juízes, especialmente porque são eles próprios que interpretam as suas limitações, e sobre elas lançariam sua subjetividade e moralidade. Assim o significado da garantia acabaria sendo definido por aquele a quem essa garantia deveria limitar.[194] A autora indica que vários de seus interlocutores narraram histórias em que leis, contratos ou normas de outras naturezas teriam sido relativizados de forma a atender àquilo que, casuisticamente, o magistrado em questão imaginava ser a "justiça" para o caso. Essas condutas seriam possíveis porque o sistema as admite.[195] Mais de um interlocutor lhe disse que os juízes "fazem mágica" quando querem fazer "justiça" – entendendo essa mágica como algum malabarismo retórico ou o manejo de alguma zona cinzenta para se alcançar o objetivo almejado.[196] Nesse sentido, a autora descreve casos em que a lei teria sido considerada injusta pelo juiz que, então, de alguma maneira, teria impedido que ela fosse aplicada. Por exemplo, protelando o julgamento da decisão para retardar o início dos seus efeitos.[197] Seria exatamente uma ação estratégica, como definido por Fabiana Alves Rodrigues.

Outro fator interessante revelado pela pesquisa é a possibilidade de aleatoriedade das decisões em casos juridicamente semelhantes, não apenas entre julgados de magistrados distintos, mas também entre o conjunto das decisões de um mesmo juiz. Com efeito, o sistema de fato permitiria a coexistência de decisões com teor conflitante. A pesquisa indicou que muitos magistrados ficaram surpresos ao se darem conta de que proferiram decisões contraditórias.[198]

Toda essa aleatoriedade faria com que a conclusão dos processos frequentemente dependa menos da lei e mais do perfil do juiz ou da

---

[193] *Ibidem*, p. 408.
[194] "[...] as supostas garantias de imparcialidade, que funcionariam como defesa ao arbítrio e à pessoalidade da jurisdição, na verdade, são igualmente ausentes de significado e, portanto, não dão garantia nenhuma. E não limitam coisa alguma. As garantias não garantem nada, porque estão igualmente condicionadas às subjetividades e às moralidades do seu aplicador, o juiz" (*Ibidem*, p. 456)
[195] *Ibidem*, p. 459.
[196] *Ibidem*, p. 462.
[197] "[...] ou seja, o sistema atua segundo casuísmos e ambiguidades que estão a serviço de interesses, moralidades e subjetividades pessoais" (*Ibidem*, p. 470).
[198] *Ibidem*, p. 482

composição da corte.[199] As idiossincrasias dos magistrados interfeririam na atividade jurisdicional, uma vez que "fazer justiça" estaria sempre associado à moralidade pessoal do julgador.[200]

Pela análise de todo o material a autora conclui, em resumo, que as decisões judiciais seriam, em verdade, orientadas por percepções subjetivas dos juízes sobre a lei, os fatos e as provas, e partiriam de moralidades e subjetividades que seriam usadas para justificar a parcialidade. O sistema seria centralizado na pessoa do juiz, de forma que haveria distribuição desigual de justiça por critérios casuísticos e individuais.[201]

A pesquisa de Baptista, enfim, mostra um grande contraste entre o discurso jurídico oficial e as práticas cotidianas. Estas se mostram permeadas por subjetividades inerentes a uma atividade jurisdicional que ocorre dentro de grandes espaços de discricionariedade e zonas de incerteza. O estudo deixa claro que a parcialidade não é um problema individual de um ou outro magistrado, mas uma condição decorrente do próprio sistema. Nesse sentido, podemos dizer que tanto o juiz mais punitivista, que tende fazer maior uso da prisão preventiva, quanto o juiz mais minimalista, que tende só decretar prisão em casos extremos, são igualmente parciais, na medida em que ambos manejam os mecanismos jurídicos a partir de sua própria noção teórica e política sobre o processo penal e o poder punitivo.

Da análise de todas as pesquisas empíricas citadas neste tópico, podemos reforçar a conclusão de que não apenas a exigência de neutralidade, mas também a exigência de imparcialidade é inatingível. As pesquisas nacionais deixam ainda mais evidente que há fatores metajurídicos não declarados, eventualmente não conscientes, que operam no modo de decidir dos magistrados, por regra os levando a práticas que destoam da equidistância e ausência de interesse, tais como prejulgamentos, influência de empatia e outros estados de ânimo, além da aplicação de subjetividades, ideologias e moralidades próprias. E esse modo de julgar é contemplado pelo ordenamento jurídico, que cria

---

[199] "Esta possibilidade, de decidir diferentemente em casos iguais, conforme a interpretação dos fatos, na minha hipótese, leva não só à desigualdade, demonstrada em capítulo anterior, como também afronta o estado democrático, de modo que explicitar essa lógica aleatória e esse mecanismo casuístico do sistema me parece crucial. Especialmente para desmistificar a ideia de que o judiciário julga com isenção e de modo racional" (Ibidem, p. 489).

[200] "'Fazer justiça' assume distintas representações, sempre associadas à moralidade individual do magistrado, que, por ser o sujeito processual constituído do poder jurisdicional, transforma o seu 'ato de vontade' em decisão judicial" (Ibidem, p. 544).

[201] Ibidem, p. 37-40.

espaços em que os valores do juiz são determinantes para o resultado da decisão e, então, valida a escolha feita pelo julgador, independentemente de seu teor, desde que associada a uma fundamentação jurídica aceitável. Não há como deixar de observar, por fim, que essas pesquisas explicitam a existência de um alto grau de arbitrariedade nas práticas judiciais brasileiras.

2.4 A necessária parcialidade da atividade jurisdicional

Como vimos, prevalece na doutrina penal contemporânea o entendimento de que o juiz não precisa ser neutro, mas deve ser imparcial. Ou seja, não há problema que o juiz decida a partir de sua subjetividade, desde que pareça imparcial, que mantenha equidistância com relação às partes, que não tenha ele próprio interesse no caso e que não realize prejulgamentos.

Essa construção permitiu o redesenho da imparcialidade, assimilando em parte os saberes paralelos e mantendo intacta a imagem de um Poder Judiciário que decide de maneira técnica, sem favorecimentos e sem interesses políticos.

Ocorre que essa distinção entre neutralidade e imparcialidade é uma construção teórica insatisfatória, porque não tem conexão com a realidade do modo de julgar dos juízes concretos, como as pesquisas empíricas citadas anteriormente atestam. Quase todas as exigências do conceito são tão inatingíveis quanto o modelo de juiz neutro.

Com efeito, o prejulgamento é o padrão das práticas judiciais, como revelado pelas pesquisas de Baptista e Khalil. Isso já mostra defasagem com uma das exigências do conceito moderno de imparcialidade.

Além disso, a subjetividade do juiz o aproxima de uma das partes num caso concreto, mesmo que não exista nenhuma pessoalidade nessa relação. Isso pode acontecer, por exemplo, com um juiz especialmente comprometido com as funções repressivas do Poder Judiciário, que tende a se alinhar de plano com as versões acusatórias do caso, assim como com um juiz muito crítico ao exercício do poder punitivo, que tende a ser especialmente rigoroso com os níveis de corroboração probatória para a condenação. Ou essas inclinações podem ser mais casuísticas, a partir de outros fatores metajurídicos. Fato é que a primeira intuição do juiz é formada com base nessa subjetividade e inclina a balança para um dos lados. Tanto é que as chances de absolvição e condenação, especialmente em casos duvidosos, podem variar a depender do perfil do magistrado. Eventualmente, quando notória a ideologia política de um juiz, pode-se até mesmo prever, ainda que com margem de erro, a sua decisão em casos de grande interesse político.[202]

É preciso também considerar que toda escolha faz prevalecer um entendimento pessoal sobre os demais entendimentos em disputa. Por mais que o resultado do processo não dê uma vantagem pessoal ao magistrado, suas escolhas atendem a uma visão de mundo particular e a impõe sobre a realidade de terceiros. As decisões podem ser tomadas a partir de uma ideologia política pessoal, de empatias e antipatias, de casuísmos, de ações estratégicas, de uma noção idiossincrática de justiça, da perspectiva de solução de problemas práticos enfrentados pelo dia a dia do gabinete (como a busca de soluções mais rápidas e de atalhos cognitivos) de forma a ser mais eficiente na gestão do acervo de processos, de interesses de classe ou corporativistas ou de outros quereres ou fatores acidentais. A pessoalidade é incompatível com a imparcialidade, mas é um fator intrínseco às decisões judiciais.

Mesmo a igualdade de tratamento entre as partes é difícil de ser cumprida em sua plenitude. Por mais que haja isenção na abertura das oportunidades de fala, a subjetividade do juiz está presente na forma como ele recebe as provas e como ele compreende as hipóteses fáticas e teses propostas pelas partes.

A única exigência passível de ser cumprida é a da aparência de imparcialidade. De fato, é possível que o juiz tome os cuidados neces-

---

[202] E.g. No ápice das controvérsias sobre a legalidade de decisões judiciais tomadas em relação à ultramidiática Operação Lava-Jato, alguns veículos de imprensa dividiam ministros do STF entre "lavajatistas" (que geralmente decidiam a favor do MPF nesses casos), críticos da Lava-Jato e os indefinidos. Para exemplificar:
"Toffoli e Fachin são de alas opostas do Supremo quando o assunto é a Lava Jato e o combate a crimes de colarinho branco. O presidente da Corte costuma se alinhar aos ministros mais 'garantistas' do tribunal, preocupados com os direitos fundamentais dos réus. Além de Toffoli, esse grupo também é formado por Gilmar Mendes e Ricardo Lewandowski.
Do lado oposto está o grupo formado por Fachin e os ministros Luís Roberto Barroso e Luiz Fux: a ala 'legalista' do Supremo, que defende respostas mais rigorosas da Justiça, principalmente em casos de corrupção. Os três costumam votar alinhados ao que for mais benéfico à operação Lava Jato durante os julgamentos no plenário.
Outros cinco ministros flutuam entre os dois grupos, ora votando junto com Fachin, Barroso e Fux, ora se alinhando a Toffoli, Mendes e Lewandowski. São eles os ministros Alexandre de Moraes, Rosa Weber, Carmen Lúcia, Marco Aurélio e Celso de Mello." (KADANUS, Kelli. Quem são os ministros pró e contra a Lava Jato no STF – e quem fica em cima do muro. *Gazeta do Povo*, 03 ago. 2020. Disponível em https://www.gazetadopovo.com.br/republica/lava-jato-stf-ministros-divisao/. Acesso em: 14 jun. 2022. No mesmo sentido: "Ministros do STF (Supremo Tribunal Federal) que defendem a atuação da Lava Jato já contam com a derrota na sessão de amanhã (22)" (BRÍGIDO, Carolina. Ala lavajatista do STF já conta com derrota sobre suspeição de Moro. *Uol Notícias*, 21 abr. 2021. Disponível em: https://noticias.uol.com.br/colunas/carolina-brigido/2021/04/21/stf-suspeicao-moro.htm. Acesso em: 14 jun. 2022).

sários para que sobre ele não recaia nenhuma desconfiança especial. Porém, parecer imparcial não o torna imparcial.

É possível que se argumente que seria imparcial o magistrado que decide com os próprios valores, porém o faz de forma igualitária com relação a todos os jurisdicionados. Por exemplo, se o julgador adota para todos os réus os exatos mesmos critérios definidos subjetivamente para fixação de pena ou para decretação de prisão preventiva. Ocorre que nesse caso, o que se tem é uma aplicação generalizada de moralidades e subjetividades pessoais e é incorreto chamar isso de imparcialidade, já que, ainda que agindo com coerência interna, o decisivo continuam sendo as escolhas subjetivas daquele julgador.

Por essas razões, é possível afirmar que a atividade jurisdicional é sempre em alguma medida parcial e essa parcialidade advém da subjetividade e das moralidades do juiz que julga o caso. Esse não é um defeito individual desse ou daquele juiz. É o modo de funcionamento de um Poder que está centrado em decisões humanas. As exigências de imparcialidade, mesmo nos moldes definidos pela moderna doutrina processual penal, não encontram correspondência com as práticas. Isso não se trata de um dever ser, pois é uma constatação da realidade, independentemente de qualquer ética.

2.5 Imparcialidade como mito e as funções não declaradas do conceito

As pesquisas citadas nos tópicos anteriores denotam que não apenas existe um déficit enorme na concretização das exigências de imparcialidade, mas também uma descrença em sua viabilidade por parte de magistrados e outros operadores do direito. Porém, mesmo entre crentes e descrentes, vigora um certo consenso de que a imparcialidade é essencial para o funcionamento do sistema, razão pela qual ela continua sendo defendida. Nesse contexto, a imparcialidade e a neutralidade como características do Poder Judiciário continuam vivas no imaginário popular, incluindo das pessoas que compõem o sistema penal. Continua existindo uma mística acerca do exercício da função jurisdicional e realmente se espera dos magistrados um comportamento ora imparcial, ora neutro.

É interessante notar que, desse modo, a imparcialidade se faz presente no cotidiano das práticas judiciais na forma de um mito. Para definir o que entendemos por mito, adotamos a conceituação de Rubens Casara. Segundo esse autor, o mito seria "o elemento do discurso, sempre dogmático, coletivo e ahistórico, que se apresenta como verdade, no intuito de substituir a falta daquilo que não existe ou que não pode ser dito e produz efeitos concretos a partir da crença a ele atribuída".[203] E assim a imparcialidade parece operar.

Com efeito, Casara[204] indica que no discurso jurídico oficial do processo penal haveria, de fato, uma série de abstrações generalizantes que compõem uma mitologia. Esta sinalizaria uma divergência entre a normatividade e a práxis, mas que, ao mesmo tempo, reforçaria a tradição e a continuidade cultural da sociedade. Para o autor, no processo penal brasileiro seria possível identificar uma mitologia que opera reativando práticas e concepções forjadas em períodos autoritários, apesar de conviverem com discursos democráticos, a exemplo da conhecida – e ainda viva nas práticas judiciais – "verdade real".

A "neutralidade do julgador"[205] seria, para o autor, um desses mitos. Essa neutralidade seria a do modelo de juiz completamente isento, que profere decisões sem subjetividade, como idealizado pela Escola da Exegese. Casara contrapõe a essa neutralidade a exigência de imparcialidade nos moldes modernos, ou seja, o dever de equidistância, de tratamento igualitário das partes e de desinteresse subjetivo, a qual seria, para ele, atingível.

Apesar da óbvia incompatibilidade do conceito com os avanços dos saberes paralelos e apesar de sua superação dentro da dogmática contemporânea do processo penal, a noção de neutralidade ainda aparece viva nas práticas judiciais. Muitos magistrados ainda acreditam que deles se exige um comportamento neutro, como a pesquisa de Viana, Carvalho e Burgos demonstrou. Ainda, a pesquisa de Baptista indicou que muitos magistrados confundem os conceitos de imparcialidade e de neutralidade, acreditando que deles é exigido esta última, e que a ciência da impossibilidade de neutralidade acaba gerando uma descrença no conceito de imparcialidade. Assim, a neutralidade opera de forma antagônica, pois sua inatingibilidade serve como justificativa para ações parciais. Além disso, o resquício da exigência histórica da neutralidade formou um imaginário popular ainda vivo. Isso faz com que a exigência de neutralidade não esteja morta e funcione como mito, como sustentado por Casara.

---

[203] CASARA, Rubens R. R. *Mitologia Processual Penal*. São Paulo: Saraiva, 2015. p. 86.
[204] Ibidem, p. 139-144.
[205] Ibidem, 144-152.

Como já dito, entendemos, todavia, que também a imparcialidade opera como mito e, nesse ponto, divergimos de Casara. A imparcialidade também é inatingível, como explicitado anteriormente. Porém, ao contrário da neutralidade, ela figura como um norte atingível e nesse sentido opera na forma de crença estruturante que dá legitimidade e faz o Poder Judiciário funcionar.

Vale mencionar que a postura dos críticos com relação à imparcialidade é paradoxal, como bem notado por Leubsdorf.[206] Por um lado, é consenso entre os críticos que os valores e as experiências pessoais dos juízes moldam suas decisões. Porém, por outro lado, esses mesmos críticos costumam escapar do dilema do juiz necessariamente parcial renovando o discurso da importância da imparcialidade sem refletir sobre o que ela significa e frequentemente apontando novas causas de suspeição ou impedimento – que acabam sofrendo dos mesmos problemas de aplicabilidade que as anteriores – ou simplesmente renovando deveres de conduta de natureza meramente ética.

É possível dizer, assim, que há uma espécie de isomorfismo reformista quanto ao tema da imparcialidade, porque apesar da inalcançabilidade prática do conceito, ele continua sendo defendido sem maiores reflexões. Nesse sentido, a imparcialidade ocupa, de fato, o papel de mito, já que de certa forma se apresenta como dogma inquestionável, que encobre a discussão sobre a realidade prática do conceito e sobre suas funções não declaradas.

Por outro lado, também é preciso reconhecer que, como já dissemos, a imparcialidade cumpre uma importante função no discurso oficial do direito e do processo penal. Ela é apontada com um dos pilares da democracia e uma decorrência do sistema acusatório, além de que se atribui à decisão proferida por um juiz imparcial o caráter de tecnicidade, impessoalidade e apoliticidade. Todas essas características conferem formalmente legitimidade à ação estatal. Ou seja, o exercício do poder punitivo, quando fundamentado por uma decisão imparcial proferida pelo Poder Judiciário, seria legítimo.

A função de atribuição de legitimidade às ações estatais merece uma reflexão maior. E, para tanto, podemos nos amparar na obra "Legitimação pelo procedimento", de Luhmann,[207] através da qual o

---

[206] LEUBSDORF, *Theories of judging...*, p. 245.
[207] LUHMANN, Niklas. *Legitimação pelo procedimento*. Tradução de Maria da Conceição Côrte-Real. Brasília: UnB, 1980. Cf. também nossa abordagem sobre a relação entre verdade e legitimidade em SZESZ, André. *O juízo de periculosidade na prisão preventiva*. Belo Horizonte: Fórum, 2014. p. 38-41.

autor identifica funções do procedimento judicial em uma perspectiva sociológica. Para esse autor, o procedimento judicial permitiria que os litigantes possam traduzir sua disputa numa forma de conflito permitido[208] (abdicando, portanto, de maneiras antijurídicas de solução de conflito), na qual os envolvidos (partes, defensores, juízes, representantes do ministério público) assumiriam papéis,[209] através dos quais o conflito seria limitado e enfraquecido. As partes, ao longo do procedimento, aprenderiam (ou deveriam aprender) a aceitar uma decisão futura, ainda incerta e possivelmente contrária a suas expectativas iniciais. Assim, a parte perdedora, mesmo discordando do conteúdo da decisão, tomá-la-ia como obrigatória, e a desilusão (expectativa frustrada) ficaria reservada a um ressentimento particular.[210] A decisão permaneceria, portanto, imune a essas desilusões[211] e o conflito ficaria politicamente neutralizado.[212] Seria especificamente nesse sentido que os procedimentos judiciais – dentre os quais podemos incluir o processo penal – exerceriam a função de garantir a legitimidade da decisão judicial. A legitimidade, aqui, seria compreendida como a "disposição generalizada para aceitar decisões de conteúdo ainda não definido, dentro de certos limites de tolerância".[213]

Essa perspectiva nos interessa, porque trata de uma função do processo penal que, em que pese não seja estritamente jurídica, produz efeito nas práticas judiciais. De fato, ao se atribuir a uma decisão judicial o caráter de imparcial, confere-se também o caráter de isenção à ação estatal por ela legitimada e, assim, legitima-se o exercício de poder subsequente. Dentro de um estado democrático, a imposição de punição penal pressupõe o aval do Poder Judiciário que, por sua vez, pressupõe uma atuação isenta, igualitária, técnica, etc., características que são opostas à arbitrariedade. Sem dúvida, quanto menor o grau de aparente arbitrariedade da decisão, menor também será a dificuldade de sua aceitação, e vice-versa, ao menos em tese. Trata-se, portanto, de uma perspectiva de Estado e de governamentalidade.

O discurso de imparcialidade tem, desse modo, grande importância na legitimação da atuação do Poder Judiciário do poder punitivo e no funcionamento do sistema penal. Essa tamanha importância, e o risco

---

[208] LUHMANN, *Legitimação pelo procedimento...*, p. 85-89.
[209] *Ibidem*, p. 71-77.
[210] *Ibidem*, p. 95.
[211] *Ibidem*, p. 100.
[212] *Ibidem*, p. 104.
[213] *Ibidem*, p.79.

de uma crise de legitimidade que pode ser desencadeada pelas críticas, torna o tema especialmente difícil e dá à imparcialidade os contornos de mito, como defesa contra as problematizações. Não é à toa que, apesar dos saberes paralelos nos informarem que juízes proferem decisões com os mesmos defeitos de qualquer processo decisório humano, existe uma mitificação da atuação jurisdicional que serve para conformar a crença. Assim, como observado por Baptista, a imparcialidade sobrevive como uma crença independente da realidade.

É interessante notar que ao se colocar a imparcialidade como um dogma inquestionável, há um universo de práticas e mecanismos defeituosos que ficam encobertos pelo discurso judicial oficial. Como exemplo disso, podemos citar a baixíssima efetividade dos mecanismos de controle da imparcialidade, como as exceções de suspeição, e a facilidade de se racionalizar fundamentações de decisões que, em verdade, têm motivações apócrifas. Esses dois temas serão abordados com profundidade no próximo capítulo.

Além disso, podemos identificar a existência de uma seletividade do poder punitivo que é favorecida pelo encobrimento da discussão sobre a parcialidade da atuação jurisdicional. Como já demonstrado por estudos criminológicos,[214] existe uma dimensão de seletividade em cada uma das fases do processo de criminalização secundária. A última das fases é justamente a judicial. Nela também há uma distribuição desigual de justiça, na medida em que os magistrados aplicam as sanções criminais a partir de critérios e moralidades próprias. Ou seja, as chances de condenação e o tamanho da pena podem, sim, variar, a depender de quem é o juiz da causa. Mas essa dimensão fica fora do discurso oficial, que sustenta a igualdade da aplicação das penas partindo do pressuposto dogmático de que o Poder Judiciário realmente atua de forma imparcial.

Como a pesquisa de Baptista demonstrou, mesmo aqueles que se mostram descrentes com a viabilidade da efetivação da exigência de imparcialidade costumam a defender como um mecanismo necessário para o funcionamento de toda a estrutura do Poder Judiciário e, em última instância, do próprio Estado. Nesse sentido, esse discurso aparece como uma retórica que objetiva ocultar o real funcionamento do Poder Judiciário e, com isso, a manutenção da ordem pública e do *status quo* das relações sociais. Ou seja, a defesa de um discurso

---

[214] E.g. THOMPSON, Augusto. *Quem são os criminosos?* Rio de janeiro: Lumen Juris, 2007. p. 1 -20.

desconectado da realidade como condicionante para o exercício do poder jurisdicional.

Desse modo, podemos perceber que o discurso de imparcialidade transcende em muito a perspectiva estritamente processual e se mostra crucial do ponto de vista político. Essa relevância política explica, em parte, o porquê de o discurso ser defendido como um dogma inquestionável, já que o desvelamento da parcialidade da atuação jurisdicional é capaz de derrubar um dos pilares que sustenta esse Poder.

2.6 Síntese

Neste capítulo, pudemos demonstrar, em primeiro lugar, que, ao contrário do ideal implícito nas discussões dogmáticas, o processo penal não funciona de forma estática a partir do modelo legislativo ou mesmo dos modelos construídos pela doutrina processual. Pelo contrário, o processo é palco de disputas políticas, que podem o empurrar para direções antagônicas, isto é, para um modelo mais democrático ou mais autoritário, a depender das escolhas políticas de quem é o juiz da causa. Essas variações apenas podem ser medidas pelas decisões concretas.

Em segundo lugar, que a legislação é aparentemente paradoxal, ao formalmente exigir imparcialidade, mas, concomitantemente, criar condições em que o juiz se vê empurrado a tomar decisões a partir de sua própria subjetividade. Isso acontece, por exemplo, através da chamada discricionariedade, como na realização de uma dosimetria da pena base, em que se tolera quaisquer patamares estabelecidos subjetivamente pelo julgador, desde que acompanhados de fundamentação que dê aparência de objetividade.

Em terceiro lugar, que pesquisas empíricas sobre o comportamento dos magistrados atestam que a subjetividade do juiz, em especial seus valores, preconceitos, simpatias e empatias, estão indissociavelmente presentes em suas decisões. Ao contrário do que faz parecer o senso comum teórico contemporâneo, isso não é um detalhe de menor importância nas práticas judiciais brasileiras, pois quem é o juiz da causa faz toda a diferença com relação ao teor jurídico das decisões. Mais que isso, o ordenamento jurídico brasileiro não apenas abraça toda essa subjetividade, como inclusive tolera uma grande margem de arbitrariedade no exercício do poder jurisdicional.

Em quarto lugar, que, levando em consideração o conceito de imparcialidade majoritariamente aceito pela doutrina processual, todos os magistrados são necessariamente parciais. A imparcialidade opera, assim, na forma de um mito, que descola o conceito da realidade, impede problematizações sobre a arbitrariedade nas práticas judiciais e, ao mesmo tempo, figura ideologicamente como um norte artificialmente atingível, desempenhando sua função não declarada de garantir legitimidade política à atuação do Poder Judiciário.

CAPÍTULO 3

O INEFICAZ CONTROLE DA IMPARCIALIDADE NO BRASIL

3.1 O dever de motivação das decisões como forma de controle da imparcialidade

Já sabemos que o desenho da imparcialidade sustentado pela doutrina processual majoritária é impossível de ser realizado e que na realidade jurídica ele funciona mais como retórica que promove legitimidade política ao Poder Judiciário do que como modelo de comportamento para os magistrados.

Porém, é certo que o ordenamento jurídico efetivamente fornece ferramentas para se realizar o controle dos magistrados, em especial, o dever de motivação das decisões judiciais e as exceções de impedimento e suspeição.

Neste capítulo, analisaremos essas ferramentas, bem como sua operatividade nas práticas jurídicas brasileiras. Também analisaremos outros pontos presentes em nossa prática jurídica que tornam difícil o controle de imparcialidade dos magistrados.

De início, e tendo como foco os problemas sobre o funcionamento do dever de motivação quanto ao controle da imparcialidade, é necessário compreender como a doutrina processual constrói esse instituto. É o que passamos a expor neste tópico.

3.1.1 As funções atribuídas ao direito/dever de motivação das decisões judiciais

A motivação das decisões judiciais está expressamente consagrada no artigo 93, IX, da Constituição Federal e tem, assim, *status* de garantia constitucional, operando tanto como um dever para o julgador, quanto como um direito dos jurisdicionados. Grosso modo, ela implica a exigência de que o magistrado apresente um discurso racional que justifique de forma clara e completa, com base no processo concreto e no ordenamento jurídico, as razões fáticas e jurídicas que explicam o teor da decisão tomada. Devido à importância do tema para o problema do direito a um tribunal imparcial, vale a pena uma análise mais detida sobre a maneira como a doutrina processual compreende esse direito/dever e as funções que lhe atribui.

Segundo nossa doutrina processual, dentro do desenho de nosso sistema processual-constitucional a exigência de motivação das decisões judiciais ocupa uma posição fundamental, uma vez que cumpriria funções políticas extraprocessuais e, ao mesmo tempo, funções jurídicas intraprocessuais nos casos concretos. Segundo Scheid,[215] ela teria o *status* de garantia das garantias (uma garantia em segundo nível), já que resguardaria e faria acontecer outras garantias, tais como as da publicidade dos atos judiciais, do contraditório, da imparcialidade etc. Ela funcionaria, sobretudo, como um mecanismo para racionalizar a função jurisdicional e combater autoritarismos, arbitrariedades e subjetivismos no momento de decidir,[216] além de que imporia um senso de responsabilidade aos magistrados.[217]

Pelo prisma extraprocessual, a exigência de que todas as decisões judiciais sejam motivadas desempenharia uma função de garantia política para a atuação do Poder Judiciário, que se manifestaria por vários aspectos. A uma, essa exigência seria típica de um Estado de Direito, dentro do qual os atos de todos os Poderes devem ter as suas razões explicitadas.[218] O exercício do poder estatal reclamaria publicidade e transparência,[219] as quais estariam atendidas com a publicização das razões pelas quais determinado ato foi praticado, sobretudo aqueles que envolvem a restrição de direitos fundamentais. A garantia seria, desse modo, uma condição para a realização da democracia, uma vez

---

[215] SCHEID, Carlos Eduardo. *A motivação das decisões penais a partir da teoria garantista*. Porto Alegre: Livraria do Advogado, 2009. p. 14.
[216] OLIVEIRA, Humberto Santarosa de. *Motivação e discricionariedade: as razões de decidir e o contraditório como elementos legitimadores da atuação judicial*. Rio de Janeiro: Lumen Juris, 2020. p. 124.
[217] *Ibidem*, p. 138.
[218] GOMES FILHO, Antonio Magalhães. *A motivação das decisões penais*. São Paulo: Revista dos Tribunais, 2013. p. 64-67.
[219] *Ibidem*, p. 64.

que permitiria "um controle democrático e de responsabilização externa do desempenho judicial".[220]

A duas, a exigência também conferiria ao Judiciário legitimidade democrática enquanto exercício de poder. É que como os juízes não chegam aos cargos pela via da eleição direta, não atuam como representantes do povo e não têm seus atos controlados pelos demais poderes, frequentemente se coloca em questão sua legitimidade democrática. Essa questão é acentuada quando os juízes exercem algum poder criativo/discricionário e quando decidem sobre a legalidade de atos praticados pelos demais poderes. Diante desse problema, alguns autores sustentam que a legitimidade democrática seria obtida pelo modo como o Poder Judiciário atua. Ou seja, esse exercício de poder seria legítimo quando os juízes atuam, nas palavras de Gomes Filho, "com respeito às garantias da *justiça natural*", "sem agir de ofício, nem em causa própria" e produzindo decisões como "um ato que nasce do diálogo *entre* as partes e *com* as partes, que são destinatárias de decisão",[221] sendo que, para visibilizar essa legitimidade, o cumprimento do dever de motivação das decisões teria papel essencial. Também por isso, ao desempenhar a função de comunicação – prestação de contas – dos atos do Poder Judiciário a toda a sociedade, a motivação teria por destinatária também a opinião pública.[222] Isto é, ao motivar, o juiz estaria esclarecendo para toda a população os motivos e a base racional daquela decisão. Conforme Oliveira, "o juiz, obrigado a desenvolver os fundamentos de seu pronunciamento, presta conta aos cidadãos de sua tarefa, afinal ainda que a jurisdição seja um monopólio estatal, seu poder deriva do povo".[223] Isso não significaria, no entanto, que o juiz deveria ceder às pressões populares ou tentar agradar a opinião pública, porque essa postura afetaria a sua esperada imparcialidade.[224]

A três, a exigência de motivação também desempenharia o papel de limitação do Poder Judiciário, na medida em que através dela

---

[220] SCHEID, *A motivação das...*, p. 106.
[221] GOMES FILHO, *A motivação das...*, p. 67. Também SCHEID, *A motivação das....*, p. 93. Nas palavras de OLIVEIRA (*Motivação e discricionariedade...*, p. 138), a "[...] falta de representatividade da sociedade em relação ao Poder Judiciário é desmistificada com a obrigação de motivação das decisões judiciais –entendida na sua forma mais ampla, como um requisito ínsito a todo pronunciamento do juiz. Com o dever geral de justificar as decisões, o povo passa de representado a presenteado, afinal sua atribuição precípua é permitir a possibilidade de os cidadãos verificarem a correção ou não da deliberação através dos fundamentos explanados".
[222] GOMES FILHO, *op. cit.*, p. 68. Também OLIVEIRA, *op. cit.*, p. 135.
[223] OLIVEIRA, *op. cit.*, p. 137.
[224] GOMES FILHO, *op. cit.*, p. 68-69.

seria possível em tese que a população exercesse um controle sobre as decisões judiciais. A motivação concorreria, desse modo, "para propiciar a efetividade de um ideal basilar do sistema democrático, que é o da participação popular nos assuntos do governo".[225] Segundo Scheid, "o importante, aqui, frise-se, não é a efetividade desse controle, mas, sim, sua possibilidade [...]".[226] Essa motivação, para ultrapassar o crivo do controle popular, precisaria conter um discurso racional e coerente.[227]

A quatro, essa exigência também vincularia o ato judicial à legalidade. Isso porque através da motivação os juízes deveriam demonstrar que a lei foi válida e corretamente aplicada ao caso sub judice.[228] Nos casos em que haveria espaço para discricionariedade interpretativa do julgador, a legalidade da decisão judicial poderia ser verificada através da exposição dos motivos e da razão das escolhas feitas.[229]

A cinco, a exigência de motivação também desempenharia a função de garantir a segurança jurídica, uma vez que a certeza do direito dependeria da controlabilidade das decisões.[230] Mesmos os espaços de discricionariedade não promoveriam incerteza se for possível verificar, através da motivação, os critérios que justificaram as escolhas tomadas pelo julgador.[231] Também por esse aspecto, a motivação teria por função concorrer para a possibilidade de uniformização da jurisprudência.[232]

A seis, a motivação também concorreria para a consagração do princípio da separação dos poderes. Isso porque essa exigência estabeleceria a imposição de um vínculo legal à toda atividade criativa do Poder Judiciário. Desse modo, por um lado, conferiria legitimidade à atividade judicial, conforme já mencionado, mas por outro lado, também impediria qualquer avanço indevido no espaço de funções e responsabilidade de outros Poderes e também de outros órgãos estatais.[233]

A sete, por fim, essa exigência também teria por função o resguardo dos direitos fundamentais frente ao exercício do poder punitivo do Estado. Isso porque, ao se permitir verificar se houve, dentro do processo concreto, o respeito às garantias do devido processo legal –

---

[225] GOMES FILHO, *op. cit.*, p. 70. No mesmo sentido, SCHEID, *op. cit.*, p. 105-106.
[226] SCHEID, *op. cit.*, p. 106.
[227] GOMES FILHO, *op. cit.*, p. 70-71.
[228] *Ibidem*, p. 72.
[229] *Ibidem*, p. 73.
[230] *Ibidem*, p.73-76.
[231] *Ibidem*, p. 75.
[232] OLIVEIRA, *Motivação e discricionariedade...*, p. 135.
[233] GOMES FILHO, *A motivação das...*, p. 76.

ou seja, ao se cumprir a função intraprocessual –, a motivação também atenderia a uma função política de defesa do cidadão e proteção dos direitos fundamentais.[234]

Ainda de acordo com o desenho doutrinário, a exigência de motivação das decisões judiciais desempenha, em segundo lugar, funções intraprocessuais. Em primeiro lugar, haveria a função de delimitação da coisa julgada.[235] Com efeito, ao explicitar as razões da decisão, o julgador delimitaria os exatos contornos do que está sendo afetado com esse julgado e assim permitiria a compreensão do objeto acerca do qual se formará a coisa julgada. Ainda por esse aspecto, a motivação das decisões judiciais desempenharia a função de persuasão psicológica da parte vencida,[236] que diante dos fundamentos apresentados poderia reconhecer a idoneidade da decisão e eventualmente até se convencer de seu acerto.

Em segundo lugar, a motivação cumpriria a função de comprovação da efetividade da cognição. Ou seja, através da motivação o julgador asseguraria às partes de que houve consideração de todas as questões de fato e direito debatidas ao longo do processo. Haveria, assim, uma articulação discursiva que vincularia o teor da decisão com todo o material probatório produzido nos autos.[237]

Em terceiro lugar, a exigência de motivação asseguraria a garantia de independência e imparcialidade do Poder Judiciário. Por um lado, através da fundamentação seria em tese possível verificar se a atuação judicial ocorreu dentro dos limites da competência desse Poder no caso concreto.[238] Por outro lado, a motivação também funcionaria como um estímulo para a imparcialidade,[239] uma vez submeteria as escolhas realizadas pelo julgador à verificação sobre se foram pautadas por razões imparciais e impediria a incidência de fatores indevidos, como pressões externas, pretensão de favorecimento a uma das partes, entre outros. Também pela motivação seria possível se constatar a eventual divergência entre as razões declaradas e os motivos reais, que não ficaram

---

[234] GOMES FILHO, op. cit., p. 78-79. Também SCHEID (A motivação das..., p. 61): "[...] a motivação das decisões judiciais deve, necessariamente, estar projetada no sentido de salvaguardar os direitos fundamentais. Só assim há legitimidade na atuação dos juízes".
[235] GOMES FILHO, p. 80. Também OLIVEIRA, op. cit., p. 132.
[236] GOMES FILHO, op. cit., p. 80-81. Também SCHEID, op. cit., p. 94 e OLIVEIRA, op. cit., p. 131.
[237] GOMES FILHO, A motivação das..., p. 81-82. Também SCHEID, A motivação das..., p. 95.
[238] GOMES FILHO, op. cit., p. 83.
[239] Ibidem, p. 83. Também OLIVEIRA, Motivação e discricionariedade..., p. 134.

expressos na decisão.²⁴⁰ Nas palavras de Scheid, "não é suficiente que o juiz seja (diga, ou pense ser) independente e imparcial. Há a necessidade de ele demonstrar esses aspectos através da motivação".²⁴¹ ²⁴² Interessante observar que Gomes Filho reconhece a possibilidade de que o magistrado poderia dissimular, através de uma retórica racional, os reais motivos da decisão. O autor pondera, todavia, que esse fator não diminuiria a importância da exigência de motivação, "até porque a própria obscuridade ou incoerência revelada na descrição do processo intelectual que conduziu à decisão também pode ser indicação reveladora de uma eventual parcialidade".²⁴³

Em quarto lugar, a exigência também serviria como resguardo para o respeito ao contraditório, na medida em que o magistrado ficaria obrigado a demonstrar discursivamente que sua decisão levou em conta toda a participação das partes no curso do processo. Ou seja, demonstrar-se-ia que ainda que desatendida, a participação das partes não foi ignorada.²⁴⁴

Em quinto lugar, a exigência de motivação exerceria, ainda, a função de garantir a viabilidade do duplo grau de jurisdição.²⁴⁵ Isso porque os fundamentos apresentados pelo julgador serviriam como objeto para eventual impugnação pela parte insatisfeita. Ou seja, o recurso é formulado para atacar justamente as razões expostas na motivação da decisão. Além dos vícios, a motivação permitiria constatar os acertos das decisões, os quais poderiam servir de base para as contrarrazões recursais pela parte favorecida e para os fundamentos de manutenção da decisão pelas instâncias recursais.²⁴⁶

---

[240] GOMES FILHO, *op. cit.*, p. 82-84.
[241] SCHEID, *op. cit.*, p. 104.
[242] Interessante notar que Scheid (*op. cit.* p. 104-105) afirma que a imparcialidade funciona também como "um meio para desmistificação da tese da neutralidade do juiz, porque o magistrado, ao justificar a sua decisão, elege uma das versões propostas pelas partes (seja sobre a culpabilidade, seja sobre a inocência do réu), ou, no mínimo, analisa as suas pertinências no que tange à solução da causa, o que lhe retira a dita posição neutra, ou seja, de 'distância' sobre os argumentos e concepções desenvolvidos pelo Ministério Público e pela Defesa (técnica e pessoal). De igual sorte, a queda do mito da neutralidade, no processo penal brasileiro, pode ser vista nos casos nos quais ocorre a *emendatio* ou a *mutatio libelli*, porquanto, nesses momentos processuais, é que o magistrado demonstra, de modo mais cristalino, a sua ideologia e a sua tomada de posição, tornando de todo inadmissível a tese de neutralidade. "
[243] GOMES FILHO, *op. cit.*, p. 84
[244] *Ibidem*, p. 84-86. Também SCHEID, *A motivação das...*, p. 103 e OLIVEIRA, *Motivação e discricionariedade...*, p. 134 e 151 (e ss.).
[245] GOMES FILHO, *A motivação das...*, p. 86-88. Também SCHEID, *op. cit.*, p. 103 e OLIVEIRA, *op. cit.*, p. 132-133.
[246] GOMES FILHO, *op. cit.*, p. 87-88.

Por fim, em sexto lugar, a motivação também concorreria para o resguardo da garantia da publicidade dos atos processuais.[247] A motivação, enfim, comunicaria as razões da decisão e, assim, permitiria medidas para o controle da atividade judicial, isto é, "a motivação garante a possibilidade de a decisão (com seus motivos e fundamentos) ser publicada; e a publicidade, de sua vez, viabiliza o controle da atividade jurisdicional [...]".[248]

De nossa perspectiva, é importante pontuar que, enquanto um dever ser, a exigência de motivação das decisões judiciais é idealizada com um papel político fundamental e um papel processual não menos importante.

3.1.2 A estrutura da motivação das decisões judiciais

Ainda dentro do problema deontológico da motivação, é importante observar como ela é estruturada pela doutrina processual. Nesse sentido, alguns autores fazem a separação teórica entre o momento da decisão propriamente dita e a produção do texto contido no documento jurídico. A primeira seria uma atividade puramente psicológica, enquanto a segunda seria o documento produzido pelo magistrado, e juntado aos autos, que contém os enunciados linguísticos que se destinam a exprimir e justificar a decisão.[249] Aí se insere a distinção entre o chamado contexto de descoberta e contexto de justificação, que, aplicados à atividade judicial, corresponderiam à etapa em que o magistrado realiza a escolha da solução que julga a mais adequada para o caso (a decisão propriamente dita) e à etapa seguinte, da confecção das razões para se justificar a decisão então tomada. A primeira etapa consistiria numa atividade mental e a segunda, num discurso.[250]

É interessante notar que parte da doutrina reconhece como um dado a máxima dos realistas americanos de que o juiz primeiro decide e depois busca os fundamentos para justificar a decisão. Reconhecem que é justamente na atividade da tomada de decisão que pesam fatores extrajurídicos, sejam eles conscientes ou não. A motivação propriamente dita seria, assim, uma racionalização posterior da decisão tomada por motivos diversos, jurídicos ou não, confessáveis ou não. Para essa

---

[247] *Ibidem*, p. 88.
[248] SCHEID, *op. cit.*, p. 92.
[249] GOMES FILHO, *op. cit.*, p. 93.
[250] *Ibidem*, p. 93.

linha de pensamento, a solução para esse entrave estaria justamente na exigência de motivação. Isto é, independentemente da existência de influências extrajurídicas, a motivação teria o papel de estimular o magistrado a realizar depuração desses fatores extrajurídicos e a apresentar uma justificação contundente e coerente com os fatos, provas e legislação aplicável.[251] Desse modo, o dever de motivar teria "como objetivo assegurar determinada forma de raciocínio decisório, mais precisamente aquela que leve o juiz a formar o seu convencimento tão só com base em razões confessáveis".[252] A exigência de motivação, enfim, pretenderia assegurar a superação da assimetria entre as razões declaradas e as razões verdadeiras.[253]

A motivação consistiria em um discurso justificativo da decisão judicial e, nessa perspectiva, seria um procedimento argumentativo com a pretensão de fornecer razões persuasivas, aptas a produzir o convencimento de que a escolha realizada é a mais acertada.[254] Cabe mencionar, embora não seja de interesse para este estudo aprofundar esse tema, que há na doutrina processual relevante discussão sobre os modelos de justificação argumentativa utilizáveis da prática jurídica.[255] Para nós, basta, neste momento, frisar que o ponto central é a defesa de um modelo o mais racional e o mais convincente possível, de forma a manter a atividade jurídica coerente com os postulados de lógica dos demais saberes. Há, enfim, exigência de coerência, plausibilidade, verossimilhança, etc. Também cabe ressaltar que a doutrina processual exige que a motivação seja completa, isto é, que todas as escolhas feitas pelo julgador sejam justificadas e que todas as provas e teses das partes sejam levadas em consideração.[256] Exige, ainda, que a motivação seja casuística, isto é, que seja elaborada especificamente para aquele caso concreto, sem o uso de fórmulas prontas, ajustáveis para inúmeras decisões, e sem modelos de argumentação pré-fabricados.[257]

A doutrina processual também separa teoricamente a motivação de direito e a motivação de fato.[258] A primeira diria respeito à demonstração de que as escolhas feitas pelo magistrado têm amparo

---

[251] *Ibidem*, p. 93-94.
[252] *Ibidem*, p. 94.
[253] *Ibidem*, p. 95.
[254] *Ibidem*, p. 96-98; SCHEID, *A motivação das...*, p. 107.
[255] E.g. GOMES FILHO, *A motivação das...*, p. 98-105; OLIVEIRA, *Motivação e discricionariedade...*, p. 141 e ss.
[256] GOMES FILHO, *A motivação das...*, p. 106. OLIVEIRA, *Motivação e discricionariedade...*, p. 145.
[257] SCHEID, *A motivação das...*, p. 96.
[258] GOMES FILHO, *op. cit.*, p. 108 e ss.; SCHEID, *op. cit.*, p. 109 e ss.

no ordenamento jurídico. Aqui entra o problema da interpretação das normas, do poder criativo dos magistrados e da admissibilidade ou não da discricionariedade judicial. Mais adiante aprofundaremos um pouco essa discussão. Neste momento, destacamos que o ponto crucial é que o magistrado apresente um discurso racional e convincente que justifique que sua interpretação da norma é plausível e aceitável perante o ordenamento jurídico vigente.

Já a motivação de fato diria respeito à valoração da prova e delimitação dos fatos considerados provados. Aqui o problema da discricionariedade incide de forma ainda mais contundente, na medida em que o julgamento sobre os fatos implica interpretação e justificação que têm como objeto elementos que só existem no microcosmo do caso concreto. Também abordaremos mais detidamente esse problema em tópico posterior. Por ora, ressaltamos que a delimitação de quais fatos podem ser tidos por provados – e que, portanto, terão efeito de verdade – depende de motivação que implica discurso racional e uma consideração do material probatório dos autos que justifique as escolhas feitas pelo magistrado.

Em resumo, o que se tem é um desenho doutrinário que vislumbra a motivação como um mecanismo de garantia de racionalidade e de controle da atividade judicial. Isso também inclui o papel da garantia de imparcialidade, pois espera-se que a motivação impeça decisões arbitrarias e pautadas por subjetivismos.

3.2 A ineficácia da motivação como forma de controle da imparcialidade

Como vimos no tópico anterior, espera-se que a motivação das decisões judiciais seja um fator que viabilize a controlabilidade das decisões, inclusive pela perspectiva da racionalidade e da imparcialidade dos atos judiciais. Ocorre que, em que pese a coerência interna do modelo, há relevante defasagem em sua eficácia como mecanismo de controle. Isso pode ser percebido por alguns fatores, os quais serão indicados a seguir.

3.2.1 O caráter emotivo e intuitivo das decisões sobre temas controversos

O primeiro fator a ser considerado é que a plena eficácia do dever de motivação como mecanismo de controle só poderia ocorrer dentro de um modelo puramente racionalista de atividade jurisdicional. Isto é, para que a motivação cumpra perfeitamente todas as funções a ela atribuídas, seria necessário que as razões apresentadas pelo juiz no documento jurídico correspondessem perfeitamente aos motivos que de fato impulsionaram a sua decisão ou que ao menos o julgador tivesse plena consciência de seus impulsos subjetivos e capacidade psicológica de se desvencilhar deles no momento da construção da argumentação jurídica.

Conforme visto no tópico anterior, a doutrina mais especializada compreende que existe um déficit desse modelo racionalista, na medida em que se sabe que a motivação é uma atividade de racionalização de motivos que são muitas vezes não jurídicos e inconfessáveis, e, assim, espera-se do dever de motivar uma amenização desse efeito.

Destacamos, no entanto, que o problema é mais profundo do que o descrito por essa doutrina. Isso porque as decisões, especialmente aquelas que envolvem temas politicamente e socialmente controversos, são muito mais intuitivas do que racionais.

Nesse ponto, vale a pena a referência à interessante obra de Jonathan Haidt, intitulada "A mente moralista".[259] O autor é um pesquisador sobre a psicologia moral e, na obra citada, apresenta pesquisas empíricas sobre o funcionamento do raciocínio moral no ser humano – por temas morais, aqui se incluem aqueles de relevância política e social, tais como os que usualmente são objeto do Direito. Em várias dessas pesquisas, foram apresentadas aos participantes histórias contendo dilemas morais e solicitava-se a eles uma avaliação sobre se a ação do personagem da história seria certa ou errada.[260] Em uma dessas pesquisas, o entrevistador estava treinado a contestar racionalmente quaisquer argumentos racionais apresentados pelo participante para justificar a sua escolha.[261]

---

[259] HAIDT, Jonathan. *A mente moralista*. Tradução de Antonio Kuntz. Publicação independente, 2019, Edição do Kindle.

[260] Por exemplo: "Os irmãos Julie e Mark estavam viajando juntos pela França. Ambos estavam em férias da faculdade. Uma noite eles estavam passando a noite sozinhos dentro de uma cabana perto da praia. Resolveram então que seria divertido e interessante se fizessem amor entre eles. Pelo menos, seria uma nova experiência para cada um deles. Julie já estava tomando pílulas anticoncepcionais, e Mark também usava preservativo, por segurança. Eles gostaram bastante, mas resolveram não fazer de novo. E conservaram aquela noite como um segredo especial entre eles, o que os fazia ainda mais próximos um do outro. Então, o que você pensa disso? Foi errado eles terem feito sexo?" (*Ibidem*, locais do Kindle 848-853).

[261] *Ibidem*, locais do Kindle 817-818.

Em conclusão, as pesquisas atestaram a existência de uma resposta intuitiva inicial, seguida de uma racionalização das escolhas. Quando justificavam suas escolhas com argumentos racionais e estes eram derrubados, os participantes buscavam e inventavam novas justificativas, fazendo novas racionalizações, mas raramente mudavam de posição.[262] Conforme Haidt, essas pesquisas comprovaram como se dá a forma de raciocinar do ser humano acerca de temas de valor moral, político e social: um julgamento moral imediatista e emocional, sucedido por um raciocínio que aparece como um serviçal dessas emoções. Mesmo quando esse serviçal falha – ou seja, quando não consegue encontrar uma justificativa convincente, o mestre (as emoções) não muda de posição.[263] Apesar de as pessoas produzirem racionalizações que acreditam ser as responsáveis por esse julgamento, a verdadeira motivação é intuitiva, e essa intuição funciona de forma independente desse raciocínio. O autor observa que só há um perfil de ser humano empiricamente verificado que é mais capaz de raciocinar sem a influência da emoção: os psicopatas.[264]

Segundo Haidt, estudos de psicologia moral indicam que essas racionalizações não seriam buscas pela verdade, isto é, pelos reais motivos pelos quais chegamos a determinado juízo ou opinião. Elas seriam, ao contrário, uma busca pelos melhores motivos aptos a produzir persuasão, ou seja, que induzem os demais a concordar com a opinião do indivíduo. Em outras palavras, o raciocínio é desenvolvido para o propósito de persuasão, não de descoberta.[265] Nesse raciocínio, estaria presente o chamado "viés de confirmação": os juízos seriam realizados pelo indivíduo de forma puramente intuitiva e, então, este buscaria provas e argumentos que confirmem suas opiniões iniciais.

De acordo com o autor, devido ao caráter emotivo da intuição, numa discussão é muito difícil que alguém mude de ideia apenas porque sua justificativa racional foi refutada por algum opositor, especialmente se esse embate ocorre em ânimo hostil.[266] Para Haidt, é, de fato, possível que uma pessoa mude de opinião em razão da influência de terceiros, porém, em vez de pelo juízo racional, é muito mais comum que essa mudança ocorra por relações de afinidade e empatia com outras pessoas que defendem opiniões diferentes. Não apenas os indivíduos

---

[262] *Ibidem*, locais do Kindle 859 e ss.
[263] *Ibidem*, locais do Kindle 885-886.
[264] *Ibidem*, locais do Kindle 1339 e ss.
[265] *Ibidem*, locais do Kindle 1697.
[266] *Ibidem*, locais do Kindle 1458 e ss.

estariam abertos tão somente para escutar a razão de pessoas de quem gostam ou admiram, mas a mera presença dessa pessoa admirada ou querida, mesmo que ela não forneça argumento algum, já é suficiente para que se produza influência – quanto a esse tema, vale lembrar a pesquisa que citamos no capítulo anterior que atesta a maior probabilidade de um juiz homem julgar a favor dos direitos das mulheres se ele tiver uma filha mulher.

Para Haidt, argumentos morais e políticos são frustrantes justamente porque seriam como rabos balançando na traseira de cães intuitivos.[267] Isso porque o cão é a causa do balanço da cauda e, assim sendo, não será balançando forçadamente esta que um cão se tornará feliz. Em outras palavras, não são os argumentos a verdadeira causa da opinião das pessoas e não adianta, portanto, contestá-los racionalmente se se pretende as fazer mudar de opinião. Juízos morais (sociais e políticos) seriam, enfim, essencialmente emocionais.

Em razão dessas circunstâncias, Haidt afirma que a forma de raciocínio das pessoas em geral não se assemelha à de um cientista que testa hipóteses imparcialmente. Assemelha-se, ao contrário, à de um advogado que está comprometido com uma tese que favorece os interesses de seu cliente ou mesmo à de um assessor de imprensa de um presidente, que justifica para o público geral todos os atos praticados por essa autoridade.[268]

A obrigação formal de se prestar contas, segundo Haidt, não resolve o problema do viés de confirmação. Segundo ele, pesquisas indicam que essa obrigação também acaba incentivando, por regra, a tentativa tendenciosa de se racionalizar um ponto de vista.[269] Assim, mesmo nesses casos, os indivíduos ainda estariam mais empenhados em parecer certos do que em estar certos.

Haidt observa, enfim, que não há como – ou ao menos até agora ninguém descobriu como – anular o viés de confirmação do raciocínio humano, porque ele é um elemento intrínseco à forma humana de raciocinar, não um vírus que pode ser combatido.[270] Para o autor, a

---

[267] *Ibidem*, locais do Kindle 1024.
[268] *Ibidem*, locais do Kindle 1974-1975.
[269] Segundo Haidt, "a responsabilização ou prestação de contas incentiva o pensamento exploratório [a consideração imparcial de pontos de vista alternativo] somente sob três condições: (1) tomadores de decisão são informados antecipadamente de que terão de prestar contas a uma audiência, (2) os pontos de vista da audiência são desconhecidos e (3) acreditam que a audiência esteja bem informada e interessada na eficácia de sua decisão" (*Ibidem*, locais do Kindle 1686-1688).
[270] *Ibidem*, locais do Kindle 1945-1946.

adoração da razão é, portanto, uma amostra de uma duradoura ilusão racionalista, que segue presente na cultura ocidental.

Em suma, as pesquisas indicadas e realizadas por Haidt e suas conclusões entram em contraste com o modelo decisório vigente no Direito. Esse modelo está construído a partir do modelo racionalista anteriormente descrito, ainda que se reconheça, em alguma medida, a impossibilidade de sua realização plena. Não podemos deixar de observar que os estudos de Haidt confirmam as afirmações dos realistas americanos de que os juízes primeiro decidem e apenas depois buscam seus fundamentos. Também é preciso considerar que o processo de decisão de um juiz não é diferente dos processos decisórios de pessoas comuns.

A questão essencial é que o processo decisório é muito mais intuitivo que racional. Sendo assim, as decisões são tomadas muito menos por uma análise racional dos fatos, das provas, dos argumentos e do ordenamento jurídico, e muito mais pelo sentimento acerca daquilo que é o certo para aquele caso. E o juiz é muito menos suscetível à persuasão racional do que supõem os operadores do direito.

Antes de aprofundar essas conclusões, vale a pena analisarmos pesquisas empíricas sobre o problema da assimilação enviesada, o que faremos no próximo tópico.

3.2.2 A inevitável assimilação enviesada de provas e argumentos

Seguindo o modelo racionalista de decisão judicial, o juiz deveria iniciar a atividade jurisdicional no processo concreto sem conhecimentos relevantes sobre o caso, permanecer, ao longo da instrução, interessado tão somente em esclarecer os fatos, em seguida realizar a valoração da prova de forma motivada, conhecer e considerar os argumentos da acusação e da defesa e, ao final, decidir, explicitando, no documento jurídico, as razões da decisão.

Já sabemos que esse modelo é incompatível com a forma de raciocinar humana e que há uma intuição inicial que guia todo o processo decisório. Porém, destacamos que há também defeito na forma de assimilação dos fatos, das provas e dos argumentos das partes e isso também é demonstrado por pesquisas empíricas. Trata-se do problema dos vieses de confirmação e desconfirmação que já mencionamos anteriormente. A esse respeito, destacamos uma série de pesquisas cujos resultados parecem explicitar a incompatibilidade do modelo racionalista com a realidade.

Essas pesquisas abordam especificamente os problemas da assimilação enviesada e da resistência à persuasão racional por pessoas que têm uma opinião ou uma ideia formada acerca de determinado tema, em especial temas politicamente e socialmente controversos. Em que pese as pesquisas terem sido feitas com participantes comuns e não com pessoas do Poder Judiciário, reiteramos que juízes raciocinam como pessoas comuns em seu ofício e em tópico seguinte trataremos de pesquisa que testa a hipótese da assimilação enviesada em juízes e promotores.

Feitas essas considerações, passamos à primeira pesquisa por nós destacada. É aquela intitulada *Biased Assimilation and Attitude Polarization: The Effect of Prior Theories on Subsequently Considered Evidence*,[271] realizada por Charles G. Lord, Lee Ross e Mark R. Lepper e publicada em 1979. Essa pesquisa buscou verificar como indivíduos que têm opinião sobre determinado problema social complexo assimilam um cenário equilibrado de provas. Por cenário equilibrado, compreenda-se um quadro no qual há provas de igual força favoráveis e contrárias a determinada tese – um quadro de provas, portanto, inconclusivo. Em tese, e partindo de um modelo de homem racional, esse cenário equilibrado deveria produzir moderação na opinião de alguém. No entanto, a pesquisa atestou resultado diverso.

Aos participantes foram apresentados estudos envolvendo o tema da eficácia da pena de morte como forma de prevenir homicídios e o cenário de provas fornecido aos participantes foi propositalmente direcionado para parecer equilibrado. Analisou-se, então, como esses participantes lidariam com o quadro probatório construído – deixaremos de abordar os detalhes da metodologia dessa e das demais pesquisas aqui citadas, porém recomendamos aos leitores mais interessados a leitura das publicações originais.

Após o final do experimento, os autores puderam concluir que pessoas com opiniões fortes tendem a examinar a prova empírica de forma parcial. Essas pessoas aceitariam acriticamente as provas que confirmam sua opinião anterior e submeteriam as provas desconfirmatórias a uma avaliação hipercrítica desproporcional para, ao final, conseguir apoio definitivo para as suas posições iniciais. Desse modo, segundo os autores, expor indivíduos conflitantes em uma disputa social a um corpo de provas idêntico pode não levar a um estreitamento

---

[271] LORD, Charles G.; ROSS, Lee; LEPPER, Mark R. Biased Assimilation and Attitude Polarization: The Effects of Prior Theories on Subsequently Considered Evidence. *Journal of Personality and Social Psychology*, v. 37, n. 11, p. 2098-2109, 1979.

do desacordo, mas, pelo contrário, a um aumento da polarização. Com efeito, ambos os grupos de pessoas favoráveis e contrárias à tese discutida avaliaram o mesmo cenário probatório, mas concluíram que os resultados que confirmam suas próprias crenças iniciais seriam mais convincentes e com maior valor probatório. A pesquisa atestaria, assim, que os dados relevantes para manter ou afastar uma crença não são processados imparcialmente. Pelo contrário, julgamentos sobre validade, confiabilidade, relevância e até o sentido de uma prova seriam enviesados pela aparente consistência com as teorias e as expectativas de quem a interpreta.[272] Os indivíduos menosprezariam as provas empíricas que contradizem suas opiniões anteriores e retirariam apoio de provas menos contundentes, mas que parecem consistentes com suas opiniões. E mais: apoiadores e opositores poderiam reforçar suas crenças a partir dos exatos mesmos dados. O estudo mostra que crenças fortes podem sobreviver inclusive a contraprovas e que a mera existência de provas contraditórias raramente se mostra suficiente para que alguém abandone suas crenças e teorias anteriores.[273]

Segunda pesquisa: "Motivated Skepticism in the Evaluation of Political Beliefs",[274] realizada por Charles S. Taber e Milton Lodge, com objeto semelhante à pesquisa anteriormente citada, porém realizada mais recentemente. Os pesquisadores realizaram estudos experimentais para avaliar como os participantes lidariam com um leque balanceado de argumentos contrários e favoráveis relacionados a dois temas de alta relevância política, quais sejam, as ações afirmativas e o controle de armas. Os participantes analisaram os argumentos fornecidos pelos pesquisadores e posteriormente o apresentaram a terceiros, sendo incentivados, nessa exposição, a serem objetivos e a deixarem suas preferências pessoais de lado.

Com a conclusão do experimento, os pesquisadores puderam constatar que os indivíduos seriam propensos a se acomodar em provas que confirmam seu pensamento anterior sobre aquele tema e a descartar ou menosprezar provas que contestam essa opinião prévia. Segundo os

---

[272] "Subjects' decisions about whether to accept a study's findings at face value or to search for flaws and entertain alternative interpretations seemed to depend far less on the particular procedure employed than on whether the study's results coincided with their existing beliefs" (*Ibidem*, p. 2106).

[273] "In everyday life, as well as in the course of scientific controversies (cf. Kuhn, 1970), the mere availability of contradictory evidence rarely seems sufficient to cause us to abandon our prior beliefs or theories" (*Ibidem*, p. 2108).

[274] TABER, Charles S.; LODGE, Milton. Motivated Skepticism in the Evaluation of Political Beliefs. *American Journal of Political Science*, v. 50, n. 3, jul. 2006, p. 755-769.

autores, houve a confirmação empírica de três mecanismos de processamento. A uma, o efeito da convicção anterior: os indivíduos que se sentem conhecedores acerca de determinado assunto, mesmo quando encorajados a serem objetivos e a deixarem suas preferências, valoram como mais fortes os argumentos que apoiam a sua postura anterior. A duas, o viés de desconfirmação: diante de um quadro balanceado de argumentos contrários e favoráveis, indivíduos gastam mais tempo e recursos cognitivos buscando desconfirmar os argumentos contrários à sua convicção prévia do que questionando os argumentos favoráveis. A três, viés de confirmação: num cenário como aquele criado pela pesquisa em que os indivíduos estão livres para escolher quais argumentos irão expor a outras pessoas, há uma preferência pelos argumentos de confirmação da convicção anterior do expositor.

Comentando esses resultados, os autores ponderaram que não parece haver um autoengano consciente dos indivíduos para manter suas crenças prévias. Ao contrário, pessoas em geral tentariam ser justas ou preservar a ilusão de objetividade, porém simplesmente seriam incapazes de proceder dessa forma. Ponderam ainda os autores que apesar de haver a possibilidade de persuasão de indivíduos comprometidos com suas posições, ela se mostraria muito difícil. Uma constatação bastante interessante da pesquisa é o chamado efeito de sofisticação:[275] aqueles indivíduos que se entendem conhecedores do assunto teriam grande munição para contra argumentar fatos ou argumentos contrários à sua posição inicial, e, assim, tenderiam a ser mais suscetíveis ao enviesamento. Nessas pessoas, o efeito das crenças anteriores seria sistemático e mais forte.

Concluem ainda os pesquisadores que em média os cidadãos seriam cognitivamente e motivacionalmente incapazes de se portar de forma racional com relação a temas politicamente tensos na democracia. Só poderiam agir de forma racional se o processamento de novas informações for independente de uma crença anterior. Assim, crenças e atitudes anteriores poderiam ser metaforicamente pensadas como posses a serem protegidas, especialmente com relação às atitudes políticas ligadas à própria identidade do sujeito, ou seja, sua autoimagem e aquilo que eles entendem como essencial na sua forma de se autocompreender na sociedade.[276] É importante observar, por fim,

---

[275] *Ibidem*, p. 757 e 760.
[276] "This perspective, which would substitute the word "skepticism" wherever "bias" appears in this article, suggests that beliefs and attitudes may be thought of metaphorically as possessions to be protected (Abelson and Prentice 1989). This belief, this feeling, is mine!

que, segundo os pesquisadores, o ceticismo também seria uma forma de viés observado em pessoas com opiniões prévias, consistindo em uma irracional resistência à mudança e em um mecanismo do indivíduo para evitar informações conflitantes com sua crença anterior.

Terceira pesquisa: "A Disconfirmation Bias in the Evaluation of Arguments",[277] conduzida por Kari Edwards e Edward E. Smith e que trata especificamente do viés de desconfirmação. Essa pesquisa também analisou a relação dos participantes com um leque de argumentos. Os autores partiram da premissa já comprovada por outros pesquisadores de que as pessoas são incapazes de avaliar provas de forma independente de crenças anteriores. Através dos experimentos, o estudo buscou especificar o processo pelo qual essa opinião prévia afeta a avaliação da prova.

Com o resultado, os pesquisadores puderam concluir que as crenças anteriores são acompanhadas de uma convicção emotiva, que afeta a magnitude e a forma do viés de desconfirmação. Em suma, esse viés consistiria na atitude das pessoas em geral que, quando expostas a provas contrárias às suas crenças, tentam miná-las. Ele operaria, segundo os autores, da seguinte maneira. Em primeiro lugar, quando alguém é apresentado a determinada argumentação e a submete a avaliação, haveria automaticamente na memória a ativação de uma gama de materiais que possam ter relevância com relação ao objeto e isso incluiria as crenças anteriores. Em segundo lugar, caso essa argumentação seja incompatível com as crenças anteriores, o indivíduo iniciaria uma busca na memória por material que possa servir para menosprezar o objeto avaliado. Em terceiro lugar, essa busca poderia ter por alvo crenças e argumentos que possam oferecer ataque direto contra as premissas e conclusões da argumentação avaliada. Em quarto lugar, os resultados dessa busca seriam integrados com outras considerações (talvez imparciais) sobre o argumento atual e o resultado serviria de base para julgar a força do argumento em análise. Desse modo, o que determina até que ponto uma pessoa será crítica com um argumento, bem como quais as estratégias que ela usará para fazer a valoração da força desse argumento, é simplesmente se ela concorda ou discorda daquela posição.

Like other possessions we paid a purchasing price in terms of time and cognitive resources spent forming and updating our im-pressions. Many political attitudes, especially those linked to identity (Conover 1988), are worthy of such defense in their own right" (*Ibidem*, p. 767).

[277] EDWARDS, Kari; SMITH, Edward E. A Disconfirmation Bias in the Evaluation of Arguments. *Journal of Personality and Social Psychology*, v. 71, n. 1, p. 5-24, 1996.

Quarto estudo: "Biased Assimilation of Sociopolitical Arguments: Evaluating The 1996 U.S. Presidential Debate",[278] assinado por Geoffrey D. Munro, Peter H. Ditto, Lisa K. Lockhart, Angela Fagerlin, Mitchell Gready e Elizabeth Peterson. Também analisou o comportamento de participantes com relação a um embate de argumentos, com a diferença de que o contexto escolhido foi natural, qual seja, o primeiro debate entre Bill Clinton e Bob Dole, então candidatos à presidência dos Estados Unidos, ocorrido em 1996. A pretensão do estudo foi justamente verificar se os resultados das pesquisas anteriores sobre viés de confirmação se replicam em um contexto natural. Assim, os participantes assistiram, avaliaram o mencionado debate presidencial e tiveram seu comportamento avaliado.

Segundo os autores, as análises de regressão demonstraram que, de fato, as atitudes anteriores anteciparam a direção das avaliações dos argumentos pelos participantes e inclusive uma mudança em suas atitudes. A pesquisa, assim, atestaria que os indivíduos de fato realizaram uma assimilação parcial dos argumentos apresentados no debate. Como previsto, os participantes avaliaram como mais fortes os argumentos que confirmavam suas opiniões anteriores e como mais fracos aqueles desconfirmavam essas opiniões. Notou-se também uma postura mais extrema dos participantes após o debate. Aqueles que tinham uma preferência anterior a determinado candidato o percebeu como vencedor, avaliou seus argumentos de forma mais favorável do que os de seu opositor e ao final se manteve mais convicto de sua posição original. Isso valeu para os simpatizantes de ambos os candidatos. O ponto fundamental é que, segundo os pesquisadores, em vez de ser uma análise racional dos argumentos lógicos dos debatedores, a avaliação dos debates aparentaria depender mais das respostas afetivas das pessoas com relação ao debatedor. Para os autores, a pesquisa atestaria empiricamente que argumentos sociopolíticos não são processados de forma puramente racional e indicaria que a avaliação desses argumentos está fortemente associada ao afeto.[279]

Quinta pesquisa: ainda sobre o problema dos defeitos de assimilação, merece atenção o estudo publicado com o título "Motivated

---

[278] MUNRO, Geoffrey D.; DITTO, Peter H.; LOCKHART, Lisa K.; FAGERLIN, Angela; GREADY, Mitchell; PETERSON, Elizabeth. Biased Assimilation of Sociopolitical Arguments: Evaluating the 1996 U.S. Presidential Debate. *Basic and Applied Social Psychology*, v. 24, n. 1, p. 15-26, 2002.

[279] *Ibidem*, p. 25.

Numeracy and Enlightened Self-Government",[280] realizado por Dan M. Kahan, Ellen Peters, Ercia Cantrell Dawson e Paul Slovis. A pesquisa pretendeu investigar por quais razões temas acerca de perigos sociais permanecem sendo conflitivos no debate público apesar da existência de dados científicos convincentes e amplamente acessíveis que poderiam, em tese, elucidar a problema. A partir dessa perspectiva, os pesquisadores pretenderam verificar como as pessoas em geral assimilam pesquisas empíricas acerca de temas sociais controversos.

Assim, dois experimentos quase idênticos foram realizados: a apresentação aos participantes de uma pesquisa empírica fictícia que contava com um problema de interpretação difícil, o qual exigia uma boa capacidade de extrair inferências causais válidas de dados empíricos. A diferença entre os experimentos era o tema de fundo da pesquisa, se politicamente tenso ou se neutro. No primeiro experimento, disse-se que a pesquisa envolvia um teste para identificar se um novo creme hidratante seria eficaz para combater uma reação alérgica. Os dados apresentados foram os seguintes.[281]

Versão A	
Pacientes que usaram o creme	Pacientes que não usaram o creme
223 pioraram	107 pioraram
75 melhoraram	21 melhoraram
Versão B	
Pacientes que usaram o creme	Pacientes que não usaram o creme
223 melhoraram	107 melhoraram
75 pioraram	21 pioraram

Aos participantes foi informado que o número total de pacientes em cada grupo era diferente porque nem todos os voluntários que iniciaram o tratamento completaram o estudo. Aos participantes foi perguntado, enfim, se os resultados permitiriam concluir que quem usa o creme tem maior probabilidade de melhorar ou se tem maior probabilidade de piorar em comparação com quem não usa o creme.

Era esperado que a correta interpretação dos dados fosse difícil, já que o participante deveria considerar não apenas o número absoluto de pacientes que tiveram melhora ou piora, mas também a proporção. O participante deveria observar, por exemplo, que entre o grupo que

---

[280] KAHAN, Dan M.; PETERS, Ellen; DAWSON, Erica Cantrell; SLOVIC, Paul. Motivated Numeracy and Enlightned Self-Government. *Behavioural public policy*, v. 1, n. 1, p. 54-86, 2017.
[281] Ibidem, p. 6.

usou o creme na versão A, o número de pessoas que pioraram foi duas vezes maior, enquanto o número de pessoas que melhoraram foi três vezes maior. Por isso, a interpretação correta, nesse caso, seria a de que o creme aumenta as chances de melhorar. Como previsto, muitos participantes não foram capazes de interpretar os números corretamente e as interpretações corretas vieram principalmente de pessoas que tinham habilidade maior com matemática.

O segundo experimento apresentou os exatos mesmos números, com a diferença de que houve a indicação de que o tema da pesquisa não teria sido um creme hidratante, mas o teste de eficácia da proibição de armas com a finalidade de redução de crimes.

Versão C	
Cidades que baniram armas	Cidades que não baniram armas
Em 223 houve aumento de crimes	Em 107 houve aumento de crimes
Em 75 houve diminuição	Em 21 houve diminuição
Versão D	
Cidades que baniram armas	Cidades que não baniram armas
Em 223 houve diminuição de crimes	Em 107 houve diminuição de crimes
Em 75 houve aumento	Em 21 houve aumento

O resultado do teste se mostrou bastante interessante. Não houve diferença de erros e acertos entre quem tinha mais ou menos habilidades matemáticas. Pelo contrário, o determinante para os erros e acertos foi o alinhamento ideológico do participante. Quem era apoiador do armamento acertava mais quando os resultados indicavam que o banimento de armas não tinha sido eficaz e errava mais quando os resultados indicavam o oposto. E vice-versa. Ou seja, os resultados eram majoritariamente interpretados conforme a ideologia política daquele que interpretava. E mais: quem tinha habilidade matemática maior ainda errou mais quando os números desconfirmavam a sua crença ideológica.

Assim, na conclusão dos pesquisadores, as respostas a um problema matemático se tornaram politicamente polarizadas quando os números foram associados a um tema político controverso e essa polarização aumentou entre os participantes que tinham maior habilidade matemática, os quais usavam essa maior capacidade para conformar os resultados com a própria opinião política. Os autores também concluem pela confirmação do efeito de sofisticação: os indivíduos com mais alta capacidade de raciocínio são impelidos a usar essa inteligência para racionalizar seus raciocínios ideologicamente motivados em vez de para reconhecer qual é a prova mais contundente disponível.[282]

Sexta pesquisa: "Neural correlates of mantaining one's political beliefs in the face of counterevidence",[283] realizada por Jonas T. Kaplan, Sarah I. Gimbel e Sam Harris. Esse estudo também partiu da premissa já comprovada por outras pesquisas de que os indivíduos muitas vezes não são capazes de assimilar provas que contradizem suas crenças firmemente arraigadas. Os pesquisadores, então, pretenderam investigar os mecanismos neurais que governam esse comportamento. Para tanto, foram apresentados a 40 indivíduos com fortes crenças políticas uma série de argumentos e contraprovas, alguns que contestavam suas opiniões políticas e outros que contestavam suas opiniões não políticas. Desses participantes foram medidas as atividades cerebrais durante esse experimento.

Como resultado, a pesquisa constatou que a contestação de crenças políticas e de crenças não políticas produziram atividades em diferentes partes do cérebro. Em resumo, houve maior resistência com argumentos contra as crenças políticas. Conforme os pesquisadores, a defesa de crenças diante de contraprovas envolveu uma desconexão com a prova apresentada e uma busca na memória por contra-argumentos relevantes. Ainda segundo eles, quando as pessoas tiveram suas crenças mais profundas contestadas, em reação houve envolvimento de estruturas cerebrais conhecidas por apoiar a cognição dirigida internamente e independente de estímulos (redução da cognição externa). Os resultados, conforme os pesquisadores, também confirmaram o papel da emoção na persistência da crença. Segundo os autores, a pesquisa constatou que os sistemas de emoção do cérebro que se destinam a manter a integridade homeostática do organismo (integridade física) também estão engajados em proteger as crenças mais profundas.[284]

---

[282] "If ideologically motivated reasoning is expressively rational, then we should expect those individuals who display the highest reasoning capacities to be the ones most powerfully impelled to engage in it (Kahan et al. 2012). This study now joins the rank of a growing list of others that fit this expectation and that thus supports the interpretation that ideologically motivated reasoning is *not* a form of bounded rationality but instead a sign of how it becomes rational for otherwise intelligent people to use their critical faculties when they find themselves in the unenviable situation of having to choose between crediting the best available evidence or simply *being* who they are" (*Ibidem*, p. 16).

[283] KAPLAN, Joan T.; GIMBEL, Sarah I.; HARRIS, Sam. Neural correlates pof maintaining one's political beliefs in the face of counterevidence. *Scientific Reports*, v. 6, 2016, 39589. Disponível em: https://doi.org/10.1038/srep39589.

[284] "Our results show that when people are confronted with challenges to their deeply held beliefs, they preferentially engage brain structures known to support stimulus-independent, internally directed cognition. Our data also support the role of emotion

Em outras palavras, ao se deparar com uma contraprova de uma crença política profunda, o indivíduo ativa no cérebro as mesmas estruturas que servem para a proteção da integridade física – semelhante ao que aconteceria se aparecesse uma onça pintada na frente da pessoa.

Sétima pesquisa: "Examination of Psychological Processes Underlying Resistance to Persuasion",[285] conduzida por Rohini Ahluwalia. Esse estudo analisou em um experimento três formas de resistência à persuasão, quais sejam, a assimilação enviesada de informações, a relativização do valor dos atributos e a minimização do impacto. A pesquisa foi feita tendo como base fática o caso Clinton-Lewinsky e dela participaram pessoas apoiadoras desse ex-presidente, pessoas apoiadoras de outros candidatos e pessoas sem comprometimento com algum candidato em especial.

Pela irrelevância para a presente pesquisa, deixamos de lado os detalhes metodológicos e passamos aos resultados. Conforme o autor, a pesquisa foi capaz de atestar que, no caso de indivíduos já comprometidos com uma ideia, apenas os dois primeiros mecanismos são sensíveis à uma tentativa de refutação de um argumento através de uma comunicação persuasiva. Indivíduos com esse perfil demonstraram uma assimilação enviesada diante de informações fáceis de refutar, mas esse mecanismo perdeu a força com informações difíceis de refutar. Em geral, indivíduos comprometidos tendem a questionar a validade de informações negativas sobre o alvo, mas quando a informação é de difícil refutação, tendem a aceitar. Nesse caso, indivíduos comprometidos passam a fazer uma relativização parcial da importância desse atributo do candidato (o experimento envolveu a avaliação do candidato). Mas tanto com relação às informações fáceis quanto às difíceis de refutar, os indivíduos comprometidos minimizaram o impacto desse atributo perante outros atributos passíveis de valoração no mesmo alvo (candidato). Ou seja, se o dado desfavorável é absolutamente incontestável, o indivíduo tende a o aceitar, mas também a menosprezar a sua importância.

---

in belief persistence. Individual differences in persuasion were related to differences in activity within the insular cortex and the amygdala – structures crucial to emotion and feeling. The brain's systems for emotion, which are purposed toward maintaining homeostatic integrity of the organism, appear also to be engaged when protecting the aspects of our mental lives with which we strongly identify, including our closely held beliefs" (*Ibidem*, p. 9).

[285] AHLUWALIA, Rohini. Examination of Psychological Processes Underlying Resistence to Persuasion. *Journal of Consumer Research*, v. 27, p. 217-232, Sep. 2000.

Oitavo estudo: "Effective Messages In Vaccine Promotion",[286] de Brendan Nuhan, Jason Reifler, Sean Richey e Gary L. Freed. Essa pesquisa pretendeu testar a efetividade da comunicação de informações sobre a vacina para sarampo, caxumba e rubéola para reduzir as percepções errôneas e aumentar as taxas de vacinação. A pesquisa foi conduzida com 1759 pais e mães, que foram aleatoriamente selecionados para receber uma entre as seguintes intervenções: a) informações explicando que não há provas de que vacinas causam autismo; b) informações sobre os perigos das doenças que as vacinas previnem; c) imagens de crianças que tiveram doenças prevenidas pelas vacinas; e d) uma narrativa dramática contando a história de uma criança que quase morreu por ter contraído sarampo.

A pesquisa teve um resultado decepcionante: nenhuma das intervenções produziu o efeito esperado de aumentar a intenção dos pais de vacinar eventuais futuros filhos. A intervenção *a*, que explicou os equívocos das alegações que vinculavam a vacina ao autismo, de fato provocou redução da percepção errônea desses pais e mães sobre esse vínculo, mas ao mesmo tempo diminuiu as intenções de vacinar entre aqueles que já manifestavam uma postura desfavorável à vacinação – isto é, os pais até aceitavam o dado de que a vacina não causa autismo, mas encontravam outro argumento para justificar a decisão de não vacinar os filhos. Já a intervenção pela via de imagens de crianças doentes aumentou a crença do vínculo entre vacina e autismo, enquanto a narrativa dramática aumentou as crenças pessoais dos pais e mães em efeitos colaterais sérios como decorrência das vacinas.

Os pesquisadores concluíram que as intervenções descritas podem aumentar as percepções errôneas dos pais e das mães sobre as vacinas e podem até reduzir a pretensão de vacinar. A eficácia das mensagens dependeria, assim, da postura dos pais com relação à vacina. Participantes que são contra a vacinação buscaram justificativas diversas para defender suas posturas antivacina, quando tiveram seus argumentos iniciais refutados. Nenhuma intervenção aumentou a pretensão de vacinar entre os pais e as mães que já tinham uma atitude contrária à vacinação.

Nona pesquisa: "When Corrections Fails: The persistence of political misperceptions",[287] realizada por Brendan Nyhan e Jason

---

[286] NYHAN, Brendan; REIFLER, Jason; RICHEY, Sean; FREED, Gary L. Effective Messages in vaccine Promotion: A Randomized Trial. *Pediatrics*, v. 33, n. 4, 2014.

[287] NYHAN, Brendan; REIFLER, Jason. When Corrections Fail: The persistence of political misperceptions. *Political Behavior*, v. 32, 2010. Disponível em: https://doi.org/10.1007/s11109-010-9112-2.

Reifler. Através de quatro experimentos, a pesquisa buscou verificar se as percepções equivocadas sobre política poderiam ser posteriormente corrigidas com eficácia através do fornecimento de informações corretas. Os participantes leram artigos de notícias simulados, que incluíam uma afirmação enganosa de um político e uma correção.

Ao final do experimento, os pesquisadores puderam observar que as correções frequentemente falharam em reduzir os equívocos, especificamente entre o grupo ideológico alvo. Em alguns casos, a interação entre as correções e a ideologia foi tão forte a ponto de as percepções equivocadas terem se reforçado perante o grupo ideológico em questão. Assim, os autores concluíram que o efeito das correções é moderado pela ideologia. Para os pesquisadores, os experimentos ajudaram a entender que percepções equivocadas sobre fatos em política são tão persistentes porque as respostas às correções variam de forma significativa dependendo da visão ideológica do participante.

Por fim, décima pesquisa: "From Gulf to Bridge: When do moral arguments facilitate political influence?"[288] de Matther Feinberg e Robb Willer. A pesquisa por eles conduzida teve por objetivo verificar a eficácia de uma retórica moral em questões políticas polarizadas. Os autores destacam, com base em pesquisas anteriores, que a defesa de preceitos morais tende a ser não racional e que julgamentos morais tendem a ser carregados de emoção, razão pela qual enfatizar a sacralidade moral de uma questão política levaria os indivíduos a posturas mais intransigentes e inflexíveis.

Nesse contexto, os autores ressaltam algo que não é óbvio: liberais e conservadores americanos têm lentes morais diversas. Por exemplo, liberais tendem a defender valores como a não violência e a justiça, enquanto conservadores prezam pela lealdade, pelo respeito à autoridade e pela pureza. E os argumentos políticos de cada grupo sustentam esses valores. Quem compartilha de uma mesma moral, costuma compartilhar de uma mesma visão política. Mas liberais e conservadores aparentam ter dificuldade em perceber que a sua moral não é universal e que os outros tem moralidades diferentes. Esse fator, destacam os autores, é muito relevante porque a moral está no centro de como o indivíduo se compreende e compreende o mundo e porque os indivíduos formulam argumentos morais que se encaixam em seus próprios valores.

---

[288] FEINBERG, Matthew; WILLER, Robb. From Gulf to Bridge: When Do Moral Arguments Facilitate Political Influence? *Personality and Social Psychology Bulletin*, 2015. Disponível: 10.1177/0146167215607842.

Na pesquisa realizada, os participantes foram orientados a escrever argumentos direcionados a persuadir opositores. Assim, no estudo 1, liberais foram convidados a escrever para conservadores sobre a defesa do casamento de pessoas do mesmo sexo (tema caro para os liberais), e no estudo 2, conservadores foram convidados a escrever para liberais sobre fazer do inglês a língua oficial dos EUA (tema caro para os conservadores). Resultado do estudo 1: 86% dos participantes utilizaram argumentos morais, sendo que apenas 9% se valeram de moralidade conservadora e 74% utilizaram argumentos com a moralidade liberal. Ainda, 34% contra-argumentaram a moral conservadora em seu texto. Resultado do estudo 2: 79% usaram argumentos morais, 8% com moralidade liberal e 70% com moralidade conservadora. Dentro desse grupo, 14% contra-argumentaram a moralidade liberal. Para os autores, esses estudos confirmaram a hipótese de que quando miram opositores, liberais e conservadores empregam argumentos morais que refletem a própria moral. Nos estudos 3 e 4, uma causa liberal (saúde pública) e uma causa conservadora (alto custo da manutenção de gastos militares), respectivamente, foi apresentada aos participantes. Como resultado, dentre os conservadores que foram expostos a uma argumentação que defendia uma causa liberal, aqueles que tiveram contato com uma argumentação estruturada na própria moral (conservadora) deram maior apoio político ao tema do que aqueles que foram expostos à argumentação estruturada na moral liberal. Resultado semelhante ocorreu com liberais expostos à argumentos em defesa de uma causa conservadora. Nos estudos 5 e 6, houve a exposição dos participantes aleatoriamente às argumentações de defesa dos temas de casamento de pessoas do mesmo sexo e do inglês como língua oficial dos EUA estruturados em argumentos de moral liberal, conservadora e neutra. Os resultados foram semelhantes: os argumentos liberais funcionaram melhor com os liberais, assim como os argumentos conservadores funcionaram melhor com os conservadores. Não houve diferença relevante entre aqueles expostos a argumentação neutra e aqueles expostos a argumentação estruturada numa moral diferente da sua.

Conforme os pesquisadores, a pesquisa demonstrou que existe dificuldade em se perceber a moral alheia. Em questões públicas que envolvem uma disputa de valores, os argumentos são em geral construídos a partir da própria moralidade de quem fala, mesmo apesar de serem muito menos efetivos para interlocutores que aderem a valores morais opostos. Esses valores morais influenciam as atitudes políticas. Os resultados, segundo os autores, atestam a eficácia da retórica moral enquadrada à moral dos alvos, porque produzem a sensação de que os argumentos são certos. Ao mesmo tempo em que uma argumentação estruturada na mesma moral do interlocutor não impacta na atitude daqueles que já defendem aquela causa. A pesquisa, enfim, demonstra que a moralidade contribui para a polarização política porque leva os indivíduos a posturas intransigentes.

Todas as pesquisas mencionadas trazem relevantes informações para o presente estudo, na medida em que dão informações sobre a forma de raciocinar humana que contrastam com o modelo racionalista. Destacamos a seguir algumas das conclusões mais importantes.

Em primeiro lugar, as pesquisas atestam que a cognição humana não é imparcial. Ou seja, as pessoas enxergam dados objetivos, dados empíricos, provas, argumentos, fatos, etc., de maneira enviesada a partir de crenças anteriores e a partir de sua própria moralidade e ideologia. Isso tem várias implicações, como os vieses de confirmação e desconfirmação, o efeito de sofisticação, entre outros. O ponto central é que, por um lado, essa cognição é muito mais emotiva do que racional e, por outro lado, ela não está voltada para a busca da verdade, mas para uma autoconfirmação de uma opinião prévia. Em segundo lugar, os estudos atestam que, em que pese as moralidades pessoais não serem universais, os sujeitos têm dificuldade em perceber isso, isto é, que suas moralidades pessoais não são universais. Em terceiro lugar, as pesquisas também atestam fortes mecanismos de proteção contra a persuasão racional e um impulso claro no sentido de proteção das ideias iniciais e das opiniões já formadas. Em quarto lugar, essa característica não é algo que decorre de uma mera atitude ética ou de uma vontade consciente. Ela decorre da maneira como o cérebro humano funciona. Sendo assim, ela está fora das possibilidades de controle tanto externo quanto do próprio sujeito que realiza a interpretação.

Por essas razões, é necessário observar que decorre da ilusão racionalista o modelo de ser humano que toma decisões na esfera política e social a partir de uma análise racional de elementos fáticos e argumentativos e que se submete a uma mudança de opinião quanto diante de contraprovas ou de argumentos racionais persuasivos. Essas conclusões dizem respeito também à atividade dos magistrados que, frisamos novamente, raciocinam do mesmo jeito que qualquer ser humano e que tratam essencialmente de questões morais, sociais e políticas.

3.2.3 Assimilação enviesada na atividade judicial

As pesquisas que destacamos no tópico anterior foram feitas com pessoas comuns, sem enfoque no pertencimento a um grupo de atividade laboral. As conclusões são, portanto, gerais, mas, como já reiteramos, elas também devem ser pensadas para a atividade judicial. Neste tópico, apresentamos pesquisa realizada especificamente com juízes e promotores, que confirmam os resultados das pesquisas gerais e que nos permite algumas conclusões mais particulares a esse campo.

Trata-se de pesquisa conduzida por Bernd Schüneman, e publicada no Brasil com o título "Juiz como um terceiro manipulado no processo penal? Uma confirmação empírica dos efeitos de perseverança e correspondência comportamental".[289] A pesquisa foi realizada com 58 juízes criminais e membros do Ministério Público, escolhidos aleatoriamente na Alemanha. Foi montado um caso fictício com quadro probatório duvidoso, o qual permitia uma margem razoável de interpretação que poderia resultar, em tese, em uma sentença absolutória ou em uma sentença condenatória. As duas variáveis da pesquisa eram a possibilidade de acesso dos juízes aos autos de inquérito e a possibilidade de pessoalmente inquirirem as testemunhas na audiência de instrução (nesse caso, as perguntas eram feitas pelo computador e o condutor da pesquisa, que estava em computador interligado, dava as respostas a partir de um banco de dados de respostas previamente organizado). Os juízes participantes que não podiam perguntar recebiam a totalidade das perguntas e respostas do banco de dados.

Como resultado, foi possível constatar, a uma, que o conhecimento prévio do inquérito policial pelo magistrado de fato aumenta significativamente as chances de condenação[290] e essas chances aumentam mais ainda se há também a possibilidade de inquirição pessoal das testemunhas. Com efeito, todos os 17 juízes que conheceram o inquérito condenaram, enquanto dos que não conheceram, 8 condenaram e 10 absolveram. Daqueles que podiam também inquirir testemunhas, 8 condenaram e nenhum absolveu. Dos que podiam inquirir, mas não tinham conhecimento do inquérito, 3 condenaram e 8 absolveram. A duas, os juízes com conhecimento prévio do inquérito não deram atenção e não absorveram o conteúdo defensivo produzido na audiência. A três, a impossibilidade de formulação de questionamentos próprios reduziu a atenção dos magistrados e sua memorização do conteúdo da audiência. Quem apresentou melhor índice de memorização foram os

---

[289] SCHÜNEMANN, Bernd. O juiz como um terceiro manipulado no processo penal? Uma confirmação empírica dos efeitos de perseverança e correspondência comportamental. Tradução de José Danilo Tavares Lobatto. *Revista Liberdades*, n. 11, set./dez. 2012. Disponível em: https://www.ibccrim.org.br/publicacoes/edicoes/453/7330. Acesso em: 1º jan. 2023.

[290] Conforme o próprio autor, "cumpre ressaltar que o inquérito é, em regra, parcial, eis que quase não é alimentado pela defesa." (*Ibidem*).

juízes que absolveram sem acesso ao inquérito, mas com a possibilidade de realizar pessoalmente a inquirição. A quatro, o maior número de perguntas foi formulado precisamente pelos juízes que tinham conhecimento prévio do inquérito e que condenaram (grupo que também apresentou pior nível no teste de memória). Os que menos perguntaram foram os que não tinham acesso ao inquérito e que absolveram (grupo que também apresentou o melhor nível de memorização). Assim, segundo o autor, a formulação de perguntas teria se aproximado mais de uma autoconfirmação da ideia inicial do que do aprimoramento na assimilação de informações.

Dentro dessa mesma pesquisa, foi conduzido um segundo experimento. Confeccionou-se um inquérito policial de forma a criar um quadro dúbio, o qual permitiria fundamentar tanto o oferecimento ou não da denúncia, quanto seu recebimento ou não. Os autos foram apresentados a promotores e juízes, divididos em um grupo que avaliaria o oferecimento da denúncia e outro que avaliaria o seu recebimento. Como resultado, o grupo responsável por analisar o oferecimento da denúncia entendeu pelo seu não cabimento, através de uma maioria de 2/3. Já os responsáveis pelo seu recebimento a acolheram, também por maioria. Além disso, enquanto 19 promotores, contra 6, consideraram que a denúncia não deveria ser oferecida, 23 juízes, contra 18, consideraram que ela deveria ser recebida.

Para o autor, isso é indicativo de que o juiz atua confiante que o promotor de justiça – que ele aceita como alguém confiável – já fez uma análise prévia da existência, no inquérito policial, de prova suficiente do fato e da autoria. Ou seja, a opinião do Ministério Público conduz à formação de um juízo desfavorável inicial ao acusado. E se, numa situação dúbia, a acusação cometer um erro, há poucas chances de ele ser corrigido pelo juiz criminal.

Avaliando todos os resultados, o autor concluiu pela comprovação de que os juízes têm propensão a persistir no desenho dos fatos que foi construído no inquérito policial, a menosprezar as informações dissonantes e a reter especialmente as informações redundantes. Teriam a propensão, além disso, de "tomar como norte de seu convencimento a prévia avaliação da acusação feita pelo Ministério Público".[291] Ainda de acordo com Schüneman, de fato o juiz e o defensor vivenciam de forma diferenciada os depoimentos, na medida que o primeiro os interpreta por uma perspectiva acusatória e o segundo, por uma perspectiva

---

[291] *Ibidem.*

garantista. Ademais, o juiz tomaria não "o defensor, mas o Ministério Público como a pessoa relevante e aceita à comparação".

Esses resultados dão conta de que há pesquisas que atestam a ocorrência no âmbito jurídico dos fenômenos descritos pelos estudos que citamos no tópico anterior.[292] De fato, o raciocínio dos juízes não se assemelha à de um modelo de cientista ideal, que assimila imparcialmente provas e argumentos e que chega a conclusões lógicas e racionais através de uma razão que, posteriormente, viria a ser explicitada em um documento jurídico. Ao contrário, os juízes formam suas convicções da mesma forma como as pessoas em geral formam opiniões sobre temas politicamente e socialmente controversos. Portanto, sua atuação está sujeita aos mesmos vícios que das pessoas comuns.

Além disso, parece claro que resistência psicológica e neurológica à persuasão constatada nas pessoas em geral também existe nos juízes. Esse fator é de extrema importância, porque contesta a ficção racionalista de que os embates públicos, em especial, os embates jurídicos, ocorrem primordialmente no plano da racionalidade. A racionalidade que se vê nas teses jurídicas, nas peças de acusação e de defesa e nas decisões judiciais ocultam fatores extrajurídicos e não racionais que não apenas são influentes, como chega a reconhecer a doutrina processual, mas são decisivos.

É sempre importante lembrar que o objeto das decisões dos juízes são essencialmente temas controversos, seja pela mera disputa entre as partes do processo, seja pelas cotidianas controvérsias doutrinárias e jurisprudências ou seja pelo caráter essencialmente político do Direito e das decisões penais – abordaremos com mais profundidade este ponto no próximo capítulo. É por isso que há clara semelhança entre o raciocínio dos juízes e a formação de opinião pelas pessoas em geral sobre temas socialmente controversos.

3.2.4 O fenômeno dos fundamentos apócrifos

Outro fenômeno já constatado empiricamente e que tem extrema relevância para o problema da motivação e do controle de imparcialidade são os chamados "fundamentos apócrifos" das decisões judiciais. Esses seriam os eventuais fundamentos verdadeiros de uma decisão que não poderiam, todavia, ser confessados, porque extrajurídicos ou ilegais.

---

[292] Ressaltamos que esses resultados não podem ser universalizados ou tomados como verdades, porque sujeitos às limitações metodológicas e geográficas da pesquisa.

O termo foi utilizado por Hassemer em texto que tratou mais amplamente do problema da prisão preventiva.[293] Especificamente quanto a esse ponto,[294] o autor destacou a dificuldade de se lidar com as estatísticas criminais, não apenas pela cifra oculta da criminalidade (defasagem entre os crimes efetivamente ocorridos e os crimes registrados), mas também porque esses números, quando pretendem auferir as razões das prisões, dariam conta mais da forma de manejo da criminalidade do que das motivações reais. Isso justamente por causa do fenômeno dos fundamentos apócrifos, conhecido já pelo menos desde a década de 70 através de pesquisas que indicavam que os juízes, diante da inexistência de amparo legal para prisão pelo perigo de reiteração delitiva naquela época, fundamentavam esses casos como perigo de fuga. O resultado foi confirmado por outras pesquisas.[295]

Acreditamos ser desnecessário citar mais pesquisas que atestam o fenômeno dos fundamentos apócrifos na prática judicial cotidiana, pois aquelas que já citamos nos tópicos anteriores também sugerem essa prática. Além disso, o fenômeno já é reconhecido por parte da doutrina processual, que geralmente aposta na exigência de motivação como a solução.

Ressaltamos, todavia, que é muito difícil exercer qualquer controle sobre essa prática, pois, como já destacado anteriormente, quase sempre é possível encontrar fundamentos aceitáveis[296] em qualquer direção, dentro de uma controvérsia jurídica ou factual. Então, ainda que a motivação real seja não confessável, há um espaço razoável para se encontrar argumentos juridicamente aceitáveis para se encobrir os

---

[293] HASSEMER, Winfried. *Crítica al Derecho Penal de Hoy*. Tradução de Patricia Ziffer. Buenos Aires: Ad-Hoc, 2003, capítulo IV.

[294] *Ibidem*, p. 111.

[295] "Con la expectativa correcta de tener más éxito entre los jueces de menores, se los interrogó acerca de los "verdaderos" fundamentos de la detención, con la suposición de que allí la detención sirve como una "intervención estacionaria de crisis" y como "apoyo estacionario para un tratamiento de prevención especial a más largo plazo". El resultado del interrogatorio, si bien es provisional y no representativo, resulta impresionante: de 14 jueces de menores del tribunal de primera instancia de Munich sólo uno respondió negativamente a la pregunta: "¿Existen fundamentos no escritos para la prisión?", y lo hizo en forma tan lacónica que se duda de que le haya entendido. Las respuestas de los trece restantes son sorprendentemente consistentes; en lo esencial, giran en torno a dos fundamentos para la detención. Se detiene por motivos "educativos" (la "pena" debe seguir inmediatamente al "hecho"), y se prepara una ejecución condicional (el afectado, con todo, ya ha sufrido una detención)" (*Ibidem*, p. 111-112)

[296] Aqui empregamos o termo "aceitáveis" não no sentido de que seriam fundamentos juridicamente corretos, mas de que, do ponto de vista da prática judicial, são fundamentos passíveis de serem aceitos pelas instâncias revisoras.

inaceitáveis. Essa depuração, todavia, não resolve o problema, porque não exclui o fato de que também seria possível proferir decisão em sentido contrário naquele mesmo caso, com outra motivação aceitável. Isto é, sendo possível uma motivação juridicamente aceitável para o deferimento ou indeferimento de um pedido, o que realmente pesa são os fatores extrajurídicos. No fim das contas, o decisivo é o não confessado e não aquilo que é declarado.

3.2.5 Motivação como racionalização

A partir de todos os elementos que citamos, podemos concluir que o modelo de motivação judicial construído pela doutrina processual, em que pese esteja orientado para uma racionalização da atividade judicial, não é capaz de cumprir com essa função.[297] É certo que esse problema é, em alguma medida, universal, já que os juízes são humanos aqui e em qualquer outro lugar do mundo. No entanto, essa questão se torna especialmente problemática no Brasil devido à já mencionada cultura de tolerância ao alto grau de subjetividade dos juízes. A seguir, tratamos do problema da racionalização já tendo em vista as práticas jurídicas nacionais.

Como vimos, o processo de formação da convicção se dá a partir de elementos intuitivos e emocionais, que fixam um norte inicial para a atividade cognitiva posterior. Esse norte frequentemente é o próprio desenho dos fatos construído no inquérito policial, o que pende o juiz, por regra, para o lado da acusação, como sugere a pesquisa de Schüneman. Mas esse norte também pode ser formado por outros elementos não racionais, absolutamente fora de qualquer controle, e que podem pender o juiz para qualquer direção, inclusive em favor da defesa.

A fase cognitiva não é desempenhada de maneira imparcial. Ao contrário, o juiz, como qualquer ser humano, sofre dos vieses de confirmação e desconfirmação e é incapaz de analisar de forma neutra a produção probatória das partes. Devido à sua posição, é de se esperar que o juiz também sofra do efeito de sofisticação, já que conta com um grande arcabouço retórico capaz de justificar seu ponto de vista inicial

---

[297] Mesmo quando bem-sucedida, a racionalização é sempre a confecção de uma vestimenta, pois "el derecho no es racional, objetivo, abstrato y universal. Es tan irracional, subjetivo, concreto y particular como racional, objetivo, abstracto y universal" (OLSEN, Frances. *El sexo del derecho*. Disponível em: http://www.derechoshumanos.unlp.edu.ar/assets/files/documentos/el-sexo-del-derecho.pdf. Acesso em: 2 fev. 2023. p. 152).

a despeito da argumentação das partes. Pesa ainda o fato de que, em razão de seu poder jurisdicional de estabelecer a verdade sobre os fatos, o juiz sequer precisa realmente superar racionalmente o argumento das partes.

Portanto, e considerando as pesquisas citadas, não é possível se esperar que, por regra, os magistrados conduzam a fase da instrução como cientistas ideais interessados em descobrir a verdade sobre determinado objeto. O modelo mais plausível é de uma pessoa que já tem uma intuição inicial sobre o caso e que busca elementos para confirmar essa posição, ainda que, a depender da intensidade dessa intuição, possa estar mais ou menos suscetível a mudar de posição. Em alguns casos, é de se esperar que o juiz já tenha formado uma convicção forte, não suscetível a nenhum tipo de persuasão.

Uma vez tomada a decisão, o magistrado, como já dito, sempre tem condições de justificar a sua posição seja ela qual for. E isso faz da motivação uma atividade essencialmente retórica e que pode ou não estar relacionada com a motivação real da decisão.

Aqui é preciso destacar mais um ponto. As pesquisas que citamos indicam a baixa eficácia da persuasão da argumentação racional quando o indivíduo já tem uma posição formada sobre determinado assunto. Isso significa que por melhor que seja a argumentação jurídica da parte, e por mais correta que esteja do ponto de vista técnico e científico, ela não é um fator capaz de, por si só, fazer o magistrado mudar de ideia caso ele já tenha tomado uma decisão acerca do que é justo sobre o caso.

Dentro desse problema, está a questão da força persuasiva da argumentação baseada na doutrina processual. Como dito, por mais correta e científica[298] que seja a tese jurídica, ela não tem força persuasiva por si só. Essa persuasão depende do valor que o magistrado em questão dá para o trabalho doutrinário. Um juiz que é pesquisador e acadêmico e zela pelo rigor científico pode vir a mudar de posição se for convencido de que sua ideia inicial é equivocada do ponto de vista científico. Já um magistrado que não dá esse valor para a doutrina não estará suscetível a esse tipo de persuasão. Importante notar que esse apreço pela dogmática é sempre opcional, porque nada obriga o

---

[298] A referência aqui à cientificidade das teses acadêmicas não pretende apelar à suposta neutralidade das mesmas pois, como já exposto, também as ciências sofrem de enviesamentos e parcialidades. No campo do Direito, que é essencialmente político, esses enviesamentos são frequentemente evidentes. O que pretendemos argumentar é que se o magistrado decide submeter seus próprios entendimentos a consensos considerados científicos, isso se trata de uma limitação que ele próprio se impõe.

magistrado a proceder dessa forma – ainda que uma formação acadêmica forte e outros aspectos culturais possam ter influência nessa escolha. Quanto aos argumentos de natureza jurisprudencial, a questão parece ser um pouco diferente. Isso porque o magistrado em questão pode ponderar as chances de sua decisão vir a ser reformada pelas instâncias revisoras e, a partir disso, avaliar se vale ou não a pena se alinhar ao precedente citado. Caso queira manter a sua posição, quase sempre é possível retoricamente argumentar que o caso em questão difere do precedente citado.

Com relação aos destinatários da argumentação, ainda que a doutrina processual considere aí as partes e toda a sociedade, o fato é que para que a decisão não seja modificada, as únicas que precisam ser convencidas pela motivação são as instâncias revisoras. Assim, o magistrado concreto pode ter o sincero objetivo de produzir convencimento nas partes e no restante da sociedade. Porém, ele também pode não ter esse objetivo e isso não está suscetível de controle.

As chamadas "fundamentações carimbo" – motivações essencialmente abstratas que são amoldáveis a uma infinidade de processos diversos e que nem mesmo mencionam os contornos do caso concreto julgado – são um exemplo de argumentação que não tem qualquer pretensão de convencimento da parte vencida (porque não demonstra que houve análise das particularidades do caso, nem que os argumentos da parte foram apreciados e superados), mas que é suficiente para ser confirmada pelas instâncias revisoras (frequentemente através de nova fundamentação carimbo). Apesar de vedadas, são recorrentes na prática judicial.[299] O mesmo vale para decisões com argumentações

---

[299] São decisões que fazem considerações abstratas sobre os conceitos jurídicos em tese aplicáveis, mas sem o enquadramento no caso concreto ou com enquadramento puramente genérico. A jurisprudência do STF já há muito tempo é expressa ao considerar nula esse tipo de fundamentação: "A melhor prova de inexistência de fundamentação de uma decisão é a que o texto que pretende satisfazer à exigência sirva à decisão de qualquer causa" (HC 75731/PA, 1ª Turma, Rel. Sepúlveda Pertence, Dj de 17.04.98). Ainda, o novo CPC traz previsão expressa vedando esse tipo de prática: "Art. 489. §1º não se considera fundamentada qualquer decisão judicial, seja ela interlocutória, sentença ou acórdão, que: [...] II – empregar conceitos jurídicos indeterminados, sem explicar o motivo concreto de sua incidência no caso; III – invocar motivos que se prestariam a justificar qualquer outra decisão". Apesar das vedações, esse tipo de decisão é comum, inclusive no próprio STF, quando tratam de questões de menor importância ou temas que são recorrentes. Tomamos por exemplo uma decisão qualquer que encontramos em poucos segundos na busca jurisprudencial do tribunal: RHC 194567 (Decisão monocrática, Rel. Min. Lewandoski, Dje de 01.06.21), em que a decisão apenas transcreve o que foi dito pelo acórdão recorrido e conclui que "Dissentir do que decidido pela instância de origem demandaria o reexame do conjunto fático-probatório constante dos autos, o que é inviável na estreita via do habeas corpus". Essa conclusão, que não explica os porquês da decisão, poderia ser replicada

excessivamente genéricas e abstratas ou que realizam a falácia do espantalho, com generalização ou deturpação dos argumentos das partes (a interpretação enviesada de um argumento de uma parte, modificando-o de forma a o encaixar numa linha de precedentes consolidada).

Também podemos considerar, por outro lado, que, em casos de grande repercussão midiática, em que se sabe que a decisão será lida por jornalistas e professores, há maior chance de o magistrado ter a preocupação de esclarecer os motivos para toda a sociedade.

Frise-se que aqui apenas estamos constatando a prática judicial e não estamos fazendo qualquer crítica aos magistrados. Uma crítica dessa natureza dependeria da análise das condições materiais dos próprios magistrados, que muitas vezes lidam com um número de processos avassalador e precisam se valer de estratégias para dar vazão ao máximo de processos no menor tempo possível – não é nossa pretensão fazer esse tipo de análise aqui.

É muito importante observar que, por regra, a única forma de controle a que pode ser submetida a decisão é a da revisão das instâncias competentes. Esse controle é bastante limitado, porque, naturalmente, não pode constatar se a motivação do documento jurídico corresponde à motivação real. Além disso, esse controle se dá também no limite da opinião, como já destacado, na medida em que o que basta para que a decisão seja mantida é que o revisor ou o colegiado de revisores concordem com o teor da decisão revisada e não reconheçam nenhuma ilegalidade. Quando a revisão chega nos tribunais superiores, essa análise é ainda mais limitada em razão da natureza dos recursos e das ações passíveis de tramitarem naquelas cortes.

As pesquisas de Baptista e Khalil confirmam o fenômeno da motivação como racionalização. Já mencionamos que ambos os entrevistadores ouviram com frequência de seus entrevistados juízes que eles primeiro decidem qual é a solução para o caso e apenas depois buscam construir a fundamentação racional. Como disse um desembargador entrevistado por Baptista, bem ilustrando esse cenário: "Todo mundo sabe que a primeira parte da sentença é o procedente ou o improcedente, né? Isso vem antes de tudo. Depois a gente fundamenta".[300] A confirmação empírica do fenômeno é tão vasta que deixamos de nos aprofundar aqui nesse ponto.

---

em dezenas de milhares de casos, apenas adaptando o trecho transcrito da decisão impugnada.
[300] BAPTISTA, *Paradoxos e ambiguidades...*, p. 506.

Passamos às particularidades. A pesquisa de Baptista confirma, em primeiro lugar, que é comum o uso das decisões genéricas às quais já nos referimos. Estas são descritas pela autora como assemelhadas a etiquetas colocadas em produtos produzidos através de uma linha de montagem.[301]

Outro fenômeno destacado por Baptista é a delegação da função de fundamentação pelo juiz à sua assessoria. A autora destaca que esse assunto é um tabu, na medida em que se criou no imaginário jurídico a ideia de que um juiz jamais delegaria sua função de julgar a funcionários. Porém, tanto a pesquisa de Baptista quanto a de Sampaio[302] atestam que a prática é comum. Observamos que essa delegação pode acontecer no nível da redação da decisão, ainda que o juiz possa revisar o texto escrito ou simplesmente orientar verbalmente essa assessoria a como o documento jurídico deve ser elaborado. Isso pode acontecer também através da delegação da análise do caso para a assessoria, que propõe, então, uma minuta de decisão a ser aceita ou não pelo julgador, que a assinará. Nesse caso, quem efetivamente se debruça sobre o processo propriamente dito é a assessoria.

O volume de trabalho dos órgãos do Poder Judiciário pode tornar compreensíveis essas práticas. Tomamos como exemplo o boletim estatístico fornecido pelo STJ. Ali podemos constatar que, por exemplo, a Ministra Laurita Vaz, entre 1º e 30 de junho de 2022, proferiu 1315 decisões, sendo que delas 1272 foram decisões monocráticas e 43 foram acórdãos de sua relatoria julgados pelo colegiado. Considerando que esse mês teve 21 dias úteis, podemos calcular que, em média, a Ministra proferiu 62,61 decisões por dia. Nesse cenário, é evidente que um juiz nessa posição, para evitar o acúmulo de trabalho, precisa recorrer a mecanismos de vazão de processos em grande fluxo. A partir desses

---

[301] A autora informa que, por uma opção metodológica, decidiu não explorar mais a fundo os dados etnográficos relacionados a essa questão. (*Ibidem*, p. 510)

[302] SAMPAIO, Luiz Fernando de Souza. *A Mão Invisível da Justiça Criminal: a Atuação dos Serventuários da Justiça nas Rotinas Cartorárias das Varas Criminais Cariocas*. Orientador: Roberto Kant de Lima. Tese (Doutorado em Direito). Universidade Veiga de Almeida. Rio de Janeiro, 2021. Com base em sua pesquisa empírica, autor destaca que "a criação textual não é um trabalho solitário do juiz. Em todos os cartórios, será fato que os serventuários são coautores destes textos decisórios. Em alguns casos, apenas faziam relatórios das sentenças e decisões, em outros apenas os despachos sem valor decisório (mero expediente), mas há casos em que a produção textual é tarefa dos serventuários quase que em sua totalidade" (*Ibidem*, p. 172). Indica, também, o quanto esse trabalho não é padronizado em todas as varas e depende do perfil do próprio juiz, que define o nível da delegação, além de que essa coautoria é costumeiramente mantida em segredo, de forma que os usuários da justiça criminal não têm qualquer informação sobre como são produzidas as decisões (*Ibidem*, p. 173).

números, parece impensável que um Ministro do STJ possa redigir pessoalmente cada uma das decisões, ou mesmo que possa revisar pessoalmente cada um dos textos. Isso não significa que o juiz não tenha controle do que está sendo decidido, o que pode ser feito, como dito, pela via da orientação verbal. Mas obviamente há uma defasagem se comparado com o modelo ideal. Como analisar o processo decisório do juiz para determinada decisão se em verdade ela decorre da anuência com uma minuta proposta pelo assessor com base no que este acreditava que seria a solução que seu juiz daria para aquele caso?

Baptista menciona que, inclusive, dois de seus interlocutores lhe disseram que gostariam que fosse feita pesquisa empírica sobre essa delegação de funções, considerando o problema de que a legislação, que prevê a suspeição e o impedimento de magistrados, não prevê esses mesmos mecanismos para o caso de assessores parciais. Essa omissão, aduz Baptista, é óbvia, porque essa delegação é invisibilizada, o que também impede seu controle. A autora ainda destaca que na prática judicial é comum que os advogados despachem e entreguem memoriais para assessores, em vez de para os próprios juízes, e que entre esses causídicos eventualmente se diz que isso é até mais eficaz, porque seriam esses funcionários aqueles que efetivamente redigiriam as decisões.

Outro ponto destacado por Baptista é a necessária depuração dos elementos emocionais da decisão. A autora observa que há um grande paradoxo sobre como se espera que os magistrados lidem com suas emoções. Reconhece-se que "a sentença é fruto do sentimento ou da sensibilidade do magistrado", mas, ao mesmo tempo, esse mesmo julgador "não pode expressar o que sentiu" e para parecer imparcial deve esconder esses sentimentos.[303] Baptista observa também que durante as sessões dos julgamentos colegiados, os magistrados costumam expressar suas opiniões pessoais, fazer juízos valorativos e explicitar suas moralidades, mas o voto escrito posterior geralmente não traz nenhum desses elementos e contém uma linguagem muito mais técnica.[304][305] Uma interlocutora magistrada lhe disse: "Quando dizemos

---

[303] BAPTISTA, *Paradoxos e ambiguidades...*, p. 515
[304] *Ibidem*, p. 520.
[305] Serve como exemplo um interessante caso, que envolvia acusação de estupro de vulnerável, no qual no julgamento da apelação o Desembargador que abriu a divergência pela condenação confessou oralmente o quanto o caso lhe emocionou, chegou a mencionar que a vítima lembrava sua neta, proferiu ofensas pessoais contra o réu, mas nada disso se fez presente no voto escrito. O julgamento foi posteriormente anulado pelo STJ em razão da parcialidade demonstrada pelo Desembargador no julgamento da apelação. Essa parcialidade só pôde ser verificada porque a sessão de julgamento foi gravada em vídeo.

o que pensamos, nos damos mal. Não é pra dizer. É pra fingir que não temos preconceito, que não temos intuição".[306]

Todos os elementos que apontamos indicam que a atividade de motivação é essencialmente uma racionalização. Isto é, dá-se fundamentos racionais para uma decisão cujo processo mental é por regra desconhecido e está fora de controle.

Diante dessa conclusão, podemos fazer um contraponto com o modelo construído pela doutrina processual. Conforme já destacamos, há autores que, embora reconheçam a influência de fatores extrajurídicos na atuação jurisdicional, confiam que a exigência de motivação seria capaz de produzir uma depuração voluntária dessas influências em níveis tais que a decisão judicial se tornaria democraticamente idônea e capaz de se sustentar tão somente pela fundamentação do documento jurídico. É o caso de Gomes Filho, que mesmo ponderando a possibilidade de que o julgador dissimule os motivos reais da decisão, sugere que a inconsistência gerada poderia ser submetida a controle.

De nossa perspectiva, essa é uma visão excessivamente otimista. Entendemos, com base no que expusemos até o momento, que a racionalização pode esconder de maneira eficaz os motivos reais da decisão a ponto de estar fora do alcance de qualquer controle formal. Basta que o magistrado consiga encontrar fundamentos convincentes, o que quase sempre é possível.

Esse fator prejudica de forma direta o controle da imparcialidade, já que as atuações parciais podem ser racionalizadas através de fundamentação juridicamente aceitável. Isto é, a exigência de motivação das decisões judiciais é um mecanismo extremamente precário no controle da imparcialidade.

Cabe ainda considerar que de todas as funções intraprocessuais atribuídas pela doutrina pessoal à motivação das decisões judiciais, que indicamos em tópicos anteriores, entendemos que são cumpridas apenas aquelas que dizem respeito à delimitação da coisa julgada, à garantia da viabilidade do duplo grau de jurisdição e à garantia da publicidade dos atos processuais. As demais funções intraprocessuais indicadas não parecem ter efetividade. De fato, e com base no que já

[Cf. HC n. 718.525/PR, relator Ministro Olindo Menezes (Desembargador Convocado do TRF 1ª Região), Sexta Turma, julgado em 26/4/2022, DJe de 29/4/2022.]. Observação: Informamos o leitor, para fins de transparência da pesquisa, que o autor desta tese atuou como advogado nesse processo e é impetrante do habeas corpus referido.)

[306] BAPTISTA, *Paradoxos e ambiguidades...*, p. 527.

apresentamos, parece claro que não há como se esperar que a motivação comprove a efetividade da cognição ou o efetivo respeito ao contraditório, uma vez que essa cognição está, pela sua natureza, está sujeita aos vícios já mencionados. Também não há como considerar que a motivação assegura a independência e imparcialidade do Poder Judiciário, simplesmente porque os motivos reais e que poderiam inclusive denotar pontualmente uma falta de autonomia do magistrado, podem ser dissimulados.

Essa defasagem se deve ao fato de que o modelo de exigência da motivação judicial é construído em cima do modelo racionalista, que parte dos pressupostos de que a atuação dos magistrados é essencialmente racional, que há uma cognição neutra dos elementos processuais, que os impulsos emotivos são passíveis de serem controlados pela própria pessoa tão somente a partir de uma disciplina ética e que o documento jurídico é passível de revelar para as instâncias de controle quaisquer desvios. Não é assim, porém, que os juízes decidem e elaboram as suas decisões. Ainda que o norte estabelecido por esse modelo seja inquestionavelmente democrático, ele desconsidera o real funcionamento do raciocinar humano e, assim, está fadado a um déficit de implementação.

3.3 Exceções de suspeição e impedimento como forma de controle da imparcialidade

Passamos agora a analisar os mecanismos que o próprio CPP fornece para se proteger a imparcialidade e remover do processo o juiz sobre o qual recai suspeita de parcialidade. Inicialmente apresentaremos a ideia central dos mecanismos e em seguida passaremos a analisar o seu funcionamento.

3.3.1 A exceções no CPP

Inicialmente, destacamos alguns pontos fundamentais que norteiam a ideia dos mecanismos de recusa no processo penal. Nesse sentido, e inspirados nas observações de Leubsdorf acerca do processo penal americano,[307] podemos elencar cinco princípios essenciais do modelo de proteção da imparcialidade. Esses princípios são percebidos

---

[307] LEUBSDORF, *Theories of judging...*, p. 240-243.

em parte na legislação e em parte na prática jurisprudencial e funcionam como a alma que fundamenta e guia o sistema de recusa.

Primeiro princípio: há motivos fortes que podem influenciar o ânimo do juiz de forma a o fazer julgar em desacordo com a lei. Quando um desses motivos está presente, o juiz não deve julgar o caso. Esse princípio é o fundamento essencial que reconhece que determinados fatores podem levar o juiz a julgar em interesse próprio ou que tornam pouco crível que ele possa fazer um julgamento imparcial e, portanto, justifica a existência de um sistema que permita o remover nessas ocasiões.

Segundo: não deve haver recusa se todos os juízes se encontram na mesma situação em questão. Esse princípio ressalva um problema prático. Se o fator que pode gerar desconfiança sobre a imparcialidade do juiz é aplicável a qualquer magistrado, não adianta fazer a remoção, porque o substituto incidirá no mesmo problema. Por exemplo, como todos os juízes têm alguma crença religiosa (ou ausência de crença), a religião do julgador no caso concreto não pode ser motivo para recusa. Assim, se a causa envolve um interesse de uma igreja específica e que, por acaso, é da religião do juiz, ele não poderia ser removido do caso. Isso também se aplicaria quando a questão envolve um benefício que afeta todos os juízes, como a discussão sobre algum auxílio ou indenização a ser recebido pelos mesmos.

Terceiro: há um procedimento processual específico para se resolver questões de suspeição e impedimento do magistrado e ele deve ser respeitado. A ideia é que a discussão sobre a suspeição deve ocorrer dentro das regras do procedimento criado para esse fim. No Brasil, em matéria penal, é importante frisar que apesar do procedimento das exceções, a discussão sobre a imparcialidade pode ocorrer pela via do habeas corpus.

Quarto: mesmo se um juiz, no seu íntimo, em tese não for parcial, ele deve ser removido do processo se há motivos que permitam que a expectativa de imparcialidade seja racionalmente colocada em dúvida. Esse princípio consagra a tese da imparcialidade objetiva, que impõe a exigência de que o julgador zele pela sua aparência de imparcialidade de forma a inspirar confiança nos jurisdicionados e no restante da sociedade.

Quinto: se a motivação que o juiz apresenta está baseada em provas e argumentos produzidos no processo concreto, ele não deve ser recusado. Sobre esse princípio, destacamos que sua adaptação ao processo penal brasileiro pode ser questionada, na medida em que seria possível perceber a parcialidade do juiz, por exemplo, pela condução enviesada de uma oitiva de testemunhas, pela valoração enviesada dos elementos de prova, entre outras razões. Porém, é fato que é comum que se defenda a presumida imparcialidade do juiz justamente se alegando que sua decisão está baseada nos elementos do processo. Por isso, optamos por manter esse como um dos princípios que norteiam a construção do modelo de recusa adotado na prática judicial.

Tratando agora especificamente da legislação infraconstitucional brasileira, podemos observar que o Código de Processo Penal traz como mecanismos de proteção do direito a um tribunal imparcial a possibilidade de que as partes se valham de exceções como recursos processuais que suscitam ao próprio magistrado que reconheça a existência de uma circunstância que lhe torna suspeito ou impedido. Caso esse magistrado não acolha a alegação da parte, esse recurso permite que se submeta à instância revisora essa alegação de quebra da expectativa de imparcialidade.

Com esse propósito, o artigo 95 do CPP prevê em seu inciso I a exceção de suspeição e, em seu artigo 112, a exceção de impedimento. O rito a ser seguido por esses recursos é aquele estabelecido nos artigos 96 e seguintes. Em resumo, ao receber a arguição o magistrado poderá a acolher, declarando-se suspeito ou impedido e remetendo os autos a seu substituto (artigo 99). Caso não acolha o argumento da parte, o magistrado deverá autuar a petição em apartado, dar sua resposta e, em seguida, remeter o processo a quem competir o julgamento (artigo 100). Essa exceção poderá ser rejeitada liminarmente pelo relator ou submetida a julgamento (artigo 100, §1º e §2º). Caso seja acolhida a suspeição ou impedimento, os atos praticados pelo magistrado são reconhecidos como nulos (artigo 101). O CPP ainda prevê que se for reconhecido erro inescusável do juiz, este deverá pagar as custas, assim como se reconhecida a malícia do excipiente, este deverá ser multado (artigo 100).

O próprio juiz pode se reconhecer suspeito ou impedido espontaneamente, se reconhecer que, por qualquer das razões, não pode corresponder às expectativas de imparcialidade. Em que pese o artigo 97 indique que, nesses casos, o magistrado deverá declarar o motivo legal que o leva a esse reconhecimento, na prática judicial é usual que essa declinação se dê por "motivo íntimo", sem que seja especificado no que este consiste.

Com relação às hipóteses de impedimento e suspeição, elas estão previstas nos artigos 252 e 254, respectivamente. No próximo capítulo analisaremos em detalhes cada uma dessas hipóteses e suas dificuldades, bem como a controvérsia sobre a taxatividade ou não desses róis.

A partir desse quadro legislativo, é correto afirmar que o ordenamento jurídico fornece um mecanismo processual destinado a proteger o direito a um tribunal imparcial, dando a possibilidade de que o próprio juiz reconheça a impossibilidade de atuar nesse processo e, caso não o faça, que as partes submetam a questão à instância revisora.

3.3.2 A ineficiência das exceções como mecanismo de controle da imparcialidade

Como observamos no tópico anterior, formalmente há um mecanismo processual destinado a proteger a exigência de imparcialidade. Porém, ao se analisar o funcionamento prático desse mecanismo, constatamos uma série de problemas.

Inicialmente, ressalvamos que as dificuldades não estão relacionadas aos casos de impedimento em que se tem um critério totalmente objetivo, como a proibição de que o magistrado julgue um processo em que é parte seu cônjuge ou um processo em que ele próprio desempenhou uma atividade anterior em outro papel processual. Em tais casos, normalmente o próprio sistema de distribuição dos tribunais já se encarrega de evitar que algum juiz receba um processo em que está impedido de atuar.

Os problemas se verificam especialmente nos casos de suspeição, nos quais há uma margem razoável de interpretação das hipóteses legais e há dependência de uma valoração pessoal sobre a prova de parcialidade produzida por quem a alega. Elencamos abaixo os principais problemas.

Em primeiro lugar, há uma dificuldade enorme em se produzir provas que atestam um ânimo de parcialidade dos magistrados. Com efeito, pela natureza do objeto de prova, é sempre muito difícil comprovar, por exemplo, que há uma relação de amizade íntima entre o juiz e uma parte ou que há um interesse pessoal do julgador na causa.

Em segundo lugar, é o próprio corpo de juízes quem define se a prova produzida é suficiente ou não e quais são os critérios exatos que permitem classificar um magistrado como suspeito. Ou seja, são os próprios juízes que estabelecem seus próprios limites. Ocorre que há, naturalmente, uma tendência corporativista ao se analisar os limites do próprio poder. E a presunção de legitimidade dos atos dos magistrados funciona como mais uma barreira, já que sempre pode servir como um artifício retórico para se sobrepor aos elementos fáticos concretos. Assim, é muito difícil, por exemplo, obter o reconhecimento de que determinado ato do magistrado comprova seu interesse na causa ou que determinada conduta pode ser classificada como um aconselhamento.

Tratando desses dois problemas, Leubsdorf pondera que, de fato, os juízes não são obrigados a dizerem o que realmente pensam em seus íntimos,[308] isto é, a confessarem que realmente têm um ânimo parcial com relação a determinada parte ou advogado no processo concreto. A parte fica, assim, com o dificílimo ônus de comprovar essa parcialidade apenas a partir dos atos que estão documentados e torcendo para que apareça mais algum elemento que possa servir como meio de prova. Mas, ainda que consiga formar um quadro probatório razoável, ele sempre está sujeito a simplesmente ser interpretado como insuficiente.[309] Para o autor, os princípios essenciais da recusa (que apresentamos no tópico anterior) estão sempre sujeitos a serem manobrados para manter o juiz no processo, se essa for a vontade do intérprete. Segundo ele, geralmente os juízes mais parciais são os menos dispostos a se retirar do processo e os mais tendenciosos são precisamente os mais convencidos de que agem justamente.[310] Sempre podem, por isso, apresentar uma retórica que indique que a prova da parcialidade é insuficiente e que suas conclusões derivam exclusivamente das provas dos autos,[311] o que pode também vir a ser repetido pelas instâncias revisoras. Ou seja, há muito espaço para subjetividade do intérprete e a negativa da recusa pode sempre ser racionalizada.

Precisamente nesse sentido está o resultado da pesquisa empírica de Baptista. A autora relata que se deparou com inúmeros autos de exceções de suspeição em que havia quantidade significativa de prova produzida atestando os fatos alegados pelos excipientes, e cujos pedidos até poderiam ser negados pelo mérito da questão, mas que foram simplesmente rejeitados com o fundamento de insuficiência probatória.[312]

---

[308] LEUBSDORF, *Theories of judging...*, p. 242.

[309] *Idem*.

[310] *Ibidem*, p. 245 e 277.

[311] *Ibidem*, p. 243-244.

[312] Sobre o problema da prova, Baptista aduz que em suas pesquisas chamou a atenção o número de arguições rejeitadas a pretexto de falta de provas: "Durante minha pesquisa, fiquei surpresa – tanto na análise da jurisprudência, como também na dos autos processuais que eu fotocopiei – com a quantidade de casos distintos, complexos, longos, que eram, todos, rejeitados pelo mesmo argumento: 'falta de provas'. Alguns processos que eu fotocopiei traziam atas das audiências realizadas; um rol de testemunhas que presenciaram o fato imputado como suspeito pelo advogado; além de peças e despachos indicativos do comprometimento do magistrado; mas, mesmo assim, eram rejeitados sob a categoria 'falta de provas'. Um caso específico que eu acessei compunha autos processuais de 422 folhas! A exceção foi considerada 'manifestamente infundada' porque baseada em 'meras conjecturas não comprovadas'. Neste processo, o próprio Ministério Público, que atua como fiscal da lei nesses incidentes, havia requerido a produção de prova testemunhal, corroborando o pedido do advogado do excipiente. O Tribunal negou a oitiva das teste-

Em terceiro lugar, a jurisprudência dos tribunais superiores é predominante no sentido de que os róis dos artigos 252 e 254 do CPP são taxativos. No próximo capítulo analisaremos em detalhes esse entendimento. Adiantamos neste momento que essa linha de precedentes favorece a recusa das arguições, na medida em que permite não discutir se há ou não parcialidade do magistrado a partir dos fatos indicados pelo excipiente caso a arguição não se amolde a uma das hipóteses previstas no CPP. Isso significa que os juízes parciais, cuja causa da parcialidade não está abarcada pelos róis do CPP, não podem ser removidos do processo.

Em quarto lugar, ainda pesa o estigma que muitos magistrados atribuem ao rótulo de suspeito. Não é raro que os magistrados interpretem a arguição de suspeição como uma desconfiança com relação ao seu profissionalismo e à sua moralidade.

Aqui também a pesquisa de Baptista nos fornece elementos interessantes. Aduz a autora que "a adjetivação do juiz como 'suspeito' (...) foi marcada pelos meus interlocutores como causa da afetação daquilo que eles mais estimam: a sua 'boa' imagem".[313] Segundo ela, entre seus interlocutores juízes, a exceção de suspeição era frequentemente chamada de "acusação" e de "um ataque pessoal" contra a imagem do julgador. Baptista relata casos de juízes que efetivamente se manifestaram ofendidos por terem sua imparcialidade questionada, inclusive chegando a pedir providências ao Ministério Público contra o advogado do excipiente.[314]

Uma consequência desse estigma, também observada por Baptista, é que muitos advogados têm receio de fazer uso desse mecanismo processual porque isso poderia desgastar sua relação com aquele juiz e ainda terminar por prejudicar a parte.

Diante de todos esses fatores, não surpreendem os indicativos de que o grau de eficácia das exceções de suspeição, como mecanismos de controle da imparcialidade dos magistrados, é baixíssimo.

Baptista relata que em toda sua pesquisa, e pelo levantamento de julgados pelo Tribunal de Justiça do Rio de Janeiro entre 1975 e 2012, não encontrou nenhum caso de exceção de suspeição que tenha sido acolhida por órgão colegiado daquela Corte. Ela constatou que as arguições, que já são raras por si só, costumam ser julgadas monocraticamente pelo

---

munhas. E, apesar disso, rejeitou a exceção por falta de provas" (*Paradoxos e ambiguidades...*, p. 125-126).
[313] *Ibidem*, p. 132-133.
[314] *Ibidem*, p. 172 e ss.

desembargador relator, que geralmente as considera mera irresignações infundadas e as julga como manifestamente improcedentes.[315] Baptista notou, ainda, que nas pouquíssimas exceções que foram levadas a julgamento pelo colegiado, era comum a prática de omitir do voto as motivações valorativas que ensejaram o pedido de recusa. Isto é, os acórdãos não expunham a causa fática do argumento de suspeição. Frequentemente os casos eram julgados em bloco pela ementa, que não revelava nada sobre o caso em discussão, e a questão era resolvida com uma saída processual, sem a discussão do mérito.[316]

Carvalho realizou levantamento de todas as arguições de suspeição e de impedimento de Ministros que foram apresentadas ao STF entre 1949 (data da primeira arguição) e maio de 2017.[317] O resultado, segundo ele, foi "um grande e eloquente silêncio".[318] Apesar de o regimento interno do Tribunal (artigo 282) estabelecer que os incidentes devem ser julgados pelo Plenário, nenhuma das 133 arguições analisadas foi levada ao colegiado. Algumas foram rejeitadas liminarmente pela Presidência, outras restaram prejudicadas e outras foram indeferidas com o fundamento de manifesta improcedência. Nenhuma teve êxito. Carvalho relata cenário parecido com o descrito por Baptista: casos dos mais diversos que acabam sempre no mesmo resultado.

Esses dados sugerem, enfim, que as exceções, especialmente a de suspeição, são bastante ineficazes no cumprimento das funções a elas atribuídas. O único controle que se mostra realmente eficaz é aquele realizado pelo próprio juiz. Ou seja, o próprio juiz, quando considera que não tem condições de julgar aquele processo com isenção, acolhe o pedido do excipiente ou se declara suspeito espontaneamente. Obviamente que é ineficaz um sistema que atribui o controle justamente a aquele que deve ser fiscalizado.

---

[315] *Ibidem*, p. 119.
[316] "Estes casos, diante do que pude perceber, eram distintos em suas histórias e motivações, mas dentro dessa diferença guardavam um aspecto comum que os aproximava: todos eles eram recebidos pelos desembargadores como casos de 'mero inconformismo da parte com a decisão judicial'; 'hipótese não elencada no rol taxativo do art. 135 do CPC' ou 'ausência de prova de suspeição'.
Neste amplo leque de hipóteses entrava tudo: casos de prejulgamento; compadrio entre o advogado e o julgador; situações em que o julgador e o advogado eram colegas de universidade; amizade entre os filhos do julgador e do advogado; julgador ex-vizinho de uma das partes; juiz que publicou livro ou tese jurídica sustentando posicionamento ideológico sobre o tema objeto do processo; dentre inúmeras outras" (*Ibidem*, p. 124).
[317] CARVALHO, *Imagens da Imparcialidade...*, posição 5298 e ss.
[318] *Ibidem*, posição 5321.

É interessante observar que, por outro lado, e de forma paradoxal, não há controle sobre esse controle exercido pelo próprio magistrado, o que pode gerar consequências problemáticas. Como indica Leubsdorf,[319] a mesma retórica que serve para se manter no processo também pode servir para se afastar do caso, se o magistrado assim quiser. Ou ainda, o magistrado pode se declarar suspeito sem dar explicações.

A pesquisa de Baptista nos fornece algumas informações importantes sobre a autodeclaração de suspeição em situações nas quais o magistrado não se considera realmente parcial. Alguns juízes por ela entrevistados demonstraram preocupação pela simples existência da suspeição arguida, e, assim, para evitarem se expor perante o tribunal revisor, temendo que isso poderia prejudicar suas imagens, optavam por se reconhecerem suspeitos por motivo de foro íntimo.[320] Desse modo, não precisavam declarar as razões e poderiam eles mesmos encaminhar os autos ao substituto, evitando a publicização do fato.

Essa pesquisa também constatou que a declaração de suspeição ocorre igualmente com finalidades diversas, bem mais problemáticas. Segundo a autora, alguns dos magistrados entrevistados lhe revelaram que inspeções realizadas pelo CNJ chegaram a constatar casos, ainda que isolados, de Varas com 1/3 ou até ½ dos processos com declaração de suspeição por foro íntimo.[321] Ela também recebeu relatos de outras situações bastante inusitadas, como de juiz que se declarava suspeito sempre que o processo tinha mais de quatro volumes. Esses fatos, ainda que provavelmente tenham sido identificados pelo CNJ, dão conta da possibilidade de que a declaração de suspeição por foro íntimo se dê por razões diversas do efetivo sentimento de parcialidade.

Essas circunstâncias todas também dão conta, como observa Baptista, de um problema que é central: a relação dos juízes com as exceções e a autodeclaração de suspeição é pessoal e depende da moralidade própria.[322] Alguns juízes sempre lutam para se manter no processo, a pretexto de que o reconhecimento de imparcialidade seria uma desonra, enquanto outros preferem se reconhecer suspeitos para evitar a discussão, o que consideram que também poderia manchar a sua imagem. Mais que isso, alguns juízes não veem problema em julgar, por exemplo, processos envolvendo filhos de seus amigos, enquanto

---

[319] LEUBSDORF, *Theories of judging...*, p. 244.
[320] BAPTISTA, *Paradoxos e ambiguidades...*, p. 137.
[321] *Ibidem*, p. 147.
[322] *Ibidem*, p. 142.

outros não se sentem à vontade e se declaram suspeitos. Tudo depende de como aquele juiz concreto interpreta a situação.

Um outro fator que prejudica o controle de imparcialidade é o uso indevido das exceções pelas partes e advogados. Com efeito, Leubsdorf chama a atenção para esse problema e pondera que frequentemente litigantes tentam recusar um juiz apenas porque consideram que ele provavelmente proferirá decisões desfavoráveis.[323] O autor destaca que em razão do crescente poder criativo dos juízes, os ataques à atividade judicial têm aumentado por parte de pessoas que simplesmente discordam dos valores adotados pela decisão.

Esse fenômeno é também constatado pela pesquisa de Baptista, a qual indica que não é incomum que advogados adotem estratégias para tentar afastar um juiz que se supõe que julgará em desfavor de seus clientes.[324] Isso pode acontecer pela interposição de uma exceção com argumentos forçados, pela tentativa de desestabilizar o juiz para que ele decida por conta deixar o processo ou até pela via de se juntar um substabelecimento para um advogado parente do magistrado, de forma a o tornar impedido.

A partir de todas essas circunstâncias, parece inevitável concluir que os instrumentos processuais fornecidos pelo CPP para se controlar a imparcialidade são ineficazes. Em suma, o que se tem é um quadro no qual a parte que quiser demonstrar a parcialidade do julgador precisa vencer uma presunção de legitimidade, que só pode ser desconstituída por uma prova muito difícil de ser produzida, e que será interpretada por outros juízes que, porque decidem acerca dos próprios limites, têm tendência corporativista. Ainda que se consiga juntar provas do fato, a maior probabilidade ainda é a de que o recurso seja julgado manifestamente improcedente, com os fundamentos de "falta de prova", de "mera irresignação infundada" ou de que "o caso não se enquadra no rol taxativo da lei",[325] porque o ônus da prova exigido para

---

[323] LEUBSDORF, *Theories of judging...*, p. 245.
[324] BAPTISTA, *Paradoxos e ambiguidades...*, p. 157 e ss.
[325] "Ao legislar sobre a arguição os incidentes de exceção de suspeição e de impedimento, o sistema processual faz parecer que os jurisdicionados controlam o tal 'perigo de parcialidade' judicial, imunizando-se dele. No entanto, a análise das práticas judiciárias explicita algo bastante diferente disso: as arguições são raras; as que existem não são julgadas publicamente; as poucas que são levadas ao colegiado são arquivadas ou rejeitadas; o controle da suspeição do magistrado é exercido pelo próprio magistrado suspeito, sem necessidade de motivação; por outro lado, quando a parte argui o incidente, exige-se dela a contundência das provas, que são de difícil aferição; enfim, uma série de mecanismos que fazem notar que, mais uma vez, o Judiciário se organiza internamente,

a comprovação da parcialidade parece ser superior ao exigido para o próprio mérito da ação penal – o que nos leva a nos perguntarmos sobre a razão pela qual o juiz tem uma proteção maior do que a do próprio acusado. O único mecanismo realmente eficaz é o controle pessoal do próprio juiz. Porém, esse controle é casuístico e depende sobretudo da moral pessoal do julgador. E ainda, a declaração de suspeição está sujeita a uso indevido, uma vez que não recebe qualquer controle.

Por fim, refletimos que essa ineficácia não parece ser acidental. Como destaca Baptista, por se tratar de um exercício de um poder estatal, arguir a suspeição é manifestar uma desconfiança, o que é muito problemático para um poder estruturado sobre um mito de imparcialidade e que, sendo assim, exige "uma confiança cega dos jurisdicionados no Estado-juiz".[326] Dessa forma, e porque a desconfiança ameaça essa estrutura, parece haver, em verdade, uma imunidade contra esse tipo de arguição, o que revela ser ilusória a crença de que os jurisdicionados e os cidadãos exercem de fato algum controle sobre a legitimidade da atuação dos juízes.

3.4 O controle da imparcialidade na jurisprudência

Já tivemos oportunidade de publicar artigo tratando especificamente dos problemas da jurisprudência brasileira no controle da imparcialidade.[327] Neste momento, retomaremos o tema de forma mais resumida e remetemos o leitor mais interessado à leitura daquele artigo, no qual realizamos uma análise mais detida de cada um dos precedentes citados.

3.4.1 A jurisprudência do Tribunal Europeu de Direitos Humanos

A jurisprudência do Tribunal Europeu de Direitos Humanos[328] é uma referência frequente quando se trata do tema da imparcialidade.

---

ficando impermeável à avaliação externa, acomodando-se no fato de haver previsão legal independente de sua eficácia" (*Ibidem*, p. 156).

[326] *Ibidem*, p. 133.
[327] SZESZ, *Sobre os critérios...*, p. 195-223.
[328] Cf. nossa abordagem sobre a jurisprudência do Tribunal Europeu de Direitos Humanos quantos ao tema da imparcialidade em SZESZ, *op. cit.*, p. 204 e ss. Cf. também GUERRERO PALOMARES, Salvador. *La Imparcialidad Objetiva del Juez Penal*. Cizur Menor: Thomson Reuters, 2009, p. 41 e ss.

Sem dúvida, essa jurisprudência deu grande contribuição na definição dos contornos do conceito de imparcialidade objetiva, o qual se mostra um critério útil na avaliação das condutas concretas sobre as quais se argumenta terem denotado a perda de imparcialidade do magistrado. Apesar não tratar do Brasil, é inegável que o TEDH é a corte internacional com maior experiência na discussão do tema da imparcialidade e sua referência se mostra necessária diante da ausência de uma jurisprudência consistente na Corte Interamericana de Direitos Humanos.

Com efeito, esse Tribunal fornece critérios interessantes para se distinguir dois aspectos da imparcialidade. O primeiro seria o aspecto objetivo, que diria respeito à ausência de fatos ou elementos de outra natureza que possam servir para se colocar em dúvida a esperada imparcialidade do julgador.[329] Isso abarcaria tanto a conduta pessoal do julgador quanto fatos externos que, se objetivamente considerados, poderiam levantar uma dúvida racionalmente justificada sobre se de fato há condições para um julgamento isento. Tratar-se-ia de um medo da parte que pode ser objetivamente justificado.[330] E, justamente por isso, o Tribunal apela à máxima "justice must not only be done: it must also be seen to be done". Isto é, preza-se pela aparência da imparcialidade, de forma a proteger também a credibilidade do Poder Judiciário.[331]

Já o segundo seria o aspecto subjetivo, que trataria especificamente da convicção subjetiva do julgador, isto é, o seu íntimo, o que de fato se passa em sua cabeça.[332] Quanto a esse aspecto, dever-se-ia sempre se presumir que o magistrado é imparcial, ainda que essa presunção esteja sujeita a prova em contrário.[333] Em razão da evidente dificuldade em se produzir essa prova, a jurisprudência é mais rica no que diz respeito à imparcialidade objetiva. Vale ressaltar que o próprio Tribunal não considera perfeita a cisão entre os aspectos subjetivos e objetivos.[334] Mesmo assim, ela se mostra útil para fins de análise dos casos concretos.

A grande contribuição do Tribunal, enfim, está justamente no desenvolvimento do critério de imparcialidade objetiva e da concentração das análises nesse aspecto, por ele ser mais facilmente passível de prova. A exigência de que o juiz, com sua conduta, inspire a confiança nos jurisdicionados e em toda a sociedade e evite ações dentro e fora do

---

[329] Kyprianous vs. Ciprus, j. em 15.12.2005, §118.
[330] Castillo Algar vs. Spain, j. 28.10.1998, §45
[331] De Cubber vs. Belgium, j. em 26.10.1984, § 26.
[332] Kyprianous vs. Ciprus, j. em 15.12.2005, §118.
[333] Hauschildt vs. Denmark, j. 24.05.1989, § 47.
[334] Kyprianous vs. Ciprus, j. em 15.12.2005, § 119.

processo que permitam questionar essa presumida isenção tem bastante importância. Ela estabelece que o juiz deve zelar por sua aparência de integridade, e, portanto, que deve responder por suas ações que podem prejudicar a expectativa das partes e da sociedade quanto à viabilidade de um julgamento isento. O critério se volta à preocupação com a credibilidade do Poder Judiciário a partir do olhar de terceiros, o que é de fato útil para se realizar o controle do comportamento dos magistrados, ainda que esteja longe de ser a solução para o problema da parcialidade. Essa Corte tem relevantes precedentes – não os analisaremos aqui – nos quais houve avaliação da conduta concreta do magistrado, alegada como suspeita pelo excipiente. A Corte, acolhendo ou desacolhendo esses recursos, vem aprimorando esses critérios ao pontuar os limites aceitáveis da conduta dos magistrados em cada tema.

3.4.2 A jurisprudência dos tribunais superiores brasileiros

Os tribunais superiores brasileiros, notadamente o STF, lidam com o problema do controle de imparcialidade de forma bem diferente que a Corte Europeia citada. Isso porque apesar dos precedentes em que se verifica considerações abstratas sobre a importância da preservação da imparcialidade dos magistrados, bem como da delimitação do conceito, o STF jamais estabeleceu critérios de identificação de parcialidade de um juiz a partir da análise de condutas concretas, como já pudemos apontar em artigo publicado em 2018.

Em relação ao STF, a jurisprudência foi consistente, ao menos até 2020, no sentido de que os róis dos artigos 252 e 254 seriam taxativos. Assim, vários habeas corpus em que se alegou parcialidade de magistrado em razão de determinada conduta concreta foram indeferidos pelo colegiado ou monocraticamente sem discussão sobre se de fato havia ou não uma quebra da expectativa de imparcialidade justamente porque não haveria, segundo a Corte, enquadramento perfeito em alguma das hipóteses de suspeição ou impedimento previstas na lei.[335]

Até 2020 a Corte havia reconhecido a parcialidade de um magistrado em julgamento colegiado pela via do habeas corpus em apenas uma ocasião. Ocorreu através do HC 94641,[336] em que se considerou

---

[335] Cf. SZESZ, *Sobre os critérios...*, p. 2010-213.
[336] Rel. Ellen Gracie, rel. p/ acórdão Joaquim Barbosa, DJ de 06.03.09.

impedido um magistrado que presidiu um procedimento de averiguação de imparcialidade, no qual realizou por conta própria diligências para apuração de crime de atentado violento ao pudor. Após oferecida a denúncia, o mesmo julgador a recebeu e decretou a prisão preventiva do denunciado. A concessão da ordem se deu por maioria, que entendeu que o juiz, ao realizar as diligências anteriores, havia desempenhado um papel processual diverso do jurisdicional naquele caso, e, portanto, estaria impedido. É importante notar que o voto vencido aduzia a impossibilidade de reconhecimento do impedimento com a justificativa de que o caso não se enquadraria na hipótese prevista no artigo 252, II, do CPP. Ou seja, a divergência seguiu pela argumentação centrada na interpretação isolada do CPP.

Nos demais casos levados à Corte até aquele momento, houve sempre uma negativa de análise do mérito através de um argumento formal, especialmente o de que a conduta apontada não se enquadraria no rol taxativo. Não havia, assim, precedentes, além do que citamos no parágrafo anterior, discutindo os limites da atuação dos juízes.

A partir daí, há dois fatores que merecem consideração. O primeiro é que parece ser evidente a defasagem de controle de imparcialidade se comparado com o Tribunal Europeu de Direitos Humanos. Ao se apegar ao rol de hipóteses de impedimento e suspeição, a jurisprudência da Corte estava mais voltada para fazer esse simples enquadramento do que para de fato analisar se houve no caso concreto uma perda de imparcialidade. Isto é, o foco não estava centrado na proteção do direito a um tribunal imparcial e dos valores que esse direito carrega, mas na mera aplicação de dispositivos infraconstitucionais mecanicamente interpretados. O segundo fator é que é difícil justificar esse apego ao formalismo dentro dos valores democráticos que fundamentam o ordenamento jurídico, já que é possível, em tese, casos de juízes cuja parcialidade simplesmente não se encontra prevista naqueles róis, que, frise-se, são infraconstitucionais. Já tivemos oportunidade de afirmar que essa interpretação isolada dos róis de impedimento e suspeição implica uma ressignificação da Constituição à luz do CPP e não o oposto.[337]

---

[337] "Em suma, percebe-se uma tendência do STF em se apegar às hipóteses legais de suspeição e impedimentos como tese geral para o afastamento das arguições de perda de parcialidade. O fundamento é problemático, porque sobrepõe a lei infraconstitucional à Constituição Federal. Com ele, o Tribunal se mostra indiferente à possibilidade de juízes parciais, se a razão concreta da parcialidade não se adequar a uma das hipóteses de suspeição ou impedimento. Esse fundamento acaba funcionando como uma resposta robótica que apenas contorna os problemas dos casos concretos e cerra as possibilidades de que as inúmeras causas de perda de parcialidade sejam conhecidas." (SZESZ, *Sobre os critérios...*, p. 215)

Aliás, há ampla crítica doutrinária acerca dessa linha de entendimento do STF.[338]

Em 2020 houve um relevante voto acerca do tema da imparcialidade. Trata-se do RHC 144.615,[339] em que se considerou que, ao tomar diretamente o depoimento de colaboradores no momento da assinatura de acordo de colaboração premiada (oportunidade em que teria guiado o ato com viés acusatório) e ao praticar atos de ofício posteriores direcionados a reforçar a prova acusatória, os quais serviram como fundamento para a condenação, o juiz teria quebrado sua esperada imparcialidade e se alinhado com a estratégia acusatória. Também aqui o voto contou com divergência, a qual argumentou que o caso não se enquadraria na hipótese do artigo 252, II, do CPP e que não poderia haver interpretação extensiva do mesmo. É interessante notar que o voto vencido conta com uma complementação, elaborada após o voto-vista vencedor, na qual, além de se reforçar o argumento da interpretação do artigo 252, II, há um elogio ao combate à corrupção e uma crítica um tanto nebulosa à ineficiência da Justiça que, aparentemente ao reconhecer nulidades como a discutida naquele julgamento, daria "mais incentivos à corrupção" e faria "aumentar a pobreza". Esse trecho, aparentemente desconectado do caso, parece sugerir que reconhecer a parcialidade do juiz formaria um precedente que seria prejudicial ao combate à corrupção.

Não há como deixar de mencionar que havia uma confluência de fatores que sustentavam politicamente essa decisão. Isso porque o juiz considerado suspeito era Sérgio Moro, que há alguns anos gozava de grande popularidade, especialmente perante parte da imprensa, mas cuja imagem estava em declínio. Nesses anos de glória, em que havia um grande apoio midiático à Operação Lava Jato, as críticas à atuação desse juiz costumavam ser fortemente retaliadas por aqueles que viam na Operação uma genuína medida de combate contra a corrupção. Mas a popularidade do juiz caiu muito após alguns fatos, dentre eles a condução coercitiva e, posteriormente, a condenação do então ex-Presidente da República Luís Inácio Lula da Silva, o abandono da magistratura para assumir cargo político do Governo de Jair Bolsonaro e o vazamento de mensagens de aplicativo as quais sugeriam que o magistrado esteve atuando alinhado com a acusação em processos

---

[338] E.g. LORA, *Subjetividade e imparcialidade...*, p.191; LOPES JR., *Direito Processual Penal...*, p. 553; MAYA, *Imparcialidade e processo...*, p. 88-89; SOUZA, *A Parcialidade Positiva...*, p. 131.

[339] Rel. Min. Edson Fachin, rel. p/ acórdão Min. Gilmar Mendes, Segunda Turma, Dje de 27.10.20.

derivados dessa operação. Não é nossa pretensão fazer uma análise política desse momento, mas apenas chamar a atenção para que uma análise estritamente jurídica desse voto pode deixar passar elementos importantíssimos para o compreender.

Feita essa ressalva, verificamos que em alguma medida o voto se distancia da linha de precedentes da Corte, já que não mostra o tradicional apego à interpretação formalista da lei, no que diz respeito ao rol dos artigos 252 e 254 do CPP. É verdade que o fato parece se encaixar na hipótese do artigo 252, II, pois discute atuação de juiz que se assemelha à da acusação. Mesmo assim, o voto vencedor do Ministro Gilmar Mendes está concentrado mais em demonstrar a existência de parcialidade e de violação do sistema acusatório do que em demonstrar o enquadramento no texto do CPP. O voto do Ministro Lewandoski é ainda mais explícito, ao dizer que "nós não estamos aqui a fazer uma análise literal do que consta dos dispositivos do Código de Processo Penal", "o que está em jogo é saber se o juiz atuou ou não com parcialidade".[340]

Em 2021, sobreveio um julgamento de impacto político ainda maior, porque envolvia justamente a condenação do ex-presidente Luiz Inácio Lula da Silva na Operação Lava-Jato (HC 164493[341]). No acórdão foi reconhecida a suspeição do magistrado por uma série de fatos, os quais denotariam sua atuação parcial. São eles: o deferimento de condução coercitiva espetaculosa do paciente sem prévia intimação para oitiva pela autoridade policial; a autorização para interceptação de telefones do paciente, de seus advogado e de seus familiares antes de se adotar outras medidas; a divulgação de áudios envolvendo o paciente e a então Presidente da República; o levantamento de trechos de delação premiada, cuja narrativa buscava incriminar o paciente, justamente na última semana antes do primeiro turno das eleições de 2018; os trechos da sentença proferida contra o paciente, nos quais demonstra percepção enviesada do caso; a atuação voluntariosa, em período de férias, para impedir o cumprimento de ordem de soltura do paciente exarada por Desembargador Federal; a aceitação de convite, pelo Presidente da República eleito em 2018 e adversário político do paciente, para ocupar cargo de Ministro da Justiça. O voto vencedor também levou em consideração casos anteriores em que a imparcialidade desse

---

[340] P. 61.
[341] Rel. Edson Fachin, Rel. p/ Acórdão: Gilmar Mendes, Segunda Turma, julgado em 23.03.2021, Dje de 04.06.21.

magistrado havia sido questionada, mas sem êxito, perante as instâncias de controle. Quanto a esse ponto, o acórdão conclui que "infelizmente, a experiência acumulada durante todos esses anos nos mostra que os órgãos de controle da atuação da magistratura nacional falharam em conter os primeiros arroubos de abusos do magistrado".[342]

Também aqui não há como se desconsiderar o contexto político, devido ao seu evidente impacto. Por um lado, o voto, ao reconhecer a nulidade do processo contra o então ex-Presidente Lula, por consequência acaba implicando na consideração de que esse paciente foi indevidamente afastado da corrida presidencial em 2018. Além disso, o voto abriu espaço para que o ex-Presidente pudesse recuperar seus direitos políticos e se candidatar à Presidência para as eleições de 2022, que acabou vencendo. Também não pretendemos aqui fazer uma análise política da decisão e suas consequências, mas novamente indicamos que a mera leitura dos votos vencedores e vencidos parece não dar conta das razões que explicam o julgamento.

À parte dessas questões, chamamos a atenção para que esse voto destoa mais ainda dos precedentes anteriores do Tribunal, na medida em que os fatos analisados se distanciam das hipóteses previstas em lei. Os votos efetivamente buscam verificar se as condutas do juiz são suficientes para se colocar em dúvida a sua imparcialidade. Aliás, o acórdão chega a adotar a tese da aparência de imparcialidade, que se equivale à teoria da imparcialidade objetiva adotada pelo Tribunal Europeu de Direitos Humanos.

De nossa perspectiva, os momentos podem ser analisados em separado. Antes de 2020, a linha de precedentes da Corte dificultava muito o reconhecimento de parcialidade dos magistrados, porque, como já dito, não estava centrada na análise sobre se os comportamentos poderiam ou não indicar parcialidade, mas tão somente no enquadramento desses comportamentos nas hipóteses de suspeição ou impedimento. Esse entendimento tornava pobre a jurisprudência quanto à fixação dos limites aos magistrados nos casos concretos e implicitamente permitia comportamentos incomuns e questionáveis, mas que não se aproximavam do rol. Essa jurisprudência seguramente figura como mais um fator que contribui para a ineficácia do controle de imparcialidade. Após 2020, como destacado, houve duas decisões que quebraram o paradigma anterior. Resta saber, no entanto, se esses precedentes indicam uma transformação da linha de precedentes da

---
[342] *Idem*, p. 128.

Corte ou se são apenas alguns espasmos explicáveis pelo momento político. Ainda é cedo para chegar a alguma conclusão.

Com relação ao STJ, os precedentes não são tão uniformes. É frequente que a Corte deixe de analisar o comportamento concreto do magistrado apontado como suspeito por motivo de falta de prova ou de simples impossibilidade de se apreciar a alegação dessa natureza pela necessidade de incursão no material probatório dos autos.[343] Isto é, aqui também parece haver pouca disposição para se enfrentar esse tema. Chama a atenção que há precedente exigindo comprovação pela parte de prejuízo decorrente da parcialidade do juiz,[344] o que denota um esforço retórico para impedir o reconhecimento dessa nulidade, já que, se essa Corte não reconhece esse prejuízo como inerente ao enviesamento, certamente nenhuma prova produzida pela parte a convenceria de sua existência. Mas devemos observar também que o STJ eventualmente analisa as condutas concretas de magistrados apontadas como indicativas de parcialidade, em geral quando se trata de

---

[343] E.g.: "Ademais, quanto às hipóteses configuradoras de suspeição, ainda que consideradas como rol exemplificativo, tendo a Corte de origem asseverado, in casu, que "inexiste nos autos qualquer elemento que permita concluir haver parcialidade do juiz do processo na condução das ações penais autuadas sob n. 0000590-31.2016.8.16.0119 e 0001585-10.2017.8.16.0119, porquanto os atos processuais por ele praticados não refogem do exercício regular da atividade jurisdicional" (e-STJ fls. 213/214), concluir de modo diverso, como pretende o agravante, demandaria necessariamente aprofundado revolvimento do conjunto fático-probatório, providência vedada em sede de recurso especial. Incidência da Súmula n. 7/STJ." (AgRg no AREsp n. 1.673.264/PR, relator Ministro Reynaldo Soares da Fonseca, Quinta Turma, julgado em 4/8/2020, DJe de 13/8/2020.) As alegações dos impetrantes eram de que o magistrado "(i) durante todo o curso procedimental das ações penais em trâmite perante a Vara Criminal e Anexos de Nova Esperança, dedicou ao excipiente tratamento diferenciado, malferindo a imparcialidade necessária para o julgamento das ações; (ii) atuou de forma a retardar a remoção da tornozeleira eletrônica; e (iii) tem procedimentos administrativos disciplinares ajuizados em seu desfavor, manejados pelo excipiente." Note-se que a Corte apenas se filia às conclusões do acórdão embargado, não analisa o comportamento do magistrado e aduz que não pode fazer a revisão porque isso implicaria revolvimento das provas. Esse entendimento parece estar consolidado: "A suspeição, via de regra, é assunto impróprio ao veio restrito do habeas corpus, pois, além de ter o meio adequado (exceção), a análise de eventual motivo para afastar o magistrado de um processo demanda revolvimento de aspectos fáticos não condizentes com a via eleita" (HC 405.958/SP, Rel. Ministra Maria Thereza de Assis Moura, Sexta Turma, DJe de 12/12/2017). Mas há um paradoxo nesse entendimento. Se não é possível apreciar alegação de suspeição de magistrado em sede de HC, porque dependeria da análise de provas, por que às vezes se aprecia?

[344] "3. Ademais, não se constata, no caso, flagrante ilegalidade apta a ensejar a concessão de habeas corpus de ofício, uma vez que a Parte Impetrante não evidenciou prejuízo concreto à defesa pela alegada parcialidade do Magistrado processante, tampouco trouxe prova de atuação tendenciosa ou demonstrou a configuração de qualquer das hipóteses legais configuradoras de suspeição do juiz, previstas no art. 254 do Código de Processo Penal, de modo que não há nulidade a reparar" (AgRg no HC n. 713.552/MG, relatora Ministra Laurita Vaz, Sexta Turma, julgado em 8/3/2022, DJe de 14/3/2022.).

alegações mais objetivas.³⁴⁵ Por exemplo, o AgRg no HC 499.580,³⁴⁶ no qual se alegou que o magistrado, ao proferir sentença condenatória em ação penal correlata (oriunda do mesmo procedimento investigatório), teria realizado pré-julgamento do paciente, e, portanto, seria suspeito. O Tribunal entendeu que essa conduta (de proferir sentença condenatória em processo correlato), por si só, não é indicativa de parcialidade – ainda que, ao final do voto, tenha manifestado o entendimento de que a discussão sobre a suspeição de magistrado não poderia ser discutida em sede de habeas corpus ou de recurso especial, porque demandaria análise de material probatório dos autos. Por outro lado, o HC 718.525/PR,³⁴⁷ em que se alegou que o desembargador relator para acórdão, ao proferir seu voto oral, realizou ofensas pessoais contra o paciente, o que indicaria seu ânimo enviesado. O STJ entendeu que, de fato, a parcialidade estava evidenciada por esse comportamento. Quanto à natureza do rol de suspeição,³⁴⁸ há precedentes contraditórios, afirmando que é taxativo³⁴⁹ ou que é exemplificativo.³⁵⁰

3.5 Outras dificuldades relativas ao controle da imparcialidade

Para além das deficiências dos mecanismos de controle, que apontamos acima, também vale a pena se atentar para algumas questões jurídicas que levam a uma especial dificuldade do controle de imparcialidade. É o que apresentamos a seguir. Essa lista é meramente exemplificativa.

---

³⁴⁵ Note-se bem: nos casos em que a Corte aprecia as alegações de suspeição, em geral os fatos apontados são mais objetivos, porém, nem toda alegação amparada em fatos bem delimitados é apreciada pela Corte. Isto é, a seleção de casos efetivamente analisados parece ser casuística. E. g., no HC 531.775/PA (Rel. Ministro Reynaldo Soares da Fonseca, Quinta Turma, julgado em 17/12/2019, DJe de 19/12/2019), alegou-se que haveria parcialidade do magistrado, porque a ação penal é resultado de procedimento administrativo instaurado por esse mesmo juiz. Ainda que o pleito inclua também imputação de perseguição, esses fatos, isoladamente considerados, aparentam estar bem delimitados. Contudo o caso deixou de ser analisado porque demandaria, segundo a Corte, análise de provas.

³⁴⁶ "Assim, como já sinalizado na decisão combatida, o fato de tal julgador haver proferido sentença em ação penal correlata, oriunda do mesmo procedimento investigatório, não permite concluir pela quebra de sua imparcialidade para julgar o feito em que o agravante figura como réu" (AgRg no HC n. 499.580/PR, relator Ministro Rogerio Schietti Cruz, Sexta Turma, julgado em 15/3/2022, DJe de 22/3/2022.).

³⁴⁷ Vide nota de rodapé n. 305.
³⁴⁸ Vide tópico 4.3.1.
³⁴⁹ Vide nota de rodapé n. 485.
³⁵⁰ Vide nota de rodapé 486.

3.5.1 A questão da discricionariedade judicial

O primeiro e talvez maior dos problemas, e que está dentro da própria teoria jurídica, é a controversa discricionariedade judicial. Conforme a posição majoritária da doutrina processual, a lei conferiria aos magistrados um espaço, chamado então de discricionariedade judicial, no qual poderiam fazer escolhas dentro de uma margem determinada pela lei, desde que de forma juridicamente fundamentada. Nas palavras de Oliveira, essa discricionariedade ocorreria na "zona de penumbra existente na norma positivada, na qual se verifica uma inexatidão e/ou incerteza do texto legal, seja na hipótese de incidência, seja na consequência normativa".[351] Nesses espaços, o magistrado teria "uma margem de liberdade para complementar o direito no caso concreto".[352] O autor ainda completa: "a discricionariedade deve ser vista como a margem concedida pelo legislador para que se alcance a justiça no caso concreto".[353] É importante também frisar que, segundo esse autor, essa discricionariedade estaria limitada ao campo definido pelo legislador, o que significaria dizer que essa justiça aplicada pelo juiz não deveria ser confundida com uma perspectiva individual ou idiossincrática. Deveria ser, diferentemente, aquela que representa a finalidade da lei.

Segundo essa posição, no espaço de discricionariedade o controle da legalidade, bem como da imparcialidade, estaria centrado nas razões apresentadas pelo magistrado, as quais se submeteriam ao crivo da revisão. Parte da doutrina considera que nesses espaços o juiz invariavelmente decidirá conforme seus próprios valores. Porém, isso não seria um problema, desde que a decisão fosse acompanhada de uma motivação racional, baseada nos fatos e na legislação pertinentes. Para Oliveira, "o ponto, pois, é controlar a atividade discricionária, e não buscar maquiá-la".[354]

Essa discricionariedade é admitida como idônea pelos tribunais superiores, que não apenas a validam quando no controle das decisões das instâncias inferiores,[355] como também a aplicam na motivação de

---

[351] OLIVEIRA, *Motivação e discricionariedade...*, p. 51.
[352] *Idem*.
[353] *Ibidem*, p. 52.
[354] *Idem*.
[355] E.g. "Esta Corte tem entendido que a dosimetria da pena só pode ser reexaminada em recurso especial quando se verificar, de plano, a ocorrência de erro ou ilegalidade. Diante da inexistência de um critério legal matemático para exasperação da pena-base, *admite-se certa discricionariedade do julgador*, desde que baseado em circunstâncias concretas do fato criminoso, de modo que a motivação do édito condenatório ofereça garantia contra

suas decisões, especialmente através do apelo ao método de ponderação de princípios e valores.

Há controvérsia, no entanto, sobre se essa discricionariedade é realmente admissível e compatível com uma democracia. De fato, esse conceito sofre duras críticas de parte da doutrina.

É o caso de Streck, para quem a discricionariedade judicial seria uma teorização que autorizaria os juízes julgarem a partir de seus entendimentos pessoais sobre a lei.[356] Ou seja, que conferiria aos juízes a possibilidade de decidirem a partir de um "grau zero de significado",[357] alheios à tradição, à coerência e à integridade do Direito. Isso seria, segundo Streck, arbitrário e antidemocrático.[358]

Esse autor dirige fortes críticas às teorias que legitimam a discricionariedade judicial, as quais considera sintomas de uma ausência de superação do positivismo normativista e da filosofia da consciência, com sua dicotomia sujeito-objeto. A discricionariedade interpretativa, seria, assim, uma arbitrariedade de sentidos,[359] que admite múltiplas respostas aos casos a depender da subjetividade do intérprete. Segundo Streck, essa discricionariedade, que era tida por uma fatalidade[360] por Kelsen, seria compreendida como uma solução por essa hermenêutica

---

os excessos e eventuais erros na aplicação da resposta penal. Precedentes." (STJ, AgRg no AREsp n. 2.089.826/RS, relator Ministro Joel Ilan Paciornik, Quinta Turma, julgado em 6/9/2022, DJe de 12/9/2022.) "A ponderação das circunstâncias judiciais não constitui mera operação aritmética, em que se atribuem pesos absolutos a cada uma delas, mas sim *exercício de discricionariedade, devendo o julgador pautar-se pelo princípio da proporcionalidade e, também, pelo elementar senso de justiça*" (STJ, AgRg no REsp n. 2.006.466/MG, relator Ministro Reynaldo Soares da Fonseca, Quinta Turma, julgado em 13/9/2022, DJe de 19/9/2022.) "A suspensão de processamento prevista no §5º do art. 1.035 do CPC não é consequência automática e necessária do reconhecimento da repercussão geral realizada com fulcro no caput do mesmo dispositivo, sendo da *discricionariedade do relator* do recurso extraordinário paradigma determiná-la ou modulá-la" (STF, RE 966177 RG-QO, Relator(a): LUIZ FUX, Tribunal Pleno, julgado em 07/06/2017, PROCESSO ELETRÔNICO DJe-019 DIVULG 31-01-2019 PUBLIC 01-02-2019) "No momento sentencial da dosimetria da pena, o juiz sentenciante movimenta-se com *ineliminável discricionariedade* entre aplicar a pena de privação ou de restrição da liberdade do condenado e uma outra que já não tenha por objeto esse bem jurídico maior da liberdade física do sentenciado. Pelo que é vedado subtrair da instância julgadora a possibilidade de se movimentar com certa discricionariedade nos quadrantes da alternatividade sancionatória" (STF, HC 105047, Relator(a): AYRES BRITTO, Segunda Turma, julgado em 12/04/2011, PROCESSO ELETRÔNICO DJe-182 DIVULG 21-09-2011 PUBLIC 22-09-2011)

[356] STRECK, *O que é...*, p. 20 e ss.
[357] *Ibidem*, p. 67.
[358] "[...] a discricionariedade pregada e defendida pela maior parte da teoria do direito [...] é exatamente a que se confunde com arbitrariedade" (*Ibidem,*, p. 66-67).
[359] STRECK, Lenio Luiz. *Hermenêutica jurídica e(m) crise*: uma exploração hermenêutica da construção do Direito. Porto Alegre: Livraria do Advogado, 2021. p. 409.
[360] *Ibidem*, p. 79.

clássica, que apostaria no decisionismo como forma de superação do que grosseiramente é tido como "a letra fria da lei". Entender que a discricionariedade é inerente à aplicação do Direito seria, no fundo, um apoio antidemocrático ao protagonismo judicial.

Para Streck, esse defeito também seria constatável em teorias da argumentação jurídica, como a de Alexy, uma vez que apostariam na atividade de ponderação, a qual, no entanto, seria, em verdade, uma técnica de legitimação da decisão que estaria centrada na subjetividade do intérprete.[361] Este, no fim das contas e a pretexto da textura aberta do Direito, valer-se-ia da própria subjetividade para dizer qual é a melhor interpretação para o caso. Segundo Streck, na prática judicial brasileira, o problema seria ainda maior do que o já constatado nas teorias, uma vez que mesmo no STF, apesar da constante referência ao termo "ponderação", raramente se encontraria um voto em que todas as fases do procedimento de ponderação estabelecidos por Alexy teriam realmente sido percorridas.[362] Ou seja, o apelo à ponderação costumaria ser apenas uma retórica para justificar a discricionariedade.

O autor postula pela recepção genuína da virada linguística e consequentemente da fenomenologia hermenêutica. O sentido desta seria justamente a inadmissão de respostas múltiplas ao caso e o oferecimento de limites ou anteparos à atividade interpretativa, para guiar o intérprete a uma busca por uma resposta correta dentro do Direito, em vez de deixar à subjetividade do sujeito a última palavra.[363] Essa hermenêutica não excluiria a subjetividade, por ser inerente a qualquer atividade compreensiva, porém não abdicaria das condições de verificação sobre a correção ou veracidade do conteúdo das decisões.[364] Em suma, para essa hermenêutica, o ato de interpretar não poderia ser separado do ato de aplicar,[365] ao mesmo tempo em que o significado do texto não adviria do texto em si, mas de uma análise do conjunto das decisões anteriores e da compatibilidade com a Constituição. Esse seria o espaço no qual poderiam ser encontradas as respostas corretas para o caso. Assim, o controle da legalidade e mesmo da imparcialidade das decisões estaria no impedimento de uma fundamentação que extrapole os argumentos jurídicos e na obrigatoriedade de uma decisão dentro do contraditório, coerente normativamente e a partir do argumento

---

[361] *Ibidem*, p. 414.
[362] *Ibidem*, p. 419-420.
[363] *Ibidem*, p. 51.
[364] *Ibidem*, p. 429.
[365] *Ibidem*, p. 432.

mais adequado para o caso. Assim, ainda que um juiz tenha as suas próprias convicções, ele não poderia impor os seus valores e significados pessoais a todos os demais sujeitos do processo, uma vez que ele não seria o senhor dos sentidos.[366] A exigência de fundamentação não teria por função fazer o juiz explicar aquilo que o convenceu, mas sim explicitar os motivos da decisão, justificando que sua interpretação é a melhor para o caso, no já mencionado contexto de coerência com o Direito. A justificação dos juízes para as suas práticas jurídicas seria algo essencial e mais importante do que o que esses mesmos juízes pensam em seu íntimo sobre o Direito.

Também Eros Grau questiona a legalidade da discricionariedade judicial. Para o autor os juízes não criam, mas produzem o direito ao completarem o trabalho do legislador.[367] Nesse sentido, a interpretação judicial não seria uma atividade de conhecimento. Seria uma atividade constitutiva, decisional, porém não discricionária. A norma seria de fato produzida pelo intérprete a partir de elementos da realidade e de elementos do texto.

O autor se vale de uma interessante metáfora para esclarecer esse pensamento:[368] se se der a três escultores três blocos de mármore completamente iguais e se lhes encomendar a cada um uma Vênus de Milo, o trabalho entregue por cada um deles será uma escultura da Vênus de Milo identificável como tal, porém elas serão diferentes entre si. Assim procederia cada juiz com casos semelhantes. Dariam soluções possíveis, corretas a partir de suas leituras, mas não idênticas. A interpretação seria um juízo de legalidade no campo da prudência, não uma ciência.[369] Bem diferente da discricionariedade,[370] que seria um juízo de oportunidade, no qual se faria uma opção subjetiva entre indiferentes jurídicos. Esse tipo de juízo não poderia ser feito pelo Judiciário.

A doutrina, para esse autor, confundiria discricionariedade com a liberdade de pensar. Porém, o intérprete jurídico estaria sujeito ao determinismo do texto do Direito e deveria sempre fazer uma interpretação correta, objeto de uma prudência. Assim o juiz, mesmo na hipótese de lacuna da lei, só tomaria decisões vinculadas ao direito positivo que aplica. Os magistrados não deveriam julgar louvando-se

---

[366] *Ibidem*, p. 429.
[367] GRAU, Eros Roberto. *Por que tenho medo dos juízes*: (a interpretação/aplicação do direito e os princípios). São Paulo: Malheiros, 2021. p. 27.
[368] *Ibidem*, p. 47-48.
[369] *Ibidem*, p. 63-67.
[370] *Ibidem*, p. 91-92.

em seus próprios valores, porém estariam livres para pensar estritamente no espaço da totalidade que o direito positivo compõe.[371] Não poderia haver uma democracia sem que os juízes fossem servos da lei.

Para resumir essa controvérsia, podemos indicar, portanto, que enquanto a doutrina majoritária e a jurisprudência aceitam como juridicamente válida essa discricionariedade, compreendida como um espaço onde o juiz pode fazer incidir a sua perspectiva subjetiva sobre o caso, os críticos, aqui exemplificados pelas posições de Streck e Grau, compreendem que essa liberdade é uma forma de arbitrariedade e, sendo assim, seria juridicamente inadmissível e antidemocrática.

É muito importante deixar claro que toda essa discussão ocorre no campo do dever ser. Ou seja, essa discussão hermenêutica pretende delimitar, dentro de uma teoria da decisão, quais são os limites jurídica e democraticamente aceitáveis para incidência da subjetividade do magistrado em sua decisão. Não temos a pretensão de aprofundar a reflexão sobre os modelos teóricos acerca de como o juiz deve interpretar a lei e decidir o caso, tampouco de construir uma teoria da decisão, porque nossa pesquisa está focada nos aspectos empíricos das práticas judiciais.

De nossa perspectiva, duas constatações são necessárias. A primeira é que, como já mencionado, a jurisprudência aceita esse campo de discricionariedade nas práticas judiciais. Isso significa, portanto, que dentro do discurso jurídico prevalecente nas decisões, essa discricionariedade é tolerada.

A segunda constatação é a empírica. Independente dos modelos construídos pelos juristas e independente das teses formalmente adotadas pela jurisprudência, é fato – as pesquisas empíricas que citamos atestam isso – que os magistrados efetivamente decidem a partir de um vasto campo de liberdade, na qual podem conduzir a solução para o resultado que entendem ser o mais correto para o caso. Essa liberdade, inclusive, é muito mais ampla do que aquela projetada pela doutrina processual, se se levar em consideração todas as zonas cinzentas e as práticas subterrâneas. Essa discricionariedade, por essa perspectiva, é um dado da realidade.

Também é importante frisar que essa constatação não implica uma legitimação teórica, e muito menos uma apologia, dessa discricionariedade. Isto é, ao constatarmos que ela existe, não estamos afirmando que ela deve existir ou que ela não deve ser criticada. Como já afirmamos, não estamos discutindo a construção de um modelo de dever ser

---

[371] *Ibidem*, p. 139-140.

sobre a decisão judicial. Também por isso, essa constatação não implica uma crítica aos modelos teóricos que não aceitam a discricionariedade e à pretensão de se construir uma teoria da decisão democrática.

No entanto, uma crítica que precisa ser feita. Há entre os críticos quem considere equivocada a compreensão de que o juiz primeiro decide e depois fundamenta. É o caso de Scheid,[372] para quem essa compreensão seria uma visão superficial do problema e que teria sido superada pela hermenêutica. Em suas palavras, "o magistrado não decide para, posteriormente, angariar a fundamentação. Ao revés, ele só decide em virtude de que já encontrou fundamento".[373] Também esse é o pensamento de Lênio Streck no qual, inclusive, Scheid se fundamenta. Para Streck, a compreensão de que o juiz primeiro encontra a solução e só depois constrói uma fundamentação seria uma tese dominante no imaginário dos juristas, que implicaria uma adesão à metodologia jurídica tradicional por ele criticada e à tese kelseniana de que a interpretação dos juízes é um ato de vontade. Em contraponto, o autor reafirma que o ato de interpretar e o ato de aplicar seriam inseparáveis.[374]

O problema desse raciocínio é a confusão entre a proposição de um modelo de decidir e a constatação das práticas jurídicas, ou seja, entre o ser e o dever ser. Não estamos aqui afirmando que Streck está equivocado ao defender a hermenêutica filosófica ou que sua proposição não está jurídica e democraticamente adequada. Estamos afirmando, no entanto, que a proposição de Streck em alguma medida parece desconsiderar o que se sabe sobre os processos decisórios humanos. E que a separação entre o momento da decisão e o momento da fundamentação é um dado de realidade constatado empiricamente. Ou seja, é isso que os juízes efetivamente fazem, não o que eles devem fazer. Ainda que, do ponto de vista filosófico, a interpretação não possa ser separada da aplicação, as práticas judiciais fogem muito desse modelo racionalista de juiz. Com efeito, as já citadas pesquisas empíricas dão conta de que a fundamentação é um processo de racionalização essencialmente retórico e serve para defender uma decisão que foi tomada de forma intuitiva e emocional, com fundamentos frequentemente irracionais, eventualmente inconscientes ou inconfessáveis. Ou ainda esse processo pode ser deturpado, por exemplo, se a pessoa que decidiu não é a mesma que fundamentou, como no caso de um assessor que

---

[372] SCHEID, *A motivação das...*, p.107-108.
[373] *Ibidem*, p. 107.
[374] STRECK, *O que é...*, p. 35-36, nota de rodapé 45.

constrói uma fundamentação com base na decisão intuitiva já tomada pelo juiz ou se a decisão decorre de uma minuta proposta pelo assessor e acolhida pelo juiz.

Nesse ponto, aliás, é interessante observar o comentário de Streck acerca da pesquisa empírica de Baptista. Segundo ele, "partindo da veracidade dos dados colhidos e interpretados, fica, de toda maneira, um sério problema: se a professora, em seu trabalho descritivo, estiver certa (judiciário é, mesmo, parcial), estamos lascados".[375] O autor reconhece que esse decisionismo constitui uma realidade, mas aduz que "sim, pode até ser assim, mas não deve ser assim",[376] apostando no potencial transformador das teses jurídicas, em especial, da hermenêutica jurídica. Porém, é fato que independentemente dos sofisticados modelos de hermenêutica, empiricamente se verifica que as práticas judiciais destoam largamente dos modelos de teoria da decisão. Isto é, como resume Rezende, "a possibilidade de voluntarismo, assim, não é uma defesa hermenêutica, mas, sim, uma averiguação de um fato social. Acontece".[377] As teorias hermenêuticas, que estabelecem o padrão a ser seguido, não impedem que na prática se concretize o voluntarismo, porque elas não são capazes de se impor apenas pela força da polidez de seus fundamentos em um campo em que não há vontade política de se superar a arbitrariedade culturalmente tolerada. Por exemplo, nada "impediu o STF de ler 'condenação em segunda instância' onde, na Constituição, está escrito 'trânsito em julgado".[378] [379] A crítica centrada na construção

---

[375] STRECK, Lenio Luiz. Para salvar parcialidade de Moro, Merval crava: toda justiça é parcial. *Conjur*, 14 fev. 2022. Disponível em: https://www.conjur.com.br/2022-fev-14/streck-merval-salva-moro-cravando-toda-justica-parcial. Acesso em: 3 out. 2022.

[376] *Idem.*

[377] REZENDE, Maurício Corrêa de Moura. *Democratização do Poder Judiciário no Brasil.* São Paulo: Contracorrente, 2018. p. 74.

[378] *Ibidem*, p. 76.

[379] Streck também critica os realistas contemporâneos e o uso de pesquisas empíricas tais como aquelas, já citadas aqui, que revelaram que juízes "com fome" são mais rígidos e juízes com filhas mulheres decidem mais em favor do direito das mulheres (Os filhos ou o café da manhã influenciam as decisões judiciais?. *Consultor Jurídico*, 20 jun. 2017. Disponível em: https://www.conjur.com.br/2017-jul-20/senso-incomum-filhos-ou-cafe-manha-influenciam-decisoes-judiciais. Acesso em: 19 abr. 2022) Segundo ele, essas pesquisas menosprezariam a Teoria do Direito, pois a "decisão deve ser por princípio, e não por dramas familiares, fome ou coisas subjetivas desse gênero" e indaga se "somos reféns da Ciência Política (ou de pesquisas behavioristas), que quer nos contar, com estatísticas, como decidem os juízes?". No entanto, também aqui parece haver confusão entre o ser e o dever ser. As pesquisas que constatam empiricamente como os juízes decidem não são teorias da decisão, nem pretendem ser, isto é, não pretendem dizer como os juízes devem decidir. São informes sobre a realidade e dão conta da arbitrariedade existente e que está fora das teorias jurídicas racionalistas. Gostemos ou não, assim decidem os juízes e precisamos

de um modelo de dever ser que ignora os dados de realidade parece partir de um pressuposto racionalista equivocado de que a racionalidade impera no processo decisório humano e, assim, espera que os hábitos da prática judiciária sejam transformados apenas pela lisura filosófica de uma teoria hermenêutica. Fato é, reiteramos,[380] que pouquíssimos juízes – somente aqueles mais interessados nos estudos acadêmicos – efetivamente conhecem as teorias hermenêuticas mais sofisticadas e, mesmo entre eles, não há nada que os obrigue a aplicar essas teorias em vez de simplesmente decidir intuitivamente. Para que uma teoria da decisão cause impacto nas práticas judiciais ou para que ao menos não se torne objeto de manipulação retórica, parece ser necessário que ela compreenda o processo decisório realista dos juízes e a confluência dos fatores políticos e materiais que resultaram nesse contexto de decisionismo constatado nas práticas brasileiras. Ainda assim, e como discorreremos mais detidamente no próximo capítulo, o potencial transformador de teorias estritamente jurídicas é extremamente limitado para problemas que são essencialmente políticos, como é o caso da parcialidade e dos hábitos judiciais quanto à confecção de decisões.

Ainda nesse ponto, Streck é crítico aos autores que afirmam que a palavra sentença decorreria do verbo *sentir*. Para Streck, isso implicaria uma validação do subjetivismo e das teses que defendem que o juiz deve decidir conforme a própria consciência.[381] Em que pese a preocupação do autor de evitar que as decisões sejam centradas no subjetivismo do

---

lidar com essa realidade. A teoria da decisão que ignora dados da realidade do processo decisório humano e se baseia num modelo racionalista obsoleto de juiz tem pouco impacto na prática e pode ser objeto de manipulação retórica. Não se trata de fornecer "tickets de refeição" aos juízes, mas de compreender a importância dos fatores subjetivos e políticos que fazem parte da decisão para construir modelos mais realistas da teoria da decisão. Como bem pontua Ricardo de Lins e Horta (Um olhar interdisciplinar sobre o problema da decisão: analisando as contribuições dos estudos empíricos sobre o comportamento judicial. *Revista Diálogos sobre Justiça*, n. 2, ano 1, p. 45-46, maio/ago. 2014), "o avanço das ciências comportamentais convida a rever concepções arraigadas sobre a racionalidade da decisão humana e questiona modelos aceitos sobre como agimos em situações que envolvem escolhas de cunho moral, como é o caso do Direito". Sobre a tradição hermenêutica, o autor acrescenta: "No debate contemporâneo sobre a decisão, é comum encontrar autores que instam os julgadores brasileiros a se apropriarem da tradição filosófica e hermenêutica como forma de tomarem melhores decisões (a exemplo de Streck, 2013). Os estudos aqui revisados apontam, porém, que essa proposta pode contribuir para argumentações mais elaboradas na fundamentação de sentenças, mas não enfrenta questões importantes do problema da decisão judicial numa perspectiva mais ampla" (*Idem*, p. 46). Os problemas por nós propostos, enfim, não podem ser resolvidos pelas teorias hermenêuticas porque se dão no âmbito da disputa política, como discorreremos mais detidamente no próximo capítulo.

[380] Vide nota de rodapé 145.
[381] STRECK, *Hermenêutica jurídica em...*, p. 118.

juiz, infelizmente parece preciso, e empiricamente constatado, que a sentença de fato é um ato emotivo e de sensibilidade do juiz. Isto é, do ponto de vista descritivo, a sentença é mesmo um *sentir*. Mas isso, por outro lado, não torna menos pertinente a crítica de Streck, uma vez que os autores por ele criticados efetivamente usam o argumento da etimologia da palavra para legitimar, no campo do dever ser, essa arbitrariedade.

Feitas essas considerações, vamos ao ponto principal. Parece claro que a legitimação teórica da discricionariedade judicial é contraditória com a exigência de imparcialidade. Isso porque, ao se aceitar essa margem de subjetividade do sujeito que julga, está se admitindo que ela integra formalmente e validamente o poder jurisdicional e que, portanto, "a proteção jurídica dos direitos das partes [...] fica absolutamente condicionada às convicções pessoais, às crenças e à forte carga de subjetividade do julgador quando da análise do caso".[382] As críticas de Streck são precisas quando aponta que, com essa discricionariedade, há uma aposta no protagonismo judicial e aos magistrados é conferida a possibilidade de se julgar a partir dos sentidos formados idiossicraticamente em suas próprias consciências. Em outras palavras, é uma legitimação teórica camuflada da parcialidade dos magistrados.

3.5.2 A valoração da prova, os *standards* probatórios e a dificuldade do controle da imparcialidade

A valoração da prova é um momento especialmente problemático no que diz respeito ao tema do controle da imparcialidade. Isso se deve tanto à ampla liberdade que o julgador tem para dar valor ao material probatório produzido nos autos, quanto à facilidade em se justificar retoricamente as escolhas feitas e, ainda, à dificuldade de submeter essa valoração a um controle a partir de critérios de lógica e racionalidade.

O cerne da questão é o funcionamento do princípio da livre convicção motivada quanto à valoração da prova e os mecanismos aplicados para evitar a arbitrariedade. Se já é complexo o controle da atividade interpretativa no que diz respeito às normas jurídicas, o trabalho é ainda mais árduo quando se trata de avaliar elementos que só existem no microcosmo daquele processo e que só são acessados,

---

[382] COSTA, Fabrício Veiga. Imparcialidade do Juízo x Consciência do julgador no Ato de decidir: um Estudo Crítico sob a Ótica da Processualidade Democrática. *Revista Dialética de Direito Processual*, n. 138, 2014. p. 24.

em regra, por partes e juízes que trabalham com o caso. A valoração, por exemplo, do peso probatório de determinado testemunho é feita sem nenhuma referência objetiva e se dá no plano intuitivo. A situação ainda se agrava pela falta de tradição na doutrina processual do estudo da valoração das provas e isso se mostra o primeiro problema.

Com efeito, é importante frisar que a valoração da prova para fins de determinação dos fatos exige habilidades diversas da interpretação das normas, mas que não costumam ser exploradas no ensino jurídico básico, tampouco nos concursos públicos para os cargos de juízes.[383] Note-se bem que se as questões de fato são constituídas por proposições contraditórias, a serem testadas por provas e contraprovas, o avaliador precisa de conhecimento sobre a natureza dessas proposições e sobre a relação lógica entre fatos, provas e contraprovas. Se as proposições de fato não podem ser resolvidas como verdadeiras ou falsas, mas como prováveis ou improváveis, é necessário conhecimento sobre lógica de probabilidade. Se as provas são casos de conhecimento (das partes, das testemunhas etc.), então o julgador precisa ter conhecimento sobre conhecimento (direto ou perceptivo, indireto ou inferencial). Se litigantes, testemunhas e peritos são pessoas, é necessário conhecimento sobre psicologia. Se as controvérsias jurídicas são conduzidas pelo significado das palavras, é necessário conhecimento gramatical. Esse conhecimento sobre a valoração dos fatos em geral apenas é estudado pela doutrina mais especializada e em cursos de pós-graduação. Ainda que recentemente tenha aumentado o interesse doutrinário pela teoria da prova, a falta da tradição também tornou tolerável na prática jurídica a ausência desse conhecimento e valorações de prova baseadas explicitamente na íntima convicção ou disfarçadas através de uma retórica.

Para pensar essa questão, podemos imaginar uma hipótese na qual temos uma acusação por porte de drogas para fins de tráfico, decorrente de uma prisão em flagrante, sendo que há dois policiais que afirmam como verdadeira a hipótese acusatória e, no entanto, o pai do acusado, que também estava presente no local, diz ter visto os policiais forjando o flagrante. Nesse caso modelo, não há nenhuma outra testemunha, informante ou prova relevante para comprovar a autoria. É esperado que o magistrado avalie esses depoimentos e afirme se eles

---

[383] Essa questão foi inicialmente apontada por Jerome Michael e foi, mais recentemente, retomada por Willian Twining, em texto que descreve a história das tentativas de se consolidar a criação de um curso voltado ao estudo da prova (TWINING, Willian. *Rethinking Evidence: Exploratory Essays*. Cambridge: Cambridge University Press, 2006. p. 16-17).

são suficientes ou não para comprovar a hipótese acusatória de que o acusado de fato estava portando drogas com a finalidade de comercialização e que teria sido surpreendido pelos policiais.

O segundo problema já aparece no próprio conhecimento dessas provas pelo magistrado. Com base nas pesquisas que já citamos, sabemos que esse processo cognitivo tende a ser enviesado, ainda que o grau de enviesamento possa ser menor ou maior. Sabemos que o magistrado terá uma intuição inicial, motivada por valores pessoais, emoções, experiências anteriores ou outros fatores desconhecidos, e que sofrerá em alguma medida dos vieses de confirmação e desconfirmação. Ao final da análise, formará uma convicção pessoal acerca da suficiência ou não dessa prova.

O terceiro problema está na ampla possibilidade de justificação retórica da conclusão. O magistrado que tende a condenar pode simplesmente menosprezar o depoimento do pai do acusado, afirmando que, por se tratar do genitor, é presumível que queira beneficiar o filho. Também pode argumentar que o depoente não prestou compromisso de falar a verdade por se tratar de um parente. Ainda, o julgador pode dar valor maior ao depoimento dos policiais, apelando à presunção de legitimidade de suas atuações. Por outro lado, um magistrado tendente a absolver pode menosprezar o depoimento dos policiais, fundamentando que são agentes enviesados que pretendem justificar a própria abordagem e se defender da grave acusação de terem plantado a prova, e dar maior valor ao depoimento do pai, apelando ao quadro probatório duvidoso que ensejaria a absolvição.

É possível que a defesa ou o Ministério Público recorram da sentença no que diz respeito à valoração da prova e assim busquem reverter o seu resultado. Nessa revisão se encontra o quarto problema. O papel da corte revisora, nesse ponto, é de analisar as provas e a valoração realizada em primeiro grau a partir de critérios de lógica, racionalidade e prudência jurídica. No entanto essa revisão, por sua vez, não pode sofrer nova revisão, já que os tribunais superiores, por regra, não fazem reanálise do material probatório. Trata-se, portanto, de uma revisão que não sofre controle, a não ser de eventuais ilegalidades flagrantes. Não há nada que garanta que essa revisão ocorrerá a partir de critérios de racionalidade, já que, como mencionado, ela própria não sofre esse tipo de controle. E os juízes revisores sofrem dos mesmos problemas de cognição e enviesamento que o juiz de primeiro grau, de forma que, no fim das contas, o essencial acaba sendo a convicção pessoal dos revisores ou da maioria deles, que podem confirmar os fundamentos do juiz de primeiro grau ou usar retórica inversa para reverter o resultado. Isso significa que essa revisão está mais no plano da concordância ou discordância a partir dos valores aplicados pela decisão recorrida do que no plano da lógica e da racionalidade. E se algum magistrado ou desembargador revisor quiser elaborar uma fundamentação respeitando ao máximo critérios de lógica e racionalidade, isso será uma opção própria, já que nada o obriga a se portar dessa maneira.

Como um esforço para racionalizar a valoração, há, como primeiro ponto, a exigência de motivação, a qual já comentamos em tópicos anteriores. Em tese, o magistrado deveria expor os porquês das valorações atribuídas às provas e sua lógica utilizada para chegar às conclusões alcançadas. Mas esse mecanismo é ineficaz como meio de controle, como também já expusemos.

Outro mecanismo que vem sendo discutido pela doutrina processual são os *standards* probatórios. Estes seriam critérios para estabelecer o grau de confirmação probatória necessário para que um juiz ou uma câmara de juízes possa afirmar que determinado enunciado fático é verdadeiro dentro de um processo concreto.[384]

No processo penal, especificamente no que diz respeito à valoração da prova no momento da sentença, prevalece o entendimento de que o *standard* mais adequado é o modelo mais rígido possível.[385] Essa escolha se dá por razões de política criminal, amparadas no princípio da presunção de inocência. Em suma, o exercício do poder punitivo é, em tese, a mais dura intervenção que o Estado é capaz de realizar na vida de um cidadão, e essa intervenção, além de afetar direitos fundamentais, é capaz de provocar estigma no apenado, mesmo após o cumprimento da pena, e é capaz de afetar inclusive a vida de terceiros como efeito colateral. Por isso esse padrão de prova precisa ser o mais alto possível, justamente para se evitar o prejuízo social decorrente de uma intervenção indevida ou desnecessária. Isso significa que a escolha político-criminal é no sentido de que "considerar provado um fato que é falso" é um erro mais grave do que "considerar não provado um fato que é verdadeiro", ou seja, que condenar um inocente é mais grave do que absolver um culpado.

---

[384] BADARÓ, Gustavo. Editorial dossiê "Prova penal: fundamentos epistemológicos e jurídicos". *Revista Brasileira de Direito Processual Penal*, Porto Alegre, v. 4, n. 1, p. 70-71, jan./abr. 2018.

[385] BADARÓ, *Editorial dossiê "Prova...*, p. 71-21; MARANHÃO, Clayton. Standards de prova no processo civil brasileiro. *Revista Judiciária do Paraná*, Curitiba, n. 17, Curitiba, maio 2019. p. 224; GASCÓN ABELLÁN, Marina. Sobre la posibilidad de formular estándares de prueba objetivos. DOXA, *Cuadernos de Filosofia de Derecho*, 2005. p. 130.

Para cumprir essa função, tem sido frequente o apelo ao chamado *standard* da prova acima de qualquer dúvida razoável. Grosso modo, esse *standard* exige que para se considerar que a hipótese acusatória é verdadeira, é necessário que o conjunto probatório existente nos autos seja capaz de produzir certeza que esteja acima de qualquer questionamento que possa ser apresentado de forma racionalmente sustentável.

Porém, esse *standard* vem sofrendo fortes críticas. Em primeiro lugar, porque não forneceria critérios para o magistrado e trabalharia com conceitos facilmente maleáveis. Em segundo lugar, porque em vez de estar na prova, a ênfase estaria colocada na subjetividade do juiz no momento da decisão (certeza moral e ausência de dúvidas razoáveis). Em terceiro lugar, porque na jurisprudência nacional, seria possível constatar que o *standard* não vem cumprindo a função de dificultar condenações. Ao contrário, ele estaria sendo utilizado de forma retórica para justificar condenações duvidosas e flexibilizar a exigência de prova.[386]

Mesmo ciente dessas críticas alguns autores buscam salvar o conceito. É o caso, por exemplo, de Vasconcellos,[387] para quem esse *standard* tem a vantagem de já estar consolidado internacionalmente e poderia funcionar bem desde que com alguns aprimoramentos. Para o autor, o subjetivismo ao qual dá margem esse *standard* poderia ser reduzido a partir da controlabilidade da decisão. Esse autor propõe critérios para definir o que seria dúvida razoável, compreendendo-a como " a hipótese alternativa à tese incriminadora que se mostra logicamente possível e amparada pelo lastro probatório do processo." O autor também propõe a adição de artigos ao CPP que pudessem esclarecer a aplicabilidade desse *standard*.

---

[386] Cf., por exemplo, MATIDA, Janaina Roland; VIEIRA, Antonio. Para Além do BARD: uma crítica à crescente adoção do standard de prova "para" além da dúvida razoável" no processo penal brasileiro. *RBCCRIM*, São Paulo, v. 156, p. 232-233, jun. 2019. LUCCHESI, Guilherme Brenner. O necessário desenvolvimento de standards probatórios compatíveis com o direito processual penal brasileiro. *RBCCRIM*, São Paulo, v. 156, p. 168-169, p. 175-176, jun. 2019; ZOTTIS, Rafael. *Standards de prova e dúvida razoável no processo penal*. Porto Alegre: Livraria do Advogado, 2022. p. 155; GONÇALVES, Alana; DISSENHA, Rui Carlo. Proof Beyond a Reasonable Doubt: um estudo da adaptação brasileira como risco potencial às garantias processuais. *Revista Electrónica de Estudios Penales y de la Seguridad*, n. 7, 2021. Disponível em: https://www.ejc-reeps.com/Goncalves.pdf. Acesso em: 24 maio 2023.

[387] VASCONCELLOS, Vinicius Gomes de. Standard probatório para condenação e dúvida razoável no processo penal: análise das possíveis contribuições ao ordenamento brasileiro. *Revista Direito GV*, São Paulo, v. 16, n. 2, maio/ago. 2020, e1961, p. 13 e ss.

Nós mesmos já fizemos a defesa do aprimoramento de critérios de fundamentação centrados na avaliação da prova. Nesse sentido, em artigo publicado em 2022,[388] defendemos o critério lógico que só admite a condenação se o enunciado fático proposto pela acusação não tenha sido refutado pelas provas existentes nos autos e, ao contrário, por elas esteja solidamente confirmado. Essa confirmação sólida apenas ocorreria se as provas consideradas em conjunto só encontram explicação na hipótese acusatória e a confirmação seria meramente débil se essas provas pudessem ser explicadas tanto sendo verdadeira a hipótese acusatória, quanto sendo verdadeira a hipótese de inocência do acusado. Uma vez que o enunciado fático em teste é aquele proposto pela acusação, para a absolvição não seria necessária a confirmação sólida da hipótese de inocência, mas tão somente a refutação da solidez da hipótese acusatória.

Sem dúvida o aprimoramento dogmático é benéfico para uma racionalização da valoração da prova e os esforços doutrinários para aperfeiçoamento dessa ferramenta são muito bem-vindos. Porém, analisando o problema pelo enfoque do controle da imparcialidade, não podemos deixar de reconhecer sua fraqueza. Isso porque o funcionamento do *standard* probatório depende completamente da eficácia do controle sobre a motivação das decisões judiciais. Ocorre que, como já indicamos, esse controle é ineficaz. Além disso, como sabemos, a motivação apresentada no documento jurídico é uma racionalização dos critérios desconhecidos que podem ter servido para considerar que o depoimento da testemunha A é verdadeiro e que o depoimento da testemunha B é falso.

Esse tipo de análise é especialmente complicado em casos difíceis de serem provados, tais como acusações de crimes sexuais. Esse foi, aliás, o tema de nosso artigo publicado em 2022, ao qual remetemos o leitor mais interessado nessa discussão. Aqui apenas destacamos que em casos em que se tem a acusação de um crime sexual baseada na palavra da vítima e que contam com corroboração duvidosa justamente porque o *modus operandi* do crime dificultou muito a sua comprovação, pesa de forma muito explícita – e esse caráter explícito é o diferencial desses casos – a visão política do julgador, que, diante da inexistência de obrigação efetiva da aplicação de critérios racionais e transparentes,

---

[388] SZESZ, André. O standard de prova para a condenação por crimes sexuais: é viável e eficaz a flexibilização da exigência de corroboração probatória em crimes dessa espécie com o objetivo de discussão da impunidade? *Revista Brasileira de Direito Processual Penal*, v. 8, n. 2, p. 1007-1041, maio/ago. 2022.

escolha se vai condenar ou absolver e é capaz de justificar essa escolha afirmando que as provas são suficientes ou insuficientes. Essa escolha passa facilmente por qualquer mecanismo de controle de imparcialidade, se o julgador apresentar uma retórica minimamente plausível.

Enfim, a motivação e o *standard* probatório até podem dificultar valorações muito distantes da prova dos autos, mas definitivamente não resolvem o problema da parcialidade das valorações.

3.5.3 Os juízos intuitivos de prognose

O controle da imparcialidade também se mostra especialmente complicado em decisões que estão fundamentadas em juízos de prognose, tais quais aquelas que autorizam a aplicação de medidas cautelares pessoais. Um exemplo típico são as decisões que decretam prisão preventiva.

Inicialmente ressaltamos que se trata de um tipo de decisão bastante peculiar, porque envolve um juízo de periculosidade. Com efeito, note-se bem que decisões que sentenciam o processo estão baseadas em um juízo de verdade acerca de fatos passados, uma vez que devem decidir, com base na prova dos autos, se o enunciado proposto pela acusação pode ser tido por verdadeiro. Ou seja, se condenado, o fundamento fático dessa condenação é a conduta realizada pelo réu no passado. Já as decisões cautelares, em que pese tenham como pressuposto algum grau de comprovação dos fatos denunciados, estão fundamentadas no perigo de que o acusado venha a praticar um ato futuro determinado (fuga, reincidência, destruição de provas, etc.). Assim, as decisões cautelares dependem de um juízo de prognose através do qual o julgador afirma a existência de condições materiais e disposição anímica indicando que há probabilidade de que o réu venha a praticar algumas das hipóteses que justificam a medida.[389]

Ainda que o desenvolvimento da teoria da prova pela doutrina processual seja relativamente recente, no campo da filosofia e das ciências há vasto desenvolvimento de critérios que servem para definir quando se pode afirmar que um determinado enunciado fático pode ser considerado verdadeiro. Nesse campo, inserem-se as teorias da verdade, incluindo as da verdade científica e da verdade processual. Contudo, o mesmo desenvolvimento não é verificado no estudo das

---

[389] Tratamos a fundo esse tema na obra já citada *"O juízo de periculosidade na prisão preventiva"*.

prognoses. Em verdade, não há nenhum critério científico que permita se afirmar com certeza que determinado fato ocorrerá no futuro, especialmente quando envolve comportamento humano. O que se admite como cientificamente sustentável é a afirmação da probabilidade da ocorrência de determinado fato futuro. Essa probabilidade pode estar sujeita à comprovação. A questão central é a definição de um método juridicamente válido para se considerar como provável o evento antijurídico futuro.

Existem de fato métodos possíveis.[390] Por exemplo, o método estatístico, que se baseia em banco de dados sobre pessoas que reincidiram, fugiram, etc. Mas ele é inviável, porque um banco dessa natureza, além de ter alto custo, ainda teria limitações geográficas, históricas, culturais, e se constituiria como fundamento extraprocessual e estranho ao réu concreto. Há também o método da periculosidade presumida, no qual o legislador generaliza artificialmente hipóteses de perigo, tal como a lei de crimes hediondos em sua redação original, que vedava liberdade provisória para delitos dessa natureza. Esse método é inviável, porque incompatível com a presunção de inocência. Outro método existente é o clínico, comum em medidas de segurança, em que o julgador avalia as circunstâncias e peculiaridades do réu com o assessoramento de peritos (psiquiatras, psicólogos, assistentes sociais, etc.). Porém, além dos problemas usuais que se verificam nesse tipo de laudo, geralmente realizado em procedimento muito abreviado se comparado com o trabalho desses profissionais na esfera privada, teria alto custo e seria incompatível com a demanda de urgência que geralmente acompanha as medidas cautelares.

O último método, e que é o usualmente verificado na prática processual, é o intuitivo, através do qual o julgador se baseia em sua experiência de vida e em sua prática processual anterior para realizar a prognose. Em tese, esse juízo não necessariamente seria arbitrário se as razões reais que motivaram a conclusão da prognose fossem expostas meticulosamente no documento jurídico. Nós mesmos já realizamos estudo sobre esse tipo de decisão e apresentamos um método para que a fundamentação da prognose seja a mais detalhada possível e, sendo assim, o mais controlável possível.[391]

Porém, um método como esse está focado na racionalização da decisão e é indiferente aos processos psicológicos do raciocínio levado

---

[390] Sobre esses métodos, cf. SZESZ, *Sobre a decisão*..., p. 192-194.
[391] SZESZ, *O juízo de*..., p. 73-84.

pelo julgador para se concluir pela existência ou não de perigo. Sendo assim, em que pese seja bastante interessante para tornar a decisão mais controlável, esse método não resolve o problema da parcialidade das intuições que movem o raciocínio do julgador.

O controle dessas decisões pelas instâncias revisoras se dá no campo dos argumentos escolhidos. Há certos argumentos que são objetivamente vedados, como a mera gravidade abstrata do delito[392] ou a presunção de que o réu poderá fugir apenas porque ele não foi localizado para sua citação no processo.[393] Mas há um espaço enorme de avaliação pessoal das circunstâncias que é de difícil controle, tal como os antecedentes do acusado ou a violência concreta da conduta, que a depender do intérprete podem servir ou não para se afirmar perigo de reiteração.

Também é importante mencionar que em decisões desse tipo, a doutrina penal já identificou a existência de um fenômeno chamado de *over prediction*,[394] que seria uma preponderância na presunção de perigo em casos duvidosos. É que, quando um magistrado afirma que não há perigo identificável, mas ocorre de esse réu reincidir, o erro do julgador é facilmente identificável e recaem sobre ele, pessoalmente, as críticas.[395] Já se o magistrado afirma que há perigo e decreta a prisão, é

---

[392] E.g. " *Verifica-se ausência de fundamentação idônea na decisão que se baseia na gravidade abstrata do delito*, sem indicação de que a conduta praticada demonstre o perigo de se manter em liberdade o acusado, impondo-se a concessão de liberdade provisória, com o restabelecimento da decisão de primeiro grau." (STJ, AgRg no REsp n. 1.966.224/AC, relator Ministro Olindo Menezes (Desembargador Convocado do TRF 1ª Região), Sexta Turma, julgado em 9/8/2022, DJe de 15/8/2022.)

[393] E.g. "[...] *a presunção de fuga, decorrente do fato de o paciente não ser localizado para citação, não constitui fundamentação válida a autorizar a custódia cautelar*, porquanto os conceitos de evasão e não localização não se confundem" (STJ, HC 446.010/SP, Rel. Ministro Felix Fischer, Rel. p/ acórdão Ministro Ribeiro Dantas, Quinta Turma, julgado em 16/08/2018, DJe 27/08/2018).

[394] Cf. ROMEO CASABONA, Carlos Maria. *Peligrosidad y derecho penal preventivo*. Barcelona: Bosch, 1986. p. 39; ZIFFER, Patricia S. *Medidas de seguridad*. Buenos Aires: Hamurabi, 2008, 163-164; SZESZ, *O juízo de...*, p.77-78.

[395] Importante notar o seguinte fenômeno. Se um juiz condena um réu a determinada pena, os críticos, se a considerarem insuficiente, dirigem seus ataques à lei, supostamente branda. E.g. "'SAIDINHA' da prisão beneficia Suzane Richthofen, Anna Jatobá e Elize Matsunaga" (*R7*, 15 mar. 22. Disponível em: https://noticias.r7.com/sao-paulo/saidinha-da-prisao-beneficia-suzane-richthofen-anna-jatoba-e-elize-matsunaga-15032022. Acesso em: 03 out. 2022), matéria através da qual o portal noticia a saída temporária de apenadas conhecidas, sugerindo implicitamente uma leveza das penas, mas sem mencionar o nome dos juízes que autorizaram o benefício. Já se um juiz mantém solto um réu por falta de fundamentos para a prisão preventiva, usualmente as críticas são dirigidas à pessoa desse juiz, não à lei. E.g. "MINISTRO do STF manda soltar goleiro Bruno" (*G1*, 21 fev. 17. Disponível em: https://g1.globo.com/minas-gerais/julgamento-do-caso-eliza-samudio/noticia/stf-determina-liberacao-do-goleiro-bruno-da-prisao-por-morte-de-eliza-samudio.ghtml. Acesso em: 3 out. 2022), matéria em que o portal noticia habeas corpus concedido

impossível saber se esse acusado reincidiria se estivesse solto, de forma que também é impossível saber se o magistrado acertou ou errou. Para se evitar sofrer críticas por ter errado, há uma tendência natural a, na dúvida, optar pelo reconhecimento de perigo. Isso é obviamente um raciocínio parcial e que sopesa as circunstâncias a partir das consequências pessoais de um possível erro.

Todos esses fatores, enfim, denotam que esse tipo de decisão é especialmente difícil de ser controlada pelo viés da imparcialidade, já que o método mais viável, qual seja, o intuitivo, já pressupõe parcialidade, pois autoriza o julgador a se valer de suas intuições para realizar o juízo de prognose, ainda que posteriormente deva racionalizar os fundamentos a serem apresentados o documento jurídico.

3.5.4 O problema do Tema com Repercussão Geral nº 339 e o controle sobre as decisões carentes de fundamentação

A obrigatoriedade de fundamentação das decisões judiciais está prevista no artigo 93, IX, da CF, o qual estabelece que "todos os julgamentos dos órgãos do Poder Judiciário serão públicos, e fundamentadas todas as decisões, sob pena de nulidade (...)". Parece claro, assim, que conforme a Carta Magna, a ausência de fundamentação implica nulidade da decisão.

O STF reconheceu a existência de repercussão geral sobre essa questão e a matéria ficou registrada como o Tema 339. A tese firmada pela Corte é a de que a Constituição Federal exigiria que "o acórdão ou decisão sejam fundamentados, ainda que sucintamente, sem determinar, contudo, o exame pormenorizado de cada uma das alegações ou provas".

O voto reafirma a jurisprudência da Corte no sentido de que, a uma, viola o artigo 93, IX, da CF a decisão carente de fundamentação. A duas, essa violação não seria verificada nos casos em que a decisão não analisa pormenorizadamente todos os argumentos apresentados pelas partes, se ela contiver motivação que implicitamente supera todas as questões suscitadas. A três, essa nulidade não teria relação com o acerto ou erro dos fundamentos utilizados pela decisão, os quais podem

---

a réu e enfatiza, já no título, quem foi o Ministro responsável pela ordem de soltura, não o motivo legal dessa decisão que, no caso, foi o excesso de prazo na formação da culpa, tampouco as autoridades que foram responsáveis pela demora para o julgamento.

ser alvo dos recursos pertinentes. Teria relação tão somente com a existência de motivação. Isto é, a decisão acompanhada de fundamentação problemática, porque incorreta ou frágil, não é nula e deve ser revisada pela via recursal correta.

Quanto ao mérito desse precedente, não temos nenhuma consideração a fazer. O problema que verificamos está, em verdade, no sistema da repercussão geral. Com efeito, conforme essa sistemática, uma vez que a Suprema Corte reconhece a repercussão geral de um tema e estabelece uma tese, cabe aos demais tribunais fazer a admissibilidade dos recursos extraordinários dessa matéria, aplicando o entendimento já firmado. Conforme estabelece o artigo 1.030, I, a, do CPC, se o recurso extraordinário for interposto contra acórdão "que esteja em conformidade com entendimento do Supremo Tribunal Federal exarado no regime de repercussão geral", ele deve ter seu seguimento negado. Se, no entanto, o acórdão divergir desse entendimento da Suprema Corte, deve ser encaminhado ao órgão julgador para juízo de retratação (art. 1030, II). Se não houver essa retratação e o juízo de admissibilidade for positivo, somente então aos autos serão remetidos ao STF (art. 1030, V, c).

O grande problema está em que quem decide se o acórdão está ou não em conformidade com o entendimento firmado pelo STF é o próprio tribunal que proferiu a decisão. Isto é, por exemplo, se uma parte interpõe recurso extraordinário contra acórdão proferido pela 3ª Turma do STJ, em matéria cível, alegando violação ao artigo 93, IX, da CF, em razão de que a decisão impugnada seria carente de fundamentação, quem dirá que essa motivação é nula ou é idônea será o Vice-Presidente do Tribunal. Este, que não necessariamente é um ministro com afinidade com a matéria de direito privado, precisará afirmar que um acórdão proferido por outro ministro que ocupa o mesmo cargo, no mesmo tribunal, que é especialista naquela área, e que possivelmente foi acompanhado por outros quatro ministros da mesma área, tem problemas de fundamentação. Assim, além dos próprios inconvenientes políticos e de convivência interna no próprio tribunal – um único colega revisa o julgado de outros cinco –, há uma natural tendência corporativista.

Desse modo, a sistemática da repercussão geral reduziu drasticamente as possibilidades de que um acórdão apontado como carente de fundamentação pela parte seja revisado por outro tribunal. Como consequência, pioraram as possibilidades de se exercer controle da fundamentação das decisões judiciais. Esse fator impacta também no controle da imparcialidade justamente pelo enfraquecimento das vias de controle. Quanto menor o controle sobre a fundamentação das decisões, maior é o espaço para que se julgue a partir da própria subjetividade.

3.6 Síntese

Como pudemos observar, em primeiro lugar, a doutrina processual majoritária atribui ao dever de fundamentação das decisões judiciais importantes papeis processuais e políticos, dentre eles a função de garantia de racionalidade e de controle da atividade judicial, inclusive da imparcialidade. Esse modelo é construído a partir de pressupostos racionalistas acerca do processo decisório humano.

No entanto, em segundo lugar, pesquisas empíricas de psicologia social atestam que esse processo decisório é muito mais intuitivo do que racional, sendo que raramente a argumentação racional associada à decisão é sua verdadeira causa. Atestam também que a cognição humana não é imparcial e por regra não está voltada para a busca da verdade, mas para a autoconfirmação de opiniões prévias, contando inclusive com mecanismos neurais de proteção cognitiva contra a persuasão racional.

Em terceiro lugar, no Brasil esse fenômeno se mostra especialmente problemático, uma vez que há grande tolerância com decisões baseadas em valores pessoais do julgador e um espaço enorme para se encontrar fundamentos jurídicos que justifiquem qualquer que seja o teor da decisão tomada. Além disso, há tolerância com fundamentações genéricas, há alta carga de trabalho dos juízes, que produzem um número enorme de decisões por mês, há participação invisibilizada da assessoria no processo cognitivo e decisório, entre outros fatores que corrompem o modelo racional de fundamentação das decisões. Isso tudo resulta em um nível baixo de controle de imparcialidade por essa via.

Em quarto lugar, as exceções de suspeição e impedimento, que em tese deveriam servir para o controle das partes acerca da imparcialidade dos julgadores, têm baixíssimo índice de eficácia. São, por regra, engolidas pela presunção de legitimidade da atos jurisdicionais, pela exigência de provas frequentemente impossíveis de serem produzidas e pelo corporativismo dos magistrados. Esse controle, quando ocorre, é casuístico e realizado a partir de critérios incertos.

Em quinto lugar, a dificuldade do controle de imparcialidade se mostra especialmente difícil com relação a determinados temas em que há uma cultura jurídica brasileira de tolerância com decisões com alto grau de subjetividade. Isso acontece nos espaços em que se legitima a chamada discricionariedade judicial. O controle judicial também é prejudicado pela sistemática da repercussão geral que, em razão da decisão relativa ao Tema nº 339, deixa a análise da alegação de carência de fundamentação ao próprio tribunal prolator do acórdão impugnado.

Em suma, todos os mecanismos destinados à fiscalização de imparcialidade não funcionam como deveriam. São, assim, controles que em verdade nada controlam. A consequência disso é o grande espaço de arbitrariedade existente nas práticas judiciais brasileiras.

CAPÍTULO 4

A IMPARCIALIDADE COMO UM PROBLEMA QUE TRANSCENDE O JURÍDICO

4.1 Sobre a natureza política das decisões penais

Nos capítulos anteriores, demonstramos que as práticas judiciais destoam largamente do modelo idealizado de juiz imparcial e que o controle de comportamento dos magistrados, no que diz respeito ao direito a um tribunal imparcial, é fraco e casuístico.

A partir dessas premissas, podemos afirmar com segurança que há uma defasagem enorme na implementação do direito ao um tribunal imparcial no Brasil. O problema está longe de ser apenas a necessária parcialidade existente nos processos decisórios humanos, já que isso é uma constante para qualquer sistema judicial que trabalhe com juízes humanos. A questão se torna especialmente delicada no Brasil em razão da cultura de tolerância com as subjetividades no exercício do poder jurisdicional.

Isso nos leva a refletir sobre se esse modelo de juiz imparcial realmente deve ser salvo ou se é necessário buscar o controle do comportamento dos magistrados a partir de outros pressupostos.

Neste capítulo, refletiremos sobre o quanto a atividade judicial é essencialmente política e deve ser assim assumida, para que não sejam camufladas, sob a capa de imparcialidade, as atividades intrinsecamente políticas do exercício do poder jurisdicional. Também apresentaremos uma reflexão sobre a viabilidade de um de processo penal compatível com o modelo de juiz baseado nos saberes empíricos e sobre os horizontes para se construir a legitimidade do Poder Judiciário em cima de pressupostos que considerem sua real capacidade operacional.

Feitas essas considerações iniciais, passamos ao primeiro problema, qual seja, a natureza política das decisões penais.

Uma das caraterísticas intrínsecas ao Poder Judiciário, mas que foi camuflada pelo histórico discurso de imparcialidade/neutralidade, é a sua dimensão política.[396] Discutir essa dimensão é um passo necessário para que se repense o dever da imparcialidade a partir de preceitos da realidade da prática jurisdicional.

Precisamos considerar, todavia, que, como aponta Rezende,[397] a associação da magistratura com um atuar político enfrenta fortes resistências justamente porque confronta essa imagem historicamente construída de que os juízes atuariam com neutralidade político-ideológica. Como pontua o autor, essa discussão, para muitos, beira o desacato, porque profanaria a sacralidade da magistratura, ao levá-la ao mundo supostamente impuro das relações políticas.

Mas a política permeia o Poder Judiciário, já que ele é, afinal de contas, um poder do Estado, formado poder agentes institucionais de poder[398] e que exerce uma atividade que é política, além de técnica, de aplicar o Direito.[399] Neste tópico, pretendemos apresentar alguns dos pontos nos quais a atuação jurisdicional se revela evidentemente permeada pela política.

4.1.1 Poder punitivo e política pública estatal de redução da criminalidade

O primeiro aspecto a que chamamos a atenção é a própria natureza das decisões penais, observadas por uma perspectiva de disputas de poder político. De fato, as decisões penais, para além de sua essência jurídica e dos aspectos técnicos, estão inseridas numa gama de relações políticas e se destinam, elas mesmas, à implementação de políticas públicas governamentais.

---

[396] Em verdade, "el razonamiento jurídico y las batallas judiciales no son tajantemente distinguibles del razonamiento moral y político y de las batallas morales y políticas" (OLSEN, *el sexo del*..., p. 151).

[397] REZENDE, *Democratização do Poder*..., p. 57-58.

[398] Como bem pontua Zaffaroni, "o limite entre o político e o judicial não pode ser definido formalmente no Estado moderno. A justiça moderna não pode ser 'apolítica' nesse sentido, e hoje mais do que nunca, deve-se reconhecer que o poder judiciário é 'governo' (*Poder Judiciário*..., p. 24). No mesmo sentido, Rezende (*op. cit.*, p. 61): "[...] é importante pontuar que é um contrassenso pensar um Poder do Estado que não seja político, não sendo possível despolitizar o Judiciário, ignorando a função essencialmente política que ele cumpre."

[399] REZENDE, *op. cit.*, p. 61

Para refletir sobre esse tema, devemos considerar, em primeiro lugar, que a própria atividade legislativa de criação de uma norma penal incriminadora é essencialmente política. Isso porque a criminalização primária de determinada conduta é uma opção política estatal, através da qual se elege a via penal, dentre as existentes, para se lidar com determinado conflito social. Como já foi bem ressaltado pela criminologia de vertente sociológica no século passado, o crime não tem uma natureza ontológica que antecede à sua definição,[400] ele é uma construção artificial e política. Ao se optar pela via criminal e se conferir o *status* de crime a determinada conduta, espera-se atrelar a ela os estigmas associados ao direito penal, bem como formalmente se espera que a dureza da sanção penal promova um efeito inibitório.

Essa atividade legislativa, todavia, geralmente não ocorre através de consensos pacíficos. Muito pelo contrário, ela pressupõe processos de disputas políticas em que determinados grupos conseguem fazer prevalecer seus interesses pela criminalização ou não de determinada conduta. Em alguns casos, a disputa política é facilmente identificável, como ocorre em temas como o aborto consentido, a comercialização de drogas, a homofobia e outras formas de discriminação, etc. Já em outros temas, a disputa é mais sutil. Até mesmo as reformas da parte geral do Código Penal, bem como das leis processuais, também decorrem de disputas políticas em que grupos tentam fazer prevalecer seu modelo de direito penal ou processo penal.

Em segundo lugar, o exercício do poder punitivo estatal também é político, na medida em que envolve a implementação de uma política pública estatal. Não é à toa que as teorias preventivas da pena, as preferidas dos penalistas contemporâneos, esforçam-se para dar um sentido político à pena. Isto é, ao se atribuir à pena a função de prevenir novos crimes, o que se espera é que a ação estatal de punir o criminoso sirva para reduzir as estatísticas criminais. Trata-se de um sentido que interessaria a toda sociedade e funcionaria como uma via para lidar com conflitos sociais selecionados. Ou seja, é uma política pública estatal.

Vale ressaltar que as teorias retributivas, por sua vez, buscam atribuir à pena a finalidade de devolver ao apenado o mal causado, sendo essa relação justificada por razões de ética e justiça, não por um interesse social específico. Sendo assim, essas teorias pretendem, em verdade, uma despolitização da pena. Justamente por isso sofrem dificuldades em se compatibilizar com a economia política

---

[400] Cf. BARATTA, *Criminologia Crítica e...*, p. 109 e ss.

contemporânea, que exige das ações estatais uma justificativa conectada com interesses sociais.

De todo modo, o Código Penal Brasileiro adota a teoria mista, que combina as preventivas com as retributivas. Ao fazer essa adoção, a legislação brasileira adota formalmente funções políticas da pena.

Por outra perspectiva, estudos de criminologia dão conta de que o exercício do poder punitivo cumpre com funções não declaradas.[401] Em que pese os discursos que legitimam a pena, esta, em suas manifestações concretas, seria muito mais complexa do que aquilo que é desenhado pelos penalistas. Por um lado, a pena exerceria concretamente funções diferentes em cada caso (a função da pena no caso do homem que matou sua ex-namorada por ressentimento, por exemplo, não é a mesma que no caso do jovem de classe baixa que foi flagrando comercializando maconha e tampouco que no caso do ex-parlamentar que foi condenado por ter participado em crimes de corrupção política com alta repercussão midiática). Por outro lado, enfoques macrossociológicos dariam conta de que a pena também desempenha funções incompatíveis com o discurso oficial, tais como, por exemplo, a contribuição para a manutenção de relações de desigualdade, em razão da seletividade do poder punitivo.[402]

Ao assimilarem as críticas criminológicas, Zaffaroni, Batista, Alagia e Slokar desenvolveram uma teoria crítica da pena, chamada de agnóstica.[403] Os autores, justamente por considerarem que o exercício concreto do poder punitivo nunca corresponde ao discurso jurídico que o legitima e que qualquer tentativa de se atribuir uma função jurídica à pena seria inevitavelmente reducionista e dissociada da real operatividade do instituto, optam por não atribuir finalidade nenhuma. Pelo contrário, Zaffaroni (*et al*) concebem a pena como um exercício irracional de poder que dispensa legitimidade jurídica porque tem natureza política. Sendo assim, o papel dos juristas se esgotaria em racionalizar esse exercício, isto é, em habilitar a pena somente em casos em que efetivamente o Estado não é capaz de dar uma solução efetiva para o conflito. A pena, para Zaffaroni (*et al*), tem natureza política, não jurídica.

O reconhecimento das funções latentes e da defasagem dos discursos oficiais sem dúvida deve implicar na reconstrução das teorias

---

[401] Por todos, cf. ZAFFARONI (*et al.*), *Direito Penal Brasileiro...*, p. 87 e ss.
[402] Por todos, cf. BARATTA, *Criminologia Crítica e...*, cap XIII e XIV.
[403] ZAFFARONI (*et al*), op. cit., p. 97 e ss.

jurídicas da pena, mas esse não é o nosso objeto de pesquisa. De nossa perspectiva, analisando as teorias positivas e a teoria crítica mencionada, podemos observar que, seja pela via do discurso jurídico oficial ou seja pela via da operatividade latente do instituto, é inegável que a pena tem de fato uma essência política. O poder punitivo, no fim das contas, é formalmente validado como uma política pública governamental e em suas manifestações concretas se revela também como um instrumento político em um contexto de disputas de poder.

O Poder Judiciário não detém o monopólio sobre o funcionamento do poder punitivo. Isso porque, por um lado, a criminalização primária, que advém do Poder Legislativo, tem um efeito simbólico autônomo, capaz de produzir efeitos reais na sociedade independentes de qualquer manifestação das autoridades judiciárias. Por outro lado, o poder punitivo, em sua essência política, também engloba as manifestações subterrâneas do Estado, as quais escapam ao controle do Poder Judiciário. Nesse sentido, por exemplo, as ações policiais ilegais que resultam em uma violência invisibilizada são manifestações do poder punitivo estatal.

Mas o Poder Judiciário desempenha um papel importantíssimo, na medida em que confere legitimidade ao exercício do poder punitivo concreto em casos selecionados. Com efeito, a atividade do juiz criminal, ao julgar o mérito das ações penais, consiste, em suma, em julgar procedente ou improcedente a hipótese acusatória e, em caso positivo, em especificar os limites e contornos da punição. Essa atividade, em termos práticos, consiste em habilitar e moldar, no caso concreto, a implementação de uma política pública estatal,[404] tomando como referência o objetivo político de reduzir a criminalidade e reforçar a confiança no direito. Tarefa semelhante ocorre quando o juiz decreta uma medida cautelar como a prisão preventiva, que é materialmente assemelhada a uma pena de prisão, já que impõe ao acusado, ainda que por razões cautelares, uma privação de liberdade. O caráter político da prisão preventiva se revela especialmente quando a medida é fundamentada por razões extraprocessuais (ordem pública, perigo de reiteração delitiva e ordem econômica), hipótese em que ela serve como instrumento para se lidar com um perigo que é externo ao processo concreto.

Decisões dessa natureza não se equivalem àquelas que tão somente pretendem resolver um litígio entre duas partes, que é o que geralmente se associa à imagem do juiz. Pelo contrário, aqui está em

---

[404] Nesse sentido, também Leubsdorf (*Theories of judging...* p. 250).

questão, como dito, uma política pública estatal que pretende interferir nas estatísticas criminais, ou seja, que está conectada àquela que é formalmente a razão de ser do poder punitivo estatal. Por isso, nas decisões penais que envolvem a imposição de uma punição está sempre pressuposta uma política criminal.

Isso também nos leva a refletir sobre a incompatibilidade do modelo de juiz imparcial com a realidade da atividade do poder jurisdicional. Qualquer pretensão de descrever a atividade dos juízes como estritamente técnica sofre do problema de a despolitizar. Essa despolitização, ainda que funcione no plano discursivo, simplesmente não corresponde à realidade. Ela apenas camufla a essência política inerente à atividade jurisdicional, mas não a faz desaparecer. É irremediável o fato de que o juiz é um gestor de políticas públicas governamentais. Como destaca Zaffaroni,[405] cada sentença é um ato de poder político porque a jurisdição é um ato de governo da pólis.

Essa constatação gera consequências para o problema da imparcialidade. Isso porque uma vez que o juiz decide acerca de políticas públicas, ele nunca está tão distante do caso quanto aquele que simplesmente resolve um conflito entre duas partes. Com efeito, como o magistrado também integra a sociedade, ele está sujeito aos efeitos dessas políticas públicas. Está sujeito, por exemplo, àquela violência de rua que o poder punitivo tenta combater, assim como aos problemas de arrecadação do estado, objeto de crimes tributários, aos problemas de prestação dos serviços públicos, que podem ser afetados por crimes de corrupção política ou fraudes a licitações, etc.

Nessa perspectiva, o juiz está sempre mais próximo da vítima, individualizada ou abstrata, do que do autor. Não surpreende que alguns atribuam ao Poder Judiciário a função de combater o crime. Tecnicamente, essa atribuição está equivocada, porque o papel do Poder Judiciário é, como dito, julgar procedente ou improcedente a hipótese acusatória. Mas do ponto de vista político, não é uma atribuição dissociada da realidade, já que os juízes efetivamente lidam com uma política pública que pretende reduzir a criminalidade.

4.1.2 A política criminal pressuposta nas decisões penais

Já descrevemos anteriormente que o direito penal e o processo penal se realizam num ambiente de disputas políticas, empurrados por

---

[405] No prefácio de REZENDE, *Democratização do Poder...*, p. 28.

demandas sociais contraditórias. Que as funções de evitar a impunidade e conter os abusos do Estado não são harmônicas e coexistem de forma tensional. É dentro desse contexto que saem as decisões penais concretas. Por outro lado, também já descrevemos que há uma pessoalidade inerente a toda atividade jurisdicional e que as decisões judiciais pressupõem escolhas valorativas dos juízes que as proferem.

A partir desse cenário, podemos constatar agora que as decisões penais, quando envolvem a habilitação do poder punitivo estatal, pressupõe uma escolha de política criminal a ser realizada pelo juiz que a profere. Isto é, a cada decisão proferida está implícita uma concepção particular sobre como deve ser implementado o poder punitivo naquele caso. E isso é potencializado no sistema jurídico brasileiro, em razão da já mencionada cultura de tolerância com a alta carga de subjetividade das decisões dos magistrados.

Tomemos como exemplo novamente o problema da prisão preventiva. Esta pressupõe a indicação da existência de fundamentos cautelares aptos a justificar a medida. Há, todavia, uma tensão com o princípio da presunção de inocência. Em suma, a questão está em compatibilizar um instituto que materialmente é equiparável a uma pena de prisão, já que impõe uma privação de liberdade de mesma envergadura, com um princípio que veda o tratamento do acusado como culpado antes do trânsito em julgado da acusação. Ao se prender o réu, não se estaria o tratando como culpado?

Não pretendemos aqui discorrer sobre essa problemática – o que já fizemos, aliás, em oportunidade anterior.[406] Basta, neste momento, ressaltar que há três respostas recorrentes. A primeira considera que simplesmente não é viável essa compatibilização, ou seja, que a prisão preventiva sempre viola a presunção de inocência. A segunda considera que não há violação ao princípio da presunção de inocência apenas se a prisão é fundamentada por razões intraprocessuais. Isso porque mesmo um inocente poderia atentar contra a instrução criminal, assim como poderia se evadir da aplicação da lei penal, de forma que decretar sua prisão não implica, necessariamente, considera-lo culpado da acusação. Já as razões extraprocessuais seriam incompatíveis, uma vez que dizem respeito a uma crise que é alheia ao processo concreto. Isto é, para se afirmar perigo de reiteração ou perigo à ordem pública, é logicamente necessário pressupor que o réu é culpado do que lhe está sendo imputado. A terceira resposta não vê problemas em compatibilizar a prisão preventiva com qualquer dos fundamentos cautelares.

---

[406] SZESZ, O juízo de..., p. 51-59.

Os autores que defendem cada uma dessas posições as justificam com uma fundamentação racional dentro do sistema de valores constitucionais. Não é nossa pretensão avaliar aqui cada uma dessas respostas. Pelo contrário, nossa intenção é ressaltar que não há, em verdade, nenhuma resposta objetivamente correta, como se fosse um problema matemático. As respostas pressupõem escolhas políticas do intérprete. Os autores que fazem preponderar o princípio da presunção de inocência em face da pretensão de se evitar a impunidade tendem a se alinhar às teses mais liberais, que no caso seriam a primeira e a segunda resposta. Já os autores que fazem ponderação inversa tendem a se alinhar à terceira resposta. Por mais que se adote um sistema de interpretação que conduza a uma resposta correta única para problemas como esse, a aplicação desses métodos pressupõe, de todo modo, as escolhas valorativas que estão na base e esse é o ponto de discordância fundamental.

No Brasil, as controvérsias sobre a prisão preventiva não são tão relevantes porque prevalece a terceira resposta, ainda que os autores mais liberais sejam bastante críticos quanto ao excesso do uso de fundamentos extraprocessuais. Isso provavelmente se deve ao contexto social do país, em que há alta estatística de violência urbana e a prisão preventiva é uma medida comum para se lidar com os crimes violentos cotidianos. Note-se bem que, portanto, o decisivo para resolver uma controvérsia em tese estritamente jurídica são as escolhas políticas sobre como os institutos jurídicos devem funcionar.

Se na doutrina as opções políticas são decisivas, na atividade jurisdicional não há cenário diferente. O juiz criminal, quando profere decisões penais, aplica nelas noções de política criminal pessoais. Por exemplo, no caso da prisão preventiva, um juiz mais liberal tende a ser mais cauteloso no uso da medida. No caso dos juízes revisores mais liberais, há uma tendência a uma análise mais rigorosa das fundamentações das prisões. O inverso acontece do caso de juízes que compreendem a prisão preventiva como uma forma idônea de se intervir nas estatísticas criminais.

Ainda para exemplificar essa questão, apresentamos breve análise dos acórdãos recentes, proferidos pelo Plenário do Supremo Tribunal Federal, acerca do tema da prisão em segunda instância – a análise apenas dos votos dos relatores já basta para sustentar o argumento aqui defendido.

Em 2010, foi publicado o acórdão do julgamento do HC 84078-MG, através do qual o Plenário do STF pacificou, naquele momento, o entendimento no sentido da vedação da execução provisória da pena.

O voto do Ministro Relator, Eros Grau, se estruturou nos seguintes argumentos. A uma, a literalidade da Constituição Federal não permitiria a interpretação pela possibilidade da antecipação da pena. A duas, haveria contraste com os princípios da presunção de inocência e da ampla defesa. A três, uma retórica pela possibilidade desse tipo de prisão somente serviria à conveniência dos tribunais, que evitariam recursos protelatórios, mas ao custo do desrespeito à Constituição. O Ministro ainda citou Evandro Lins para criticar a ideologia punitivista dos que pretendiam essa antecipação de pena ("Na realidade, quem está desejando punir demais, no fundo, no fundo, está querendo fazer o mal, se equipara um pouco ao próprio delinquente").

Esse entendimento foi revertido em 2016 através do julgamento do HC 126.292/SP, também pelo Plenário da Corte. O voto do Ministro Relator, Teori Zavascki, valeu-se dos seguintes argumentos. A uma, o princípio da presunção de inocência precisaria estar equilibrado com a efetividade da função jurisdicional. A duas, esse princípio deveria ser interpretado por uma perspectiva gradativa, segundo a qual o estado de inocência do réu vai se enfraquecendo após as condenações em primeira e segunda instâncias, respectivamente. A três, o duplo grau de jurisdição se esgotaria com o julgamento em segunda instância. A quatro, prevaleceria, no direito comparado, a possibilidade de execução da pena antes do julgamento de recursos pelos tribunais superiores. A cinco, seria verificável na prática processual o grande uso de recursos para protelar a execução da pena e isso acarretaria o risco de prescrição das condenações.

Em 2019, o Plenário da Corte retorna ao entendimento de 2010, através do julgamento das ADC's 43, 44 e 54. Essas ações pretendiam a declaração da constitucionalidade do artigo 283 do CPP. No voto do relator, o Ministro Marco Aurélio, há, em suma, os seguintes argumentos. A uma, novamente há referência à literalidade do texto da Constituição, que não permitiria interpretação diversa da vedação da execução provisória da pena. O Ministro ressalta que a ação é, em alguma medida, absurda, pois pretenderia declarar a constitucionalidade de um preceito legal que repete o texto da Constituição. A duas, há rejeição da concepção gradativa da presunção de inocência. A três, há referência ao problema da superlotação dos presídios e do grande número de pessoas presas provisoriamente no país.

Com relação a esses votos, chamamos a atenção para alguns fatores. Em primeiro lugar, não há diálogo dos votos entre si. Isto é, o voto no Ministro Teori não enfrenta todos os argumentos do voto do Ministro Eros Grau, assim como o voto do Ministro Marco Aurélio também não enfrenta todos os argumentos do voto do Ministro Teori. É certo que os votos dos relatores não esgotam toda a discussão, mas, de todo modo, servem como uma boa referência, porque são aqueles proferidos pelos Ministros que relataram o julgamento. Essa defasagem é interessante porque denota que para que uma argumentação prevaleça, não é necessário que ela supere racionalmente, em sua completude, as razões do entendimento que está sendo revisado.[407]

Em segundo lugar, tanto o voto do Ministro Teori quanto o voto do Ministro Marco Aurelio fazem referência a aspectos sócio-políticos que transcendem a mera discussão jurídica sobre se há ou não há compatibilidade entre a execução provisória da pena e a Constituição Federal. No caso do ministro Teori, são duas as referências: a necessidade de efetividade da prestação jurisdicional e o problema dos recursos protelatórios. Quanto à questão da prestação jurisdicional, em que pese o tema não tenha sido desenvolvido de forma profunda no voto, há a sugestão implícita de uma preocupação com a demora no encarceramento de réus condenados à prisão. A referência aos recursos protelatórios também sugere uma preocupação com uma eventual impunidade. No caso do Ministro Marco Aurélio, a referência, ainda que breve, é ao problema

---

[407] Vale destacar que há estudos que já demonstraram também um déficit de colegialidade do Tribunal. Daí a expressão recorrente de que o STF é constituído por "onze ilhas". Nas palavras de Carlos Victor Nascimento dos Santos, que realizou pesquisa qualitativa sobre o funcionamento da Corte, "de acordo com os relatos concedidos pelos ministros (do STF) foi possível identificar variados elementos de um sistema capaz de dificultar o alcance de um consenso entre os ministros nos casos por eles apreciados no exercício do colegiado. O ambiente proporcionado aos ministros, na visão destacada por cada um deles, parece contribuir para a formação e manutenção de um dissenso, e não o contrário" (*O exercício da colegialidade no Supremo Tribunal Federal: entre a construção social do discurso e as práticas judiciárias*. Tese (Doutorado em Direito). Orientadora: Profa. Gisele Guimarães Cittadino. Coorientador: Prof. Fernando de Castro Fontainha. PUC-RIO, Rio de Janeiro, 2017, p. 129.) Cristina Gomes Campos de Seta (*Consenso nas decisões do Supremo Tribunal Federal*: um estudo empírico sobre a construção da verdade jurídica. Rio de Janeiro: Lumen Juris, 2015. p. 159-160) também observa essa deficiência na formação de consensos: "O consenso implica a adesão dos atores na construção da decisão e no processo usado para seu alcance. Implica atuação dos participantes em consonância com uma forma de agir orientada pelo entendimento. Contudo, a forma pela qual os julgamentos (do STF) são realizados, em que os julgadores trazem prontos para as sessões de julgamento, votos iluminados por autoridades das mais diversas, demonstrando o brilhantismo de seus conhecimentos, o consenso quanto ao fundamento é impossível. [...] A ação estratégica está presente pela utilização de argumentos brilhantes, de autoridade reconhecida no campo jurídico, a fim de convencer o outro da verdade de suas razões, da correição da posição individual que o votante tem sobre a tese jurídica que defende, como se também fosse uma das partes do contraditório estabelecido. [...] Simultaneamente, a maneira pela qual as sessões são realizadas, com a leitura acalorada e nem sempre pacífica dos votos, decorrentes de tentativas de, em várias ocasiões, desmerecer o brilhantismo e a autoridade dos demais votantes e dos autores por ele usados, o que somente se percebe através da assistência aos julgamentos, permite afirmar a presença da ação dramatúrgica citada por Habermas."

do excesso do uso da prisão antes da condenação definitiva e sugere uma preocupação com o hiper-aprisionamento e com a incapacidade do sistema prisional em abrigar o número de presos provisórios. Note-se bem que os valores políticos que guiam essas preocupações são conflitivos: por um lado, a evitação da impunidade e, por outro lado, a preocupação com o uso desmedido da prisão antes da condenação definitiva. De fato, o essencial nessas fundamentações não é a retórica jurídica, mas os valores políticos eleitos pelo votante. Tanto é que, por exemplo, o acórdão de 2019 foi criticado pelos que fazem prevalecer a preocupação com a impunidade e celebrado pelos que fazem preponderar a preocupação com a contenção do poder punitivo.

Além disso, é impossível compreender esses votos apenas tomando como referência os fundamentos estritamente jurídicos ou mesmo o que constou dos votos escritos. Isso porque parece difícil negar que o contexto político-jurídico em que os votos foram proferidos foi decisivo, ainda que eles não tenham sido referidos de forma clara. Quanto a esse ponto, não há como se afirmar com toda certeza o que motivou os votos dos ministros, uma vez que não se pode ler as suas mentes. Porém, o que se pode atestar é que havia um contexto de forte pressão política. Em 2016 a Operação Lava Jato estava em seu auge e contava, naquele momento, com um apoio quase unânime da imprensa. Essa Operação tinha forte impacto político e a prisão em segunda instância era uma das bandeiras políticas dos "lavajatistas". A autorização de prisão em segunda instância representava a possibilidade de prisão de algumas das figuras políticas que eram alvo da Operação, o que incluía o então ex-presidente Luís Inácio Lula da Silva. Já em 2019, o apoio à Operação Lava Jato estava em forte declínio, sobretudo pelo vazamento de mensagens entre procuradores e juiz, que sugeriam uma atuação parcial, e pela adesão do principal nome associado à Operação, o ex-juiz Sérgio Moro, ao governo de Jair Bolsonaro, entre outros fatores. A revisão do entendimento implicaria uma derrota para os lavajatistas e, inclusive, a soltura de Luís Inácio Lula da Silva.[408] Não é nossa pretensão fazer

---

[408] Vários veículos de imprensa fizeram relação direta entre execução provisória da pena e a prisão de réus da Lava Jato. (E.g.: "Lava jato prevê já para este ano prisão de condenados", *Diário do Grande ABC*, 21 fev. 2016. Disponível em: https://www.dgabc.com.br/Noticia/1808653/lava-jato-preve-ja-para-este-ano-prisao-de-condenados. Acesso em: 1º jan. 2023). Nas vésperas da mudança de posição pelo STF, em 2019, vários veículos de imprensa listaram quais seriam os réus da lava jato que seriam soltos caso se vedasse a prisão em segunda instância (E.g.: "Lava Jato tem cerca de 100 condenados em segunda instância", *Estado de Minas*, 16 out. 2019. Disponível em: https://www.em.com.br/app/noticia/politica/2019/10/16/interna_politica,1093419/lava-jato-tem-cerca-de-100-condenados-em-segunda-instancia.shtml. Acesso em: 1º jan. 2023). A defesa da prisão após

uma análise política desse contexto. O que pretendemos é atestar que o contexto político importava, como sempre importa em decisões sobre temas politicamente controversos.

Podemos afirmar, enfim, que não há decisão apolítica.[409] Toda decisão judicial que envolve o exercício do poder punitivo estatal pressupõe uma adoção de valores políticos.

Já mencionamos que há teorias hermenêuticas que buscam auxiliar o juiz a alcançar uma resposta única juridicamente correta para os casos. Porém, essas teorias não são capazes de fazer desaparecer as condições inerentes ao processo de raciocínio humano, o que significa dizer que por mais que o juiz procure atuar da forma mais racional possível, ele não poderá se livrar de seus enviesamentos cognitivos. Além disso, as pesquisas empíricas já citadas dão conta de que na prática cotidiana, os juízes, em geral, não levam em conta as sofisticadas teorias hermenêuticas. Mesmo aqueles que dominam as teorias mais sofisticadas estão sujeitos ao já mencionado efeito de sofisticação, isto é, a usar a sua retórica jurídica sofisticada para defesa de suas intuições e seus valores políticos pessoais. Isso é especialmente agravado em um país em que há tolerância com alta carga de subjetividade nas decisões dos magistrados. Ademais, não se pode ignorar as condições materiais em que as decisões são proferidas, as quais, devido ao grande volume de trabalho a que são acometidos os juízes e a demanda por sentenças rápidas, não favorecem análises meticulosas de todos os casos.

A caracterização das decisões penais como políticas pode soar como pejorativo para aqueles que compreendem a política como impura ou como sinônimo de corrupção. Mas isto deriva de uma noção problemática de política. Sobre esse tema, interessante a abordagem que Croxatto, que discorre sobre o processo histórico de abandono da base política do Direito em detrimento de uma formação mais eficiente e técnica. Para o autor, a idealização de uma justiça imparcial incorpora arquétipos de pureza e de ausências de emoção, origem, história e, assim, distancia-se da política, associada à impureza e à corrupção.[410]

---

decisão em segunda instância virou uma das bandeiras de lavajatistas que adentraram formalmente na política, como é o caso de Sérgio Moro e de Deltan Dallagnol.

[409] No mesmo sentido, porém tratando de toda a atividade do Poder Judiciário, Aluízio Von Zuben (O mito da imparcialidade. *Revista do TRT 9ª*, jun. 1996. p. 106): "Prolatar uma sentença sempre é um ato político, sempre se estará firmando valores, escolhas e representações da realidade. Quando se quer permanecer longe dos conflitos ideológicos, já se escolheu permitir que se perpetuem as forças dominantes, que se reproduza o 'status quo'".

[410] "El derecho se presenta así como un producto 'puro' y neutral de la mente (jurídica). No está ya 'contaminado' por la política 'corrupta'. La política poco a poco se convierte,

De fato, os esforços para se camuflar a influência da política no direito nada mais fazem do que dissociar as teorias jurídicas da real operatividade dos institutos e, mesmo assim, não fazem desaparecer essa influência. Por isso, julgamos necessário acolher abertamente essa relação entre direito e política justamente para que se possa entender melhor as dinâmicas do Poder Judiciário enquanto um Poder que integra o Estado e adaptar as teorias sobre os modelos de decidir em acordo com a real dinâmica da atuação cotidiana do poder jurisdicional.

4.2 A influência da política dentro do Poder Judiciário e suas implicações para com a esperada imparcialidade judicial

As relações entre direito e política estão presentes não apenas na atuação jurisdicional propriamente dita, mas também em fatores metajurídicos, que vão desde a relação de outras agências do sistema penal com o Poder Judiciário, como da própria estrutura dessa Instituição. E justamente por isso, o problema da imparcialidade transcende largamente uma mera análise do comportamento dos juízes dentro dos processos judiciais.

Sem dúvida, repensar a imparcialidade jurisdicional implica uma reflexão sobre toda a estrutura da magistratura no Brasil e sobre os fatores culturais que influenciam o atual estado de baixo controle. Não pretendemos nos aprofundar nesses temas, os quais exigiriam pesquisas a parte. Porém, vale a pena tecer algumas breves considerações sobre alguns pontos, já que permitem compreender melhor a natureza política do direito e os horizontes para uma restruturação do controle de comportamento dos magistrados.

---

como actividad (mujer, de paso, 'irracional') en sinónimo, ella misma, de 'corrupción'. Por eso la justicia se presume ciega e imparcial (pura y abstracta, sin cuerpo, sin emoción: el lado masculino del derecho, que *desaparece* la corporalidad que 'molesta', hay una larga historia de cuerpos *desaparecidos*, cuerpos que 'contaminan' el pensamiento 'abstracto', pero la corporalidad es sobretodo la Mujer que hace Política, como menciona Perlongher del Terrorismo de Estado, la mujer como paradigma de la tentación y del Mal). Sin mácula. Sin origen. Sin historia. La política es – como mujer- *corrupta*. Esa es la 'corrupción' que ataca históricamente el patriarcado de fiscales y jueces. (Basta ver lo que se hizo con el cadáver de Evita) La corrupción de una mujer que hace política 'baja'. Que no acepta las 'formas' de los varones, dueños de los pasillos y de los tribunales. Dueños de la 'justicia'." (CROXATTO, Guido Leonardo. El Derecho Político. *Página 12*, ago. 2022. Disponível em https://www.pagina12.com.ar/475982-el-derecho-politico. Acesso em: 29 ago. 22)

4.2.1 O sistema de recrutamento de juízes

O primeiro ponto a se chamar atenção é o próprio sistema de recrutamento de juízes, pois é a partir dele que se selecionam os perfis que vão carregar consigo a imagem do Poder Judiciário. E os sistemas adotados no Brasil são marcados por fatores políticos.

Aqui há basicamente duas formas de recrutamento: a via do concurso público e a via da indicação política. Quanto à primeira via, na esteira de Rezende,[411] observamos que o modelo de concurso público, na maneira como executada no Brasil, sofre de alguns problemas que resultam numa reprodução ideológica de dogmas antiquados da magistratura – dentre eles, a retórica obsoleta da imparcialidade. Não há como se desconsiderar que mesmo a partir de pressupostos técnicos, o recrutamento é sempre um processo político, porque sempre reflete os valores de quem recruta: é um ato de decisão que funciona como um filtro destinado a selecionar candidatos com as características desejadas pela instituição que recruta.[412] Esses valores estão inseridos nos próprios critérios de seleção, os quais, no Brasil, privilegiam, por exemplo, uma ideologia profissional e uma capacidade de memorização[413] de um saber bastante horizontalizado sobre todo o direito, enquanto dão pouco valor para a trajetória acadêmica e a trajetória de vida, bem como para os saberes científicos, interdisciplinares ou mesmos os tradicionais. Esse sistema, por outro lado, não avalia a moralidade e a ética e não previne a seleção de pessoas com ideologias antidemocráticas. Os candidatos se moldam a partir das expectativas dos recrutadores e isso reflete numa ideologia que se retroalimenta no exercício do cargo.[414] O menosprezo

---

[411] Acerca desse tema, Cf. REZENDE, *Democratização do Poder...*, p. 113 e ss.

[412] *Ibidem*, p. 189-190.

[413] Nesse sentido, também José Renato Nalini (*A rebelião da Toga*. São Paulo, 2015, p. 91): "A modalidade de testes de múltipla escolha é criticada por especialistas. Pouco avalia. É critério falível e permite o descarte de excelentes candidatos. Em nada prestigia a aptidão, a vocação, a compreensão dos desafios institucionais da carreira. A seleção é empírica e deficiente. Nem existe segurança absoluta de que as demais fases seletivas aperfeiçoem a seleção. Os candidatos aprovados no teste do preâmbulo serão submetidos a provas escritas elaboradas com nível maior de dificuldades. Novamente prioriza-se a memória em detrimento da vocação. O foco primordial é verificar se o candidato é provido de capacidade mnemônica. Em síntese, permite-se constatar se o futuro juiz memoriza textos de lei, doutrina e jurisprudência"

[414] Também Nalini (*A rebelião da...*, p. 95): "As características do concurso obrigam o jovem propenso a se tornar juiz a se amoldar às expectativas da Magistratura. Exige-se deles, não só os saberes considerados essenciais pela orientação ideológica predominante, mas um comportamento nela inspirado. A massa ejetada pelas inúmeras Faculdades de Direito é submetida ao teste de qualidade ideológico para o sistema avaliar se alguns de ajustam ao figurino da *persona* juiz."

ao saber acadêmico implica, por exemplo, numa magistratura que dá pouco valor para a doutrina científica e muito valor para a capacidade de se produzir decisões rápidas em larga escala. Não por acaso são poucos os magistrados que dominam as teorias hermenêuticas que combatem o voluntarismo judicial.

Esse sistema de recrutamento, conforme Rezende,[415] está também conectado com um modelo técnico-burocrático de magistratura, que favorece a assimilação de valores burocráticos como valores de justiça, na busca da padronização das decisões judiciais. Daí a fetichização dos resultados quantitativos e a alienação da responsabilidade política pelo julgamento, o que poderia ser chamado de fordismo judicial. O modelo também favorece assunção de ideologia asséptica, de modo que as atitudes ideológicas do juiz alinhadas com o *establishment*, que acolhem os valores hegemônicos na sociedade política, são vistas como neutras. Já atitude inversa, de alinhamento oposicionista, é considerada extremamente ideológica.[416] Isso ocorre porque o apoio ao *establishment* é desejado pela burocracia, porque promove estabilidade. E os magistrados burocráticos tendem a ser conservadores, não por questão de convicção ideológica, mas pela proteção de suas próprias carreiras.

Outro sistema de recrutamento vigente no Brasil é o da indicação pela via política. Assim são recrutados magistrados pelos quintos constitucionais e ministros dos tribunais superiores, com destaque para a ampla liberdade na seleção de ministros para o STF. Nesse sistema, são os chefes dos executivos, federal e estaduais, que nomeiam quem serão os ocupantes das cadeiras. Ainda que exista limitação por listas, no caso de tribunais de segunda instância e STJ, o critério de seleção é em essência político e arbitrário. Ele frequentemente pressupõe, inclusive, uma campanha política dos candidatos, os quais dependem de boas relações políticas para se ter o apoio necessário para ingressar nas listas. A atividade de *lobby* político é essencial. Justamente por isso, esse sistema seleciona pessoas políticas. Uma eventual seleção técnica pode ocorrer, mas dependerá exclusivamente do apreço do recrutador por essa característica. O "notório saber jurídico" e a "reputação ilibada" exigidos pela Constituição Federal para a indicação de Ministro do STF

---

[415] *Democratização do Poder...*, p. 126 e ss.
[416] *Ibidem*, p. 134. Acrescenta o autor: "[...] o juiz conservador não será visto como um agente ideológico, ao passo que o juiz que eventualmente se 'atreva' a ser progressista será reprochado e sua atitude vista como incongruente com a magistratura. Essa aproximação entre magistratura técnica e conservadorismo se dá porque o contato com o establishment é positivo para a estabilidade, pois conserva as estruturas, e isso é desejado pela burocracia, pois a manutenção da estrutura é garante de uma prestação eficiente e estandardizada".

não têm conteúdo real, sendo sempre presumidos, bem como a sabatina realizada pelo Senado parece ser meramente protocolar, uma vez que são raríssimos os casos de rejeição.

Esse sistema de recrutamento leva a um curioso modelo, em que juízes em tese técnicos, selecionados por sistema de concurso, guiam-se por decisões proferidas por juízes políticos que ocupam a mais alta corte do país. A seleção de juízes-políticos evidencia a dimensão política da magistratura e contraria o modelo ideal de juiz imparcial, desconectado de problemas políticos.

4.2.2 As mídias e o Poder Judiciário

A reflexão sobre a tensão entre a política e o modelo idealizado de imparcialidade judicial necessariamente perpassa o problema da relação entre Poder Judiciário e o *mass media*. Por mídia, compreendemos aqui não apenas os veículos de imprensa, mas também os produtos de entretenimento que de alguma forma abordam a questão criminal e impactam no comportamento dos atores do sistema penal.

É preciso ter claro que, como bem assinalado por Zaffaroni, Batista, Alagia e Slokar, toda essa mídia integra o sistema penal, na medida que converge para a sua sustentação ideológica.[417] Em que pese a importância desse tema, não o abordaremos em profundidade e tão somente chamaremos atenção para alguns pontos essenciais.

Em primeiro lugar, parece inquestionável que as mídias dão enorme contribuição para a formação do senso comum acerca da questão criminal. Essa contribuição parte de alguns pressupostos ideológicos não declarados, tais como uma adesão à criminologia de vertente etiológica, que alimenta no imaginário popular os estereótipos da criminalidade, bem como ao punitivismo, apresentando a solução penal como a única resposta possível para os conflitos e que sempre clama por novas criminalizações e pelo recrudescimento das penas.[418] Dentro do espaço midiático, raramente há tempo e espaço para uma reflexão crítica sobre o sistema penal.

Em segundo lugar, essas mídias não atuam de forma imparcial. Muito pelo contrário, elas constroem uma realidade enviesada a partir das suas escolhas editoriais, que selecionam o que deve e o que não

---

[417] *Direito Penal Brasileiro* ..., p. 60-61.
[418] Cf. BATISTA, Nilo. Mídia e sistema penal no capitalismo tardio. Disponível em: https://www.bocc.ubi.pt/pag/batista-nilo-midia-sistema-penal.pdf. Acesso em: 2 jan. 2023. p. 3-4.

deve ser noticiado.[419] Essas escolhas geralmente estão conectadas com os interesses dos anunciantes e também com o sucesso comercial da emissora. Quando são noticiados casos criminais, há diferença de peso e destaque conferidos às hipóteses da acusação e da defesa acerca dos fatos sobre investigação. Da mesma forma, a seleção dos *experts*, chamados para serem ouvidos sobre questões politicamente controversas, é também enviesada, já que eles conferem ares de consenso científico para uma opinião que, em verdade, foi pincelada dentre as várias possíveis.[420] Nas questões criminais, geralmente os *experts* convocados são aqueles que estão alinhados com o punitivismo já mencionado, ou o espaço que lhes é concedido é tão escasso que só lhes resta tempo para dizer alguma obviedade, ou ainda eles só são chamados para dar a chancela de autoridade a uma opinião do editorial.[421] Nesse contexto, é certo que as mídias influenciam a maneira como o cidadão comum pensa acerca das questões criminais.

Ocorre que os juízes estão sujeitos a essa mesma influência, especialmente sobre temas que não são estritamente jurídicos, e que, portanto, em regra não são objeto de estudo nos cursos jurídicos e nos cursos de formação de magistrados, mas que impactam na maneira como se percebe a questão criminal. Por exemplo, com relação ao problema das drogas, os estudos jurídicos geralmente abordam apenas a legislação e a jurisprudência pertinentes, mas dificilmente exploram temas criminológicos associados, tais como o conhecimento sobre o efeito dos entorpecentes em espécie, o funcionamento prático das chamadas organizações criminosas, bem como o papel, de uma perspectiva macrossociológica, que o tráfico de drogas desempenha em uma determinada comunidade. Essas noções, caso o magistrado não as estude por conta própria, geralmente são assimiladas das abordagens midiáticas, que por regra tomam por verdadeira a narrativa dos órgãos de investigação e acusação. Narrativas da imprensa e da ficção povoam o imaginário popular, inclusive de juízes que não receberam uma formação específica para lidar com esses temas. Serve como exemplo aqui a temática do crime organizado que, conforme Zaffaroni, sofreu profunda influência de autores de ficção e da imprensa.[422]

---

[419] BORDIEU, Pierre. *Sobre a Televisão*. Tradução de Maria Lúcia Machado. Rio de Janeiro: Jorge Zahar Editor, 1997. p. 19-30. Cf. também, e.g., AMARAL, Renata Maria do. A radical Dilma x o preparado Serra: eleições 2010 e a falácia da imparcialidade na revista Veja. *SbpJor*, nov. 2010. Disponível em: encurtador.com.br/iqBY2. Acesso em: 16 abr. 2023.

[420] *Ibidem*, p. 22 e 38.

[421] BATISTA, *Mídia e sistema...*, p. 8-10.

[422] Cf. ZAFFARONI, Eugenio Raúl. 'Crime Organizado': uma categoria frustrada. *Discursos Sediciosos*, ano 1, n. 1, 1996.

Para além das influências sobre conceitos e noções relacionadas à criminalidade, as mídias também influenciam o Poder Judiciário em relação a casos concretos. A uma, realizando investigações paralelas, que eventualmente podem ajudar, mas também são capazes de provocar erros ou desvios.[423] A duas, dramatizando e espetacularizando julgamentos do Poder Judiciário, além de realizando seus próprios julgamentos paralelos dos réus. A três, cobrando medidas sempre mais punitivas de legisladores e juízes. A quatro, realizando julgamento dos próprios magistrados, a depender do teor da decisão. Em regra, esse julgamento se dá exclusivamente no campo ideológico e político, porque são raros os jornalistas que efetivamente têm conhecimento jurídico para avaliar uma eventual correição técnica da decisão.

Por exemplo, com relação à prisão preventiva, os veículos de imprensa geralmente fomentam sua utilização para além das razões meramente cautelares. Isso porque o tempo da justiça criminal na imprensa é diferente do tempo do processo, que pressupõe que a punição deve ser precedida de uma comprovação da culpabilidade do acusado com respeito ao devido processo legal. Os veículos de imprensa desenham uma justiça que deve ocorrer de forma imediata, sendo a prisão preventiva uma forma de punição cautelar.[424] Juízes que não correspondem a essa expectativa midiática do manejamento das prisões cautelares costumam receber fortes críticas. Eventualmente, esses juízes, ou até seus familiares, podem sofrer hostilização por parte de pessoas descontentes com o teor da decisão. Diante desse quadro, não surpreende que os juízes, ao tomarem determinadas decisões, levem em consideração as possíveis repercussões midiáticas, inclusive para si

---

[423] SANTOS, *Para uma revolução...*, p. 82.
[424] E.g. RIANELLI, Erick. Suspeito confessa crime, aponta paradeiro do corpo, mas segue solto. *G1*, 1º nov 2022. Disponível em: https://g1.globo.com/rj/rio-de-janeiro/noticia/2022/11/16/suspeito-confessa-crime-aponta-paradeiro-do-corpo-mas-segue-solto.ghtml. Acesso em: 18 nov. 2022. Nessa matéria, o jornalista descreve a situação de um homem que se apresentou espontaneamente à delegacia de polícia, confessou a prática de homicídio e colaborou com as investigações. Não houve pedido de prisão porque não havia motivação cautelar. Mas a própria manchete do portal de notícias aponta essa situação como um problema, na medida em que usa o termo "mas" para contrastar os fatos de que havia um réu confesso e não havia prisão imediata. Dois dias depois, outra jornalista do mesmo portal de notícia publicou matéria a pretexto de informar por que não havia prisão naquele caso (SANTOS, Eliane. Entenda por que homem que admitiu matar técnica de enfermagem e disse onde estava o corpo segue solto. *G1*, 18 nov. 2022. Disponível em: https://g1.globo.com/rj/rio-de-janeiro/noticia/2022/11/18/entenda-por-que-homem-admitiu-matar-tecnica-de-enfermagem-disse-onde-estava-o-corpo-e-segue-solto.ghtml. Acesso em: 18 nov. 2022). Essa matéria, após apresentar comentários de um professor universitário que explica noções básicas sobre prisão processual, dá voz a amigos e familiares e coloca em destaque a opinião do ex-noivo da vítima que critica a falta de prisão no caso.

mesmos e suas famílias. Aliás, parece-nos bastante ingênua a doutrina, já citada anteriormente, que espera que a exigência de motivação sirva para depurar influências dessa natureza.

Por outra perspectiva, recentemente se viu no Brasil uma tendência de certos setores da imprensa de fomentar o interesse da população na figura pessoal de juízes[425] e também de membros do Ministério Público, associando-os à imagem de justiceiro ou *salvador da pátria*[426] ou à imagem de alguém que está atuando parcialmente em favor dos acusados, e dando a eles voz através de entrevistas e ampla divulgação de declarações públicas. Esse fenômeno teve seu ápice juntamente com a Operação Lava Jato, mas recuou em seguida. Atualmente essa atenção está mais restrita aos ministros da Suprema Corte.

O fenômeno, muito explícito com relação a juízes que atuavam nos processos decorrentes da Operação Lava Jato, tem um lado reverso. Alguns membros do Poder Judiciário se valem da legitimidade e da visibilidade conferida pela mídia para buscar um senso comum diverso do jurídico[427] ou mesmo para produzir um fato político ou influenciar a opinião pública. Nesse sentido: a) declarações públicas com conotação

---

[425] E.g. GOIS, Ancelmo. Juiz Moro Vai à praia e é cercado por fãs. *O Globo*, 1 jan. 2018. Disponível em: https://blogs.oglobo.globo.com/ancelmo/post/juiz-moro-vai-praia-e-e-cercado--por-fas.html. Acesso em: 26 mar. 2023. Eis o teor da matéria: "Sérgio Moro bem que tentou ficar discreto na praia de Camboriú, em Santa Catarina, ontem, onde passa o réveillon, mas não conseguiu. A praia parou pra fotografar o juiz." É interessante observar o seu teor ideológico, pois a matéria, em poucas linhas, cria implicitamente um fato de relevância política, qual seja, um suposto e amplo generalizado da população ao trabalho desse juiz, que era o principal nome da hiperpolitizada Operação Lava Jato. Ocorre que, nessa época, o prestígio do juiz e da Operação já não era tão grande quanto havia sido anos antes, especialmente porque já havia sido proferida a controversa sentença condenando o então ex-presidente Lula. Nesse mesmo dia, circulou nas redes sociais um vídeo de pessoas fazendo protesto contra esse juiz, na mesma praia, mas isso ficou de fora da matéria.

[426] Por exemplo, o Ministro Joaquim Barbosa, que teve grande visibilidade no período do julgamento do Mensalão, era frequentemente cotado como um possível candidato à Presidência da República. E.g. *Joaquim Barbosa aparece como nome viável em pesquisa*. O Estado de São Paulo, 20 abr. 2017. Disponível em: http://politica.estadao.com.br/noticias/geral,joaquim-barbosa-aparece-como-nome-viavel-em-pesquisa,70001745217. Acesso em: 1º out. 2017.

[427] "Em um número de Actes de la Recherche em Sciences Sociales que consagramos ao jornalismo, há um belíssimo artigo de Remi Lenoir que mostra como, no universo judiciário, certo número de juízes, que nem sempre são os mais respeitáveis do ponto de vista das normas internas do campo jurídico, pôde servir-se da televisão para mudar a relação de forças no interior de seu campo e provocar um curto-circuito nas hierarquias internas. O que pode ser muito bom, em certos casos, mas que pode também pôr em perigo um estado, conquistado com dificuldade, de racionalidade coletiva; ou, mais precisamente, pôr em discussão aquisições certas e garantidas pela autonomia de um universo jurídico capaz de opor sua lógica própria às intuições do senso da justiça, do senso comum jurídico, frequentemente vítima das aparências ou das paixões." (BORDIEU, *Sobre a televisão...*, p. 81-82).

política através da imprensa[428] ou de redes sociais;[429] b) divulgação precoce à imprensa de determinados documentos processuais, como o teor de declarações prestadas em acordos de colaboração premiada, capazes de provocar um fato político e influenciar a opinião pública;[430] e c) utilização de matérias jornalísticas como prova de fatos controversos dentro de um processo penal concreto. Através dessa relação com a imprensa, recentemente alguns magistrados obtiveram protagonismo político individualizado, inclusive sendo associados a pensamentos políticos medidos numa dimensão direita-esquerda.[431] O recuo ocorreu especialmente após a Suprema Corte reconhecer a parcialidade do então juiz Sérgio Moro, o principal nome dessa tendência.

Esse quadro denota que de fato há uma simbiose política entre veículos de imprensa e o Poder Judiciário. Essa simbiose impacta na esperada imparcialidade, já que as mídias, a uma, induzem a percepção dos magistrados de uma realidade construída; a duas, em alguma medida reduzem a autonomia dos juízes que não estão dispostos a lidarem com as consequências midiáticas de uma decisão que pode ter má repercussão; e, a três, servem de instrumento para dar visibilidade e apoio ideológico a atuações hiperpolitizadas de magistrados.

4.2.3 Os juízes e as redes sociais

No tópico anterior, consideramos a relação da magistratura com a mídia *mainstream*, ou seja, com os veículos tradicionais de notícias, sobretudo a rádio e a televisão. No entanto, o monopólio desses veículos

---

[428] E.g. Entrevista concedida por juiz em rede nacional através do programa "Roda Viva" da TV cultura (disponível em: https://www.youtube.com/watch?v=DqtPZVBhfNw. Acesso em: 17 jan. 2019)

[429] E.g. "Alguns Países estão democraticamente mudando a orientação de seus governos, de esquerda (viés mais populista) para centro-direita (viés mais técnico). Respeitemos a vontade da maioria e aguardemos o cumprimento das propostas. Críticas prematuras são claramente oportunistas." Declarou um juiz na rede social Twitter, em 09 jan 2019, em apoio político ao recém-empossado Presidente da República (disponível em: https://twitter.com/mcbretas/status/1083011602511790081. Acesso em: 17 jan. 2019).

[430] E.g. CAMPOS, João Pedroso de. Moro tira sigilo de parte da delação de Palocci que cita Lula. *Veja (online)*. Caderno Política. Publicado em 1º dez. 2018. Disponível em https://veja.abril.com.br/politica/moro-tira-sigilo-de-parte-da-delacao-de-palocci-que-cita-lula/. Acesso em: 17 jan. 2019.

[431] E.g. BALLOUSSIER, Anna Virginia; ELMI, Alexandre. Direita pede 'Moro, rogai por nós'; esquerda lamenta "Judiciário safado" em Porto Alegre. *Folha de São Paulo*. Caderno Poder. Publicado em 24 jan. 2018. Disponível em https://www1.folha.uol.com.br/poder/2018/01/1953156-direita-pede-moro-rogai-por-nos-esquerda-lamenta-judiciario-safado-em-porto-alegre.shtml. Acesso em: 18 jan. 2019.

sobre a produção de notícias tem sido quebrado com a popularização das redes sociais. O impacto destas na sociedade parece também atingir a atividade jurisdicional e por isso não pode ser ignorado.

O tema da relação das redes sociais com o Poder Judiciário é, sem dúvida, muito relevante e poderia ser abordado por vários aspectos. De nossa perspectiva, que consideramos apenas o problema da imparcialidade, dois aspectos se mostram destacados. O primeiro diz respeito à proliferação de *fake news* e o segundo se refere ao uso das redes sociais pelos próprios magistrados.

Quanto ao primeiro aspecto, algumas considerações introdutórias são necessárias.

Para definir *fake news*, utilizamos aqui o conceito de Anderau, qual seja, *"fake news* são informações enganosas intencionalmente publicadas e apresentadas como notícias e que têm por função enganar deliberadamente seus destinatários, fazendo-os crer em seu *status* de notícia".[432] As *fake news* que nos interessam aqui são aquelas relativas a temas politicamente controversos e que são capazes de influenciar a opinião ou a percepção da realidade por parte de seus destinatários.

Notícias falsas, criadas propositalmente com a intenção de promover desentendimentos, não são algo realmente novo. O que há de novidade nas *fake news* contemporâneas é o contexto em que elas se proliferam, a velocidade com que se disseminam e o impacto que têm causado nas relações políticas.

O fenômeno encontra palco num contexto de crise epistemológica, consensualmente chamada de pós-verdade. Essa crise diz respeito a uma relativização de conceitos, inclusive do mundo físico, sujeitando-os a juízos variáveis e opinativos desconectados de critérios seguros de veracidade. Isso está associado a relativizações também no plano ético, com impossibilidade de firmar ideais de correção das ações humanas e com a defesa, a pretexto do exercício de liberdades individuais, de que cada pessoa poderia agir em acordo com suas preferências e interesses pessoais. Se, nesse mundo, tudo é produto de criação e pode ser moldado a pretexto de interpretação, então qualquer discurso sobre a realidade seria legítimo e poderia ser defendido.[433]

---

[432] Tradução livre: "Fake news is misleading information intentionally published and presented as News which has the function of deliberately misleading its recipients about its status as News" (ANDERAU, Glenn. Definig fake news. *Kriterion – Journal of Philosophy*, set. 2021. Disponível em: https://doi.org/10.1515/krt-2021-0019. Acesso em: 18 nov. 2022. p. 14).

[433] PEREIRA, Rubens de Lyra; NASCIMENTO, Verônica Batista. Notícias falsas e pós-verdade. *Combate às fake news*. São Paulo: Posteridade, 2019. p. 28-29.

É dentro dessa crise epistemológica, e sobretudo no espaço das redes sociais, que as *fake news* se proliferam. Com efeito, ainda que as mídias tradicionais estejam sujeitas a editoriais eventualmente tendenciosos e que abriguem opiniões selecionadas, como apontamos no tópico anterior, dentro desse campo há um limite verificado pela própria necessidade de reputação dos veículos. Isto é, se um grande jornal publica uma notícia escandalosamente falsa, ou uma notícia falsa sem que haja posterior retratação, há grandes chances de haver a perda de credibilidade e, consequentemente, a perda da boa reputação. E tradicionalmente a popularidade dos veículos de imprensa foi associada à sua confiabilidade, o que é importante inclusive para fins comerciais.

Ocorre que esse limite não existe nas redes sociais. Por um lado, frequentemente sequer há espaço de mediação entre o criador da notícia e o seu destinatário. Ou seja, não há um trabalho de filtro editorial guiado por certos limites éticos e preocupado com a reputação. Isso significa que praticamente qualquer coisa pode ser dita sobre qualquer coisa, havendo apenas alguma baliza de contornos nebulosos, tais como a vedação da apologia a condutas escancaradamente criminosas e moralmente insustentáveis, a exemplo da pedofilia e do antissemitismo. Por outro lado, em algumas redes, função análoga à de editorial é realizada por algoritmos, que em geral aparentam estar programados para manter os usuários o máximo de tempo possível naquela rede. Com esse objetivo, esse algoritmo, que não está focado em filtrar o que é falso e o que é verdadeiro, indica para aquele usuário conteúdo personalizado, voltado para a seu gosto particular.

Com esse modo de operar, as redes sociais são capazes de criar universos paralelos, moldados a partir dos gostos do usuário.[434] Em matéria política, isso implica a intensificação do contato com conteúdos que reafirmam as ideologias do usuário e a exclusão do contato com conteúdos de ideologias diferentes. Isso leva ao fenômeno chamado "câmara de eco":[435] ambientes em que os usuários têm as suas opiniões e crenças reforçadas por interações constantes com outros usuários, ou produtores de conteúdo, com opiniões e valores semelhantes. Assim, cada pessoa pode desfrutar de uma realidade fantasiosa, mas que parece consensual. E isso fomenta a criação de guetos ideológicos.

Dentro desses universos paralelos das redes sociais, as *fake news* se disseminam rapidamente. Como nessas redes não há filtro

---

[434] PEREIRA; NASCIMENTO, *Notícias falsas e...*, p. 30.
[435] BEUVAIS, Catherine. Fake news: why do we believe it? *Joint Bone Spine*, mar. 2022. Disponível em https://doi.org/10.1016/j.jbspin.2022.105371. Acesso em: 18 nov. 2022. p. 4.

de confiabilidade das informações, as fontes duvidosas ou maliciosas encontram terreno que lhes proporciona popularidade. Dentro dos guetos ideológicos, o viés de confirmação é potencializado: frequentemente o critério para se considerar válida uma informação é puramente afetivo, de concordância ou discordância com o seu teor. Como essa verdade é animada por afetos individuais, mesmo quando confrontados com provas empíricas desconfirmatórias contundentes, os indivíduos sempre podem se abrigar em ambientes que reforçam suas crenças individuais.[436]

Além disso, a velocidade e o alcance das informações falsas são maiores do que os das verdadeiras, especialmente quando as primeiras contam com ajudas de robôs para as disseminar. A checagem de fatos e o posterior desvelamento da falsidade de uma notícia não apaga o seu impacto, seja porque o empenho dos usuários em espalhar a informação falsa não é o mesmo do que em espalhar a checagem, seja porque há pessoas que simplesmente continuam acreditando nas falsidades, mesmo depois de reveladas.[437]

Esse contexto é problemático porque permite a manipulação política, no plano coletivo, e induz ao solipsismo, no plano individual.[438] Há indução a uma perda progressiva da capacidade de verificação da verdade. Esta não é preponderante em um ambiente de livre criação de conteúdo, em que não há responsabilização pela criação de falsidades e onde a opinião impera sobre a empiria.

Retornando ao nosso objeto de estudo, o contexto acima descrito passa a nos interessar na medida em que constatamos que os juízes, como todos os cidadãos que estão inseridos nesse universo digital, também estão expostos às *fake news*. Isso não significa, é claro, que todos os juízes são vulneráveis a essas informações falsas. Porém, seria ingênuo supor que, ao contrário, todos os juízes estão imunes a isso. Mesmo que falte um estudo empírico específico sobre a relação da magistratura com as *fake news*, podemos afirmar com segurança que existe uma relação prejudicial na medida em que já há casos conhecidos

---

[436] "A preocupação primeira de quem recebe as informações não é mais a de confirmar a sua veracidade. A naturalização dos paradigmas de pós-verdade leva, ainda que inconscientemente, à atestação de conteúdos que se alinhem aos posicionamentos afetivos pré--concebidos. [...] O conforto de audição apenas das informações interessantes intensifica a construção de guetos ideológicos e agudiza as polarizações." (PEREIRA; NASCIMENTO, *Notícias falsas e...*, p. 36-37) No mesmo sentido, STANGER, Andreia Cristiane. Fake: news? Comportamento. Em *Combate às fake...* p. 50.
[437] BEAUVAIS, Fake news: why..., p. 2-3.
[438] PEREIRA; NASCIMENTO, *Notícias falsa e...*, p. 31.

de magistrados que disseminaram *fake news* nas redes sociais[439] e até que usaram informações falsas para fundamentar decisões judiciais.[440]

O problema maior, porém, não está em eventuais informações falsas, decorrentes de redes sociais, expostas pelo juiz como fundamento na decisão. Nesses casos, o erro poderá ser corrigido em sede de embargos de declaração ou mesmo pelas instâncias revisoras, com a comprovação da falsidade da informação pela parte recorrente. A situação verdadeiramente problemática está na possibilidade de que o julgador realize uma percepção enviesada da realidade ao analisar um caso concreto, a partir da influência de informações falsas ou do pertencimento a um gueto ideológico digital. Nesse caso, haverá um enviesamento que não poderá ser percebido pela literalidade do teor da decisão e que está fora de controle.

Com relação ao segundo aspecto, ele se refere ao uso das redes sociais pelos próprios juízes. É necessário fazer uma diferenciação. Não se insere na problemática aqui apontada a criação de perfis oficiais dos tribunais com a finalidade de divulgar decisões relevantes, que possam interessar a estudiosos e a cidadãos em geral, ou mesmo de prestar serviço de esclarecimentos sobre questões jurídicas básicas e sobre o funcionamento da corte. Através desse uso, as redes sociais podem, de fato, servir como forma de aumentar a transparência do exercício do poder jurisdicional e de publicizar o teor de decisões que podem ser de interesse geral. Tribunais brasileiros já vêm usando as redes sociais dessa forma.

A situação pode se tornar realmente problemática quando os magistrados criam perfis pessoais nas redes sociais, identificados ou não como juízes, e fazem um uso que transborda os limites da ética na magistratura ou que conflita com a exigência de imparcialidade. Por exemplo, juízes que se manifestam nas redes sociais sobre questões politicamente relevantes, que endossam ou compartilham postagens com teor politicamente ou comercialmente relevante, que agem como

---

[439] E.g.: AMADO, Guilherme. Presidente da Associação de Desembargadores compartilha fake news sobre Lula. Em *Metrópoles*, 13 out. 2022. Disponível em: https://www.metropoles.com/colunas/guilherme-amado/desembargador-do-tj-rj-compartilha-fake-news-sobre-lula. Acesso em: 18 out. 22; COELHO, Gabriela; KOS, Cristina. CNJ investigará desembargadora suspeita de espalhar fake news contra Marielle. Em *CNN Brasil*, 24 nov. 2020. Disponível em: https://www.cnnbrasil.com.br/nacional/cnj-investigara-desembargadora-suspeita-de-espalhar-fake-news-contra-marielle/. Acesso em: 18 nov. 2022.

[440] HAIDAR, Rodrigo. Juízes usam informações falsas sobre a OMS para fundamentar decisões. Em *Consultor Jurídico*, 3 abr. 2021. Disponível em: https://www.conjur.com.br/2021-abr-03/juizes-usam-fake-news-oms-fundamentar-decisoes. Acesso em: 18 nov. 2022.

influencers expondo sua vida cotidiana aos seguidores, que se manifestam sobres fatos que podem vir a ser objeto de litígio jurídico ou que discutem com outros usuários.[441]

Há que se fazer uma ponderação inicial. As redes sociais já fazem parte do cotidiano da sociedade e desempenham funções informativas e comunicativas, na medida em que lá circulam informações de forma muito mais veloz do que na imprensa tradicional. Como alguns autores[442] já afirmaram, a presença dos juízes nas redes sociais permite que eles compreendam também como funciona a dinâmica desse espaço, que é parte da sociedade e que é palco de muitos litígios judiciais. A despeito do problema da grande circulação de *fake news* que descrevemos anteriormente, não há problema em si no uso das redes sociais por juízes. A questão central é como esses juízes devem se portar e o que podem e o que não podem dizer ou fazer.

Com efeito, as redes sociais são uma extensão do espaço público e, sendo assim, a elas se aplicam restrições éticas também aplicáveis aos juízes em qualquer outro espaço público. Uma postagem numa rede social é, em verdade, uma declaração pública, que pode ser acessada por um número indeterminado de pessoas e, justamente por isso, o magistrado deve se portar como se portaria ao fazer uma declaração pública por outros meios.[443] São aplicáveis, por isso, o Código de Ética da Magistratura, bem como os Princípios da Conduta Social de Bangalore (documento da ONU sobre a integridade judiciária).

Porém, como destaca Fisher,[444] as redes sociais têm algumas peculiaridades. Por exemplo, a possibilidade de que outros usuários

---

[441] Para não fazer nenhuma exposição pessoal, já que não é nossa intenção fazer críticas direcionadas, não citaremos nominalmente juízes que agiram assim, porém todos os exemplos que elencamos já foram praticados por magistrados brasileiros em redes sociais.

[442] E.g. GIBSON, Judith. Should judges use social media? 2 maio 2013. Disponível em: https://www.google.com/url?sa=t&rct=j&q=&esrc=s&source=web&cd=&cad=rja&uact=8&ved=2ahUKEwigs8PP5aH-AhXbrZUCHdJ4DcAQFnoECAoQAQ&url=https%3A%2F%2Fdistrictcourt.nsw.gov.au%2Fdocuments%2FShould%2520Judges%2520use%2520social%2520media.pdf&usg=AOvVaw2fMJBeMDKh-0AiBBVwO9NI. Acesso em: 18 out. 2022. p. 13. CASADEVALL, Àxel; ROA, Irene; RUBIO, Minia. The use of social media by judges and how their impartiality may be affected. Disponível em: https://www.google.com/url?sa=t&rct=j&q=&esrc=s&source=web&cd=&cad=rja&uact=8&ved=2ahUKEwiJovTq56H-AhWiqJUCHYiECKoQFnoECA0QAQ&url=https%3A%2F%2Fportal.ejtn.eu%2FPageFiles%2F17916%2FTEAM%2520SPAIN%2520TH%25202019%2520D.PDF&usg=AOvVaw1HqVJcSgWBnuQJPvEXCcR1. Acesso em: 18 out. 2022. p. 8.

[443] Como bem pontua Casadevall (*et al., op. cit.*, p. 2), "a Judge has to use social media as he would behave in any other public situation, guided by the principle of prudence and the need to inspire trust in the Justice".

[444] FISHER, Keith R..Judicial ethics in a world of social media. *Impartiality of judges and social media: approaches, regulation and results*. Disponível em: https://www.kas.de/documents/265308/265357/Impartiality+of+Judges+and+Social+Media.pdf/eb313aed-88ca-c677-4231-d84c02ee914c?version=1.0&t=1591861554477. Acesso em: 18 out. 2022. p. 10.

comentem publicamente ou privativamente os conteúdos postados pelo juiz, o baixo nível de privacidade das comunicações e o emprego de uma terminologia, como "friends" ou "followers", que podem sugerir uma relação próxima entre os usuários. Acrescentamos que há também o problema da confusão entre o espaço público e o espaço privado, já que frequentemente os usuários das redes sociais se portam publicamente como se estivesse se comunicando apenas entre um grupo de amigos. Para Fischer,[445] que toma como referência códigos de ética americanos, o uso das redes pelos juízes deve implicar as seguintes restrições éticas, quais sejam, as vedações de: uso de informações privilegiadas ou sigilosas; condutas impróprias; uso do prestígio do cargo para obter vantagens; comportamentos que impliquem ou deem a aparência de prejulgamento ou enviesamento; comportamentos que possam sugerir favoritismo ou especial acesso ao tribunal; apoio a esforços para angariar fundos; apoio a empreendimentos comerciais ou interesses privados de terceiros; discussão de questões que possam vir a ser litigadas nas cortes; e a tomada de posições políticas. O autor aduz que, no entanto, todas essas restrições precisam ser pensadas especificamente para o contexto das redes sociais. Então, por exemplo, o "like" no Facebook pode se equivaler a um apoio e, portanto, os magistrados não poderiam dar "likes" em postagens políticas, comerciais, ou para angariar fundos a causas etc.[446] Outro exemplo são os "friends" do Facebook.[447] Se um magistrado aceita um advogado como "friend" e rejeita outro, isso poderia sugerir tratamentos diferenciados.

É importante frisar que a liberdade de expressão dos juízes é, de fato, mais restrita do que a do cidadão comum. Isso porque, uma vez que eles exercem um poder jurisdicional, capaz de restringir direitos fundamentais alheios, a fala dos juízes, ainda que fora dos tribunais, é indissociável do cargo que ocupam. O dever de aparência de imparcialidade, até porque se sabe que as decisões dos juízes carregam em si os

---

[445] *Idem.*
[446] "Judges must be cautious about 'liking' Facebook pages of individuals where doing so could create in the mind of a reasonable person the impression of bias, favoritism, or (in the case of lawyers and politicians) the potential for undue access. Judges must also refrain from any social media conduct that could reasonably be seen as promoting or endorsing the commercial venture of another, including Family members" (*Ibidem*, p. 12)
[447] Sobre esse tema, Cf. também SMITH, Daniel. When everyone is the judge's pal: facebook friendship and the appearance of impropriety standard. *Journal of Law, Technology & The Internet*. Vol 3:1, 2011. Disponível em https://scholarlycommons.law.case.edu/jolti/vol3/iss1/8/. Acesso em: 28 jan. 2023.

seus valores pessoais, está sempre presente em suas vidas públicas.[448] É impossível esperar imparcialidade de uma pessoa que, em sua aparição pública, age com parcialidade ou sugerindo preferências ou favoritismos. Se um juiz compartilha uma informação com teor político, como por exemplo uma notícia que fala positivamente sobre determinado candidato a cargo político, ele sem dúvida está endossando essa posição, isto é, está tomando uma posição política e manifestando apoio a esse candidato.

Outro ponto que merece reflexão é a consciência sobre os deveres de transparência do magistrado com relação às suas comunicações relativas ao exercício de seu ofício. Isto é, toda comunicação do magistrado com terceiros acerca de questões que envolvem o poder jurisdicional, especialmente partes ou seus representantes processuais, são documentos e assim devem ser tratados. Então, se um magistrado se comunica com ou advogado ou um membro do Ministério Público via redes sociais ou via aplicativos como *WhatsApp* ou *Telegram*, essas comunicações são de interesse público. Essa questão ganha relevância especialmente após o episódio conhecido como "Vaza-Jato", em que houve vazamento de várias comunicações de membros do Ministério Público Federal, dentre elas as conversas entre um Procurador da República e um juiz. Após esses vazamentos, muitas autoridades envolvidas deletaram suas mensagens, como se fossem conversas privadas e que não houvesse a necessidade de se prestar contas sobre elas. O caso é bastante problemático porque denotou uma má-compreensão sobre o que é a coisa pública, na medida em que as referidas conversas ocorriam entre representantes do Ministério Público e do Poder Judiciário e diziam respeito às suas atuações oficiais, o que conferia o caráter de documento público ao registro dos diálogos. Eram, naquele caso, especialmente relevantes porque denotavam possível parcialidade e acesso privilegiado de uma das partes ao magistrado. Enfim, ressaltamos como um ponto de reflexão a consciência sobre a oficialidade de toda fala do servidor público, mesmo que nas redes sociais, quando há a possibilidade, de qualquer forma, de interferência no exercício de seu ofício.

---

[448] Conforme Fisher, "the manner in which an individual judge uses social media may have an impact on public perception of not merely that judge but all judges and confidence in judicial systems generally" (*op. cit.*, p. 10).

4.2.4 O *lawfare* e o populismo judicial

Uma aproximação muito problemática entre a política e o poder punitivo ocorre através do chamado *lawfare*. Por este,[449] podemos compreender a guerra jurídica, isto é, o uso abusivo do sistema de justiça para se fazer guerra contra um inimigo político, de forma a o incapacitar política e juridicamente.

De acordo com Martins Júnior,[450] o *lawfare* funciona a partir de três dimensões. A primeira seria a escolha da jurisdição que reúne as condições necessárias para a condenação do inimigo. O ponto central dessa dimensão é que não basta simplesmente se submeter ao Judiciário uma acusação contra o alvo. É necessário que o caso seja julgado por juízes parciais, "dispostos a colaborar",[451] isto é, já predispostos à condenação. O êxito da estratégia depende, portanto, da adesão ideológica dos juízes àqueles que promovem o ataque. Nesse sentido, por exemplo, podem ocorrer as manipulações das regras de competência com apelos retóricos genéricos à conexão probatória, de forma a garantir que o caso seja distribuído ao juiz selecionado.

A segunda dimensão[452] seria a escolha das armas, ou seja, das leis mais adequadas para o objetivo. Nesse ponto, recorre-se a tipos penais mais genéricos, capazes de acolher acusações igualmente genéricas, e que tenham um apelo moral suficiente para se manchar a imagem do alvo. Nesse objetivo, o tipo penal da organização criminosa (art. 1º da Lei n. 12.850/2013) funciona bem, pois dá margem para que, no nível do oferecimento de denúncia, através de uma retórica jurídica, qualquer grupo de acusados possa se transformar em uma organização estruturada equiparável à máfia italiana dos cinemas. Também a lei de

---

[449] Outros autores apresentam conceitos semelhantes. E.g. "trata-se de uma expressão de origem militar, recente do ponto de vista histórico, de substituição de uma guerra aberta com meios militares e o uso da força por mecanismos subliminares e sub-reptícios de apropriação do instrumental próprio do Direito para obtenção de determinados objetivos." (COSTA, Flávio Dino de Castro e. Lawfare Político: instrumento de destruição do inimigo por meio de processo aparentemente legal. Em *Lawfare em debate*. Org.: Osmar Pires Martins Júnior. Goiânia: Editora Kelps, 2020, p. 89, Edição do Kindle.); "Trata-se de uma guerra assimétrica, travada a partir do uso ilegítimo dos órgãos estatais, inclusive do sistema de justiça, com a intenção de perseguir, eliminar o oponente, com os mais diversos objetivos – militares, políticos, comerciais e até mesmo geopolíticos" (MARTINS JÚNIOR, Osmar Pires. Considerações iniciais: pesquisa preliminar de compilação sobre lawfare. Em *Lawfare em debate...*, p. 26).

[450] *Op. cit.*, p. 28 e ss.

[451] ZAFFARONI, Eugenio Raúl; CAAMAÑO, Cristina; WEIS, Valeria Vegh. *Bem-vindos ao lawfare!* Tradução de Rodrigo Barcellos; Rodrigo Murad do Prado. São Paulo: Tirant lo Blanch, 2021. p. 143.

[452] MARTINS JÚNIOR, *op. cit.*, p. 30-33.

lavagem de dinheiro cumpre bem esse papel, pois dá espaço para que, através de uma retórica jurídica, quaisquer movimentações financeiras não esclarecidas possam ser incriminadas. Mesmo o tipo penal da corrupção pode vir a calhar, na medida em que trabalha com amplos conceitos normativos, tais como "vantagem indevida" e "ato de ofício" do funcionário público.

A terceira dimensão[453] diria respeito ao apoio por atores e mecanismos externos ao Poder Judiciário, como a imprensa e as redes sociais, que contribuem com uma guerra de informações, de forma a criar um ambiente em que se destrua a reputação do alvo, no nível moral, e a presunção de inocência, nível jurídico, perante a opinião pública.

Podemos citar como exemplo as manchetes jornalísticas que apresentam como verdadeira a versão dos fatos narrada pelos acusadores na denúncia ou em coletivas de imprensa espetaculares, mas que não foi provada em sede judicial. Essas reportagens jornalísticas frequentemente usam uma linguagem que é capaz de transmitir ao público mensagens em nível subliminar sugerindo a culpabilidade do alvo. Nesse sentido, enquanto se narra a suspeita de corrupção, podem ser usadas imagens que causam impacto visual, como de mansões e carros de luxo com a sugestão implícita de que foram adquiridas com recursos ilegais, do acusado em alguma atividade aparentemente suspeita ou abatido e cercado de agentes policiais (se tiver ocorrido prisão), e do juiz compenetrado no trabalho em meio a pilhas de documentos.[454] Também as reconstituições da versão da acusação com o uso de atores ou de computação gráfica, que fazem a acusação de fato acontecer no imaginário do público. Ainda, o uso de organogramas que podem simplificar o que é complexo ou dar ares de organização para o que é acidental e que dão substância gráfica para a acusação. Também entra nessa dimensão os vazamentos selecionados de gravações telefônicas ou de conversas por aplicativos fruto de medidas judiciais sigilosas, que não necessariamente comprovam um crime, mas que são suficientes para causar impacto no imaginário dos telespectadores. Raramente esses vazamentos são investigados. Todos esses mecanismos externos são usados para se condenar o alvo antecipadamente perante a opinião pública, para se blindar o juiz que profere a condenação contra quaisquer críticas quanto ao desrespeito a garantias processuais e à desproporção da pena, bem como para se dificultar a revisão dessas

---

[453] Ibidem, p. 33-37.
[454] ZAFFARONI (et al), Bem-vindos ao..., p. 69.

decisões por tribunais superiores. Quando se forma um imaginário de corrupção de determinado alvo, juízes que o absolverem não podem sair nas ruas, enquanto juízes que o condenarem são tidos por heróis.[455]

Por outro lado, como destacam Zaffaroni/Caamaño/Weis, mesmo a eventual falta de provas não é realmente um problema, porque o resultado do processo não é tão relevante assim. É que toda essa estratégia costuma já ser suficiente para se produzir efeitos extrajurídicos, como a destruição política de um adversário.[456]

O *lawfare* é, enfim, um instrumento de guerra política. E dentro dessa guerra, a acusação de corrupção[457] é um elemento chave. Isso porque, pelo modo como a política opera, com complexas disputas de poder e negociação de interesses às claras e às escuras, frequentemente se está no limite da ilegalidade e a política em si pode ser criminalizada. Desse modo, uma acusação de corrupção é uma carta na manga que pode ser tirada contra qualquer político que opera dentro desse sistema. Isto é, qualquer político pode ser alvo de *lawfare* se não tiver força política o suficiente para se defender.

É interessante a observação de Boaventura acerca das formas de combate à corrupção. Segundo o autor, ele pode ocorrer de duas maneiras.[458] Ou ele é generalizado e afeta toda a classe política, ou ele é seletivo, isto é, só afeta os políticos selecionados a partir da conveniência de quem opera o sistema judicial. No primeiro caso, o combate resulta numa crise de representatividade e dá espaço para os *outsiders*. No segundo caso, os políticos não selecionados acabam beneficiados, por terem seus adversários excluídos da disputa. O uso do *lawfare* costuma ocorrer em um combate seletivo da corrupção.

Já tivemos oportunidade de nos debruçarmos sobre o discurso de combate à corrupção através de uma análise criminológica, em artigo publicado na Rbccrim.[459] Nesse estudo, analisamos o tema a partir

---

[455] COSTA, *Lawfare político: instrumento...*, p. 99.
[456] ZAFFARONI et al., *Bem-vindos ao...*, p. 69.
[457] A referência aqui é a acusação moral de corrupção. Não há a necessidade de imputação do tipo penal da corrupção, a qual pode ser substituída por outros tipos penais, tais como o peculato, a evasão de divisas, a lavagem de dinheiro, etc.
[458] Conforme Santos, Marques e Pedroso (*Os tribunais nas...*, p. 26), pode-se classificar como *combate pontual* uma repressão seletiva de casos escolhidos por razões de conveniência judiciária (facilidade da investigação, opinião pública e midiática favorável e baixo custo político). Esse tipo de combate oculta toda uma outra corrupção não perseguida e termina por e legitimar um grupo político não atingido. Já o *combate sistemático* é aquele orientado por critérios de legalidade (em vez de oportunidade) e que tem como consequência, em tese, um desgaste de toda uma classe política, como no caso italiano (Operação Mãos Limpas). Cf. também SANTOS, *Para uma revolução...*, p. 12.
[459] SZESZ, *O discurso de...*, p. 217-243.

dos discursos de defesa do projeto de lei intitulado "10 medidas de combate à corrupção". Em suma, pudemos constatar que o arquétipo dos discursos de defesa do referido projeto nada mais é do que uma renovação de um velho discurso criminológico. Cria-se retoricamente um mal absoluto (corrupção), responsável por todos os males da sociedade e associa-se esse mal a um grupo de pessoas que não podem ser facilmente identificadas (os corruptos). Como solução, propõe-se o aumento de poder daqueles que teoricamente combatem esse mal (no caso, o Ministério Público), através de medidas que, em síntese, restringem direitos fundamentais de toda a população (a pretexto de combater a corrupção, as 10 medidas em verdade dizem respeito à restrição de direitos fundamentais de toda a população com relação a todos os tipos de crimes). Os defensores dessa tese se apresentam como bem absoluto, em contraposto ao mal absoluto, e, portanto, todo questionamento de seus atos é chamado de apoio aos tais corruptos.

Como já discorreu Zaffaroni,[460] essa estrutura discursiva não é nova. É a mesma presente no *Malleus Malleficaram* e que se repetiu diversas vezes ao longo dos últimos séculos. O mal absoluto já foi associado às bruxas, ao criminoso lombrosiano, ao traficante de drogas, etc. Em todos esses casos, o poder punitivo não resolveu o suposto mal absoluto indicado, mas o discurso serviu para aumentar o poder dos agentes responsáveis pelo exercício do poder de polícia, que, todavia, foi sempre utilizado para outros fins, não declarados. Não surpreende que tanto na Itália, com a Operação Mãos Limpas, como no Brasil, com a Operação Lava Jato, o exercício do poder punitivo legitimado pelo discurso de combate à corrupção tenha aberto caminho para aqueles que não foram perseguidos. Foram *outsiders*, no caso italiano, e políticos de extrema direita, no caso brasileiro. Também em ambos os casos alguns agentes públicos envolvidos nas operações acabaram se tornando políticos.

Pensando a partir do enfoque da imparcialidade, o *lawfare* é um dos mais graves problemas que o Poder Judiciário pode enfrentar. Isso porque ele representa justamente o oposto do ideal de uma justiça constitucional dentro de um Estado Democrático de Direito. Isto é, ele representa uma simulação de justiça para camuflar um exercício arbitrário de poder estatal contra adversários políticos.

---

[460] ZAFFARONI, Eugenio Raúl. *O inimigo no direito penal*. Tradução de Sérgio Lamarão. Rio de Janeiro: Revan, 2007. p. 91-92.

Como já dito várias vezes neste texto, o nosso sistema permite espaço para que o magistrado profira decisões com aparência de legalidade, porém motivadas por razões não declaradas. Mais que isso, ele permite espaço para ações estratégicas a partir dos critérios e valores decididos pelo próprio magistrado. E, nesse sentido, o combate ao *lawfare* é especialmente difícil. Porém, também é necessário constatar que, para que ocorra uma desvirtuação dessa envergadura, é preciso uma sinergia entre atores que desempenham diferentes papéis, dentro e fora do Poder Judiciário. E isso também torna ainda mais profundo o problema, o qual não poderia ser combatido tão somente de forma intrajudicial.

Outra relação problemática entre o poder jurisdicional e a política ocorre através do chamado populismo judicial. Inicialmente observamos que não temos aqui a pretensão de fazer uma análise das causas e de todos os contornos desse complexo fenômeno. Considerando nosso objeto de pesquisa, fazemos aqui apenas uma descrição do problema e de sua relação com a exigência de imparcialidade do Poder Judiciário.

Em suma, por populismo judicial compreendemos a retórica argumentativa que apela a argumentos moralistas e a conceitos nebulosos como "opinião pública", "vontade popular" ou "sentimento de justiça da sociedade", para justificar interpretações inconsistentes com o direito positivo, a pretexto de se fazer justiça. Esse populismo costuma funcionar a partir de discursos messiânicos[461] e maniqueístas, tais como o de combate à corrupção ou à impunidade. Como o populismo político, essa retórica costuma opor o povo a uma elite corrupta. No caso do populismo judicial, o óbvio paradoxo de que os membros do Poder Judiciário integram a elite é superado com a retórica de que os juízes seriam o poder limpo que combate a sujeira dos demais poderes.[462] Essa justiça populista, todavia, traduz-se na moralidade idiossincrática do julgador.[463] Isto é, o populista decide a partir de seus valores políticos pessoais, mas anuncia que seriam os valores do povo, e assim justifica

---

[461] Cf. SALGADO, Eneida Desiree. Populismo judicial, moralismo e o desprezo à Constituição: democracia entre velhos e novos inimigos. *Revista Brasileira de Estudos Políticos*, Belo Horizonte, n. 117, 2018. p. 203.

[462] Cf. OLIVEIRA, Cláudio Ladeira de; CONTI, Luiz Eduardo Lapolli. Judiciário como 'vanguarda' e intérprete do 'sentimento' popular: populismo judicial no julgamento das ADCs 43. 44 e 54 no STF. *Revista Jurídica Luso-Brasileira*, ano 7, n. 3, p. 523-526, 2021.

[463] SILVA, Diogo Bacha; VIEIRA, José Ribas. Os itinerários da politização do Supremo Tribunal Federal: do ativismo ao populismo judicial. *Sequência: Estudos jurídicos e políticos*, v. 43, 2022, p.22.

decisões excepcionais, que não poderiam ser fundamentadas em preceitos constitucionais.

Aderindo a esse tipo de retórica, Sergio Moro, o principal nome da Operação Lava Jato, já havia sustentado em sede acadêmica, muitos anos antes de sua fama nacional, que, por um lado, a ação judicial contra agentes políticos *dependeria* de um apoio popular para alcançar êxito[464] e que, por outro lado, diante da dificuldade burocrática de se punir praticantes de crimes de corrupção, uma opinião pública forte poderia ser uma *punição substitutiva*, que condenaria os agentes políticos ao ostracismo.[465] Como se observa, trata-se da defesa de que o Poder Judiciário se ampare no apoio popular para alcançar uma punição para além do limite estabelecido pela lei. Também serve como exemplo a posição do Ministro Barroso, que sustenta em sede acadêmica que os juízes deveriam, até certa medida, decidir "em sintonia com o sentimento popular".[466]

Justamente com a retórica de combate à corrupção, o Poder Judiciário brasileiro recentemente proferiu decisões que interferiram diretamente na atuação de outros poderes ou mesmo no processo eleitoral.[467] Nesse sentido, as controversas decisões pela prisão de parlamentar,[468] pela suspensão de nomeação de ministro que havia

---

[464] "Na verdade, é ingenuidade pensar que processos criminais eficazes contra figuras poderosas, como autoridades governamentais ou empresários, possam ser conduzidos normalmente, sem reações. Um judiciário independente, tanto de pressões externas como internas, é condição necessária para suportar ações judiciais da espécie. Entretanto, a opinião pública, como ilustra o exemplo italiano, é também essencial para o êxito da ação judicial" (MORO, Sérgio Fernando. Considerações sobre a operação Mani Pulite. *Revista CEJ*, Brasília, n. 26, 2004. p. 57).

[465] "Ademais, a punição judicial de agentes públicos corruptos é sempre difícil, se não por outros motivos, então pela carga de prova exigida para alcançar a condenação em processo criminal. Nessa perspectiva, a opinião pública pode constituir um salutar substitutivo, tendo condições melhores de impor alguma espécie de punição a agentes públicos corruptos, condenando-os ao ostracismo" (*Ibidem*, p. 61).

[466] "(o juiz) não deve perder de vista que, embora não eleito, o poder que exerce é representativo (i.e, emana do povo e em seu nome deve ser exercido), razão pela qual sua atuação deve estar em sintonia com o sentimento social, na medida do possível." BARROSO, Luís Roberto. *Judicialização, ativismo judicial e legitimidade democrática*. Disponível em: http://www.ie.ufrj.br/intranet/ie/userintranet/hpp/arquivos/251020155550_Debate2Textos.pdf. Acesso em: 12 jan. 2019. p. 15.

[467] Compreende-se, neste texto, que essa interferência caracteriza o que chamamos de *atuação hiperpolitizada*. Deixa-se de lado assim, neste momento, as controvérsias da definição de *ativismo judicial* (Sobre essas controvérsias, Cf. CAMPOS, Carlos Alexandre de Azevedo. *Dimensões do ativismo judicial no STF*. Rio de Janeiro: Forense, 2014, capítulo III; BICCA, Carolina Scherer. Judicialização da política e ativismo judicial. *Revista de Direito Brasileira*, Florianópolis, v. 2, p. 121-139, 2012).

[468] E.g. prisão preventiva do então Senador Delcídio do Amaral (STF, AC 4019, Segunda Turma, Rel. Min. Teori Zavascki, Dje de 13/05/2016.).

sido realizada pela Presidente da República[469] e pelas condenações de candidatos a cargos no Executivo e no Legislativo, que tiveram por consequência os afastar da corrida eleitoral,[470] todas elas com argumentos populistas. Vale também como exemplo o voto do Ministro Edson Fachin no já citado RHC 144.615.[471] Nesse julgamento, o voto prevalecente foi no sentido do reconhecimento da parcialidade do juiz em caso que envolvia apenas o crime de evasão de divisas. O Ministro Fachin não reconheceu a suspeição por considerar que o caso estaria fora das hipóteses do artigo 252 do CPP. Porém, ao final, teceu algumas curiosas considerações,[472] através das quais fez um apelo à necessidade de eficiência no combate à corrupção aparentemente para justificar a ausência de reconhecimento da parcialidade do juiz no caso, apesar de não envolver o crime de corrupção. O paradoxo do texto foi apontado por Streck: "só não entendo *as razões pelas quais isso que acima está dito* (as considerações de Fachin sobre a eficácia no combate à corrupção) *justifica, de algum modo, que um juiz aja parcialmente*".[473]

Segundo Oliveira e Conti, esse populismo judicial aparece num contexto de desgaste da representação político-partidária,[474] somado ao anseio popular de efetivamente se resolver o problema da corrupção e ao surgimento de um novo perfil de magistrado que, em tese, estaria engajado em modificações sociais.[475] Daí o surgimento de juízes justiceiros, que aliados a veículos de imprensa e a engajamentos em redes sociais, entrariam numa luta pessoal contra um sistema burocrático que

---

[469] STF, MS 34070, decisão monocrática proferida pelo relator Min. Gilmar Mendes, Dje de 28/03/2016.

[470] E.g. já citada condenação do ex-Presidente da República, e pré-candidato ao mesmo cargo nas eleições de 2018, Luís Inácio Lula da Silva (TRF4, ACR 5046512-94.2016.4.04.7000, 8ª Turma, Rel. Des. João Pedro Gebran Neto, juntado aos autos em 06/02/2018).

[471] STF, Segunda Turma, DJe de 27.10.20.

[472] "Registro, ainda, que muito mais importante que a formação de um precedente é a indicação de que ela rompe um certo padrão ineficiente de atuação do Judiciário brasileiro na persecução de grandes desvios de corrupção [...]. É um erro supor que essa busca por um país com justiça mais eficiente é ilusória. A ineficiência da Justiça dá mais incentivos à corrupção e, consequentemente, faz aumentar a pobreza. Penso que é exatamente como um esforço de aprimoramento da jurisdição, um esforço por maior eficiência, que deva ser visto o trabalho de diversas instituições no combate à corrupção e à lavagem de dinheiro. Tais esforços são, antes de tudo, frutos de uma histórica demanda por mais eficiência na justiça, em primeiro lugar, mas também por maior qualidade na prestação de serviços públicos. [...]".

[473] STRECK, Lênio Luiz. Pela primeira vez, Supremo reconhece a parcialidade de Moro. *Consultor Jurídico*, 05 jan. 2021. Disponível em www.conjur.com.br/2021-jan-05/streck-primeira-vez-stf-reconhece-parcialidade-moro?utm_source=dlvr.it&utm_medium=twitter, acesso em: 05.01.2021. Itálicos no original.

[474] OLIVEIRA; CONTI, *Judiciário como 'vanguarda'*..., p. 520 e ss.

[475] *Ibidem*, p. 519.

supostamente favoreceria os tais corruptos. Não por acaso, geralmente o apelo populista resulta em flexibilização da Constituição.[476] Oliveira e Conti[477] apontam os votos dos Ministros Fux e Barroso no julgamento das ADCs 43, 44 e 54 como exemplos do populismo judicial. Esse julgamento dizia respeito à possibilidade ou vedação de execução provisória da pena após condenação em segunda instância. Ambos os Ministros votaram pela compatibilidade da presunção de inocência com a prisão antes do trânsito em julgado da condenação, posição esta que ficou vencida. Em suma, Oliveira e Conti apontam que os votos contêm aspectos populistas, na medida em que apelam para conceitos nebulosos como de "ouvir a sociedade", "sentimento constitucional puro (do povo)", "sentimento (popular) de justiça", "pessoas de bem", entre outros, para justificar a posição política defendida pelos Ministros.

Dentro da retórica populista, o apelo à vontade popular não tem um fundamento racional, isto é, não decorre de uma base empírica, como um plebiscito ou uma pesquisa de opinião confiável, realizada de forma metodologicamente adequada e capaz de objetivar qual seria a opinião da maioria da população com relação a determinado tema. Muito pelo contrário, todos esses conceitos usados pelos populistas, tais como "vontade popular", "pessoas de bem" e até mesmo "corrupção", advêm de senso comum sem base empírica.[478] Retóricas desse tipo não são voltadas à comunidade jurídica e acadêmica, mas à mídia e à população em geral, tanto que o processo penal espetacularizado é uma das âncoras do populismo judicial.[479] Como definiu Salgado, os populistas buscam independência judicial em face da própria lei, a pretexto de um ativismo bem-intencionado.[480]

Da perspectiva da exigência de imparcialidade, o populismo judicial é também um enorme problema. É que, em suma, os juízes que proferem decisões populistas são essencialmente hiperpolitizados e diante da ausência de legitimidade no direito positivo para essas decisões excepcionais, buscam apoio na opinião pública e na mídia, inclusive para suprir a falta de imparcialidade.

---

[476] *Ibidem*, p. 525.
[477] *Ibidem*, p. 526 e ss.
[478] *Ibidem*, p. 523; SILVA; VIEIRA, *Os itinerários da...*, p. 26.
[479] SILVA; VIEIRA, *op. cit.*, p. 26.
[480] SALGADO, *Populismo judicial, moralismo...*, p. 196.

4.3. A viabilidade de um modelo de processo penal que respeita estudos empíricos sobre o processo decisório humano

Considerando o que apresentamos até o momento, podemos repensar o problema da imparcialidade tendo em vista duas premissas fundamentais. A primeira é a necessidade de respeito aos estudos empíricos sobre o processo decisório humano e sobre o exercício concreto do poder jurisdicional. A segunda premissa, que trataremos mais adiante, é que o problema da imparcialidade jamais pode ser enfrentado apenas pela perspectiva estritamente jurídica, uma vez que se trata de uma questão política.

Quanto à primeira premissa, o ponto central é a incompatibilidade do modelo de juiz imparcial com os referidos estudos sobre o comportamento humano. Que fique bem claro: não estamos nos referindo apenas à neutralidade dos racionalistas, mas à imparcialidade dos processualistas penais contemporâneos, isto é, ao modelo de juiz desinteressado no processo, que se mantém equidistante das partes, que julga o caso a partir das provas existentes nos autos e que profere uma motivação escrita que corresponde aos reais motivos que impulsionaram a decisão.

Isso porque, conforme já abordamos detidamente, por um lado há fatores subjetivos, conscientes ou não, que tornam o prejulgamento a regra das práticas processuais, que inclinam o juiz para um lado, que estabelecem os valores nos quais o juiz se pauta quando encontra uma solução para o caso e que são praticamente impossíveis de serem fiscalizados. Tanto é que quem é a pessoa do juiz – seu gênero, sua classe social, sua idade, suas ideologias políticas, sua religião, etc. – importa muito no momento da decisão. Por outro lado, essa subjetividade se torna um grande problema no Brasil, uma vez que aqui há uma cultura de tolerância com um exercício subjetivo e arbitrário do poder jurisdicional.

Essa premissa precisa ser levada a sério. Não pode ser suavizada e encoberta com discursos edificantes de um exercício heroico da magistratura, que, pelo excesso de ética e boa vontade, seria capaz de superar até mesmos as limitações humanas.[481] O princípio da imparcialidade, na forma como estruturado hoje, é obsoleto, especialmente se

---

[481] Nalini (*A rebelião da...*, p. 120-121) aponta que a mitificação do exercício do poder jurisdicional opera no sentido de se fomentar a crença de que o juiz, em sua missão etérea, seria capaz de superar todas as duas dificuldades.

considerando a realidade brasileira. O receio de que essa constatação gere uma crise de legitimidade do Poder Judiciário não altera os fatos. Melhor repensar o discurso de legitimidade do Poder Judiciário do que se dissociar da realidade.

Sem dúvida, não há como se combater a natureza humana. A parcialidade do juiz é um dado de realidade incontornável. Porém, isso não significa que não se possa ter um Poder Judiciário democrático. O real problema não está nessa humanidade do exercício do poder jurisdicional, que é uma constante para qualquer sistema judicial que funcione com juízes humanos. O problema está sobretudo na forma como o Poder Judiciário é exercido no Brasil, uma vez que há um descontrole empiricamente constatado e que produz consequências antidemocráticas, como se abordará mais adiante.

Cientes disso, podemos refletir sobre um modelo de processo que esteja conectado com uma perspectiva realista do processo decisório humano. A ideia central é a concepção de um modelo de juiz vulnerável a enviesamentos e que, por isso, precisa ter a sua cognição protegida. Em outras palavras, justamente porque sabemos que o juiz é humano, sujeito aos vícios de cognição, pretendemos depurar do processo todos os focos de enviesamento já conhecidos: um processo penal livre de práticas e institutos que favoreçam o enviesamento. O juiz ainda assim decidirá influenciado pela sua subjetividade, mas ao menos esse enviesamento será atenuado e não será provocado pelo próprio processo.

Já adiantamos, todavia, que a solução para a parcialidade das práticas judiciárias brasileiras não está em modelos normativos, os quais sempre podem ser deturpados através de interpretações enviesadas. Mesmo assim, isso não significa que não se tenha ganho na proposição de um modelo melhor. Com esse espírito, apresentamos uma reflexão sobre o que se poderia melhorar a curto prazo no modelo normativo do processo penal brasileiro.

4.3.1 As hipóteses de impedimento e suspeição: parcialidades negativas

Independente das inevitáveis parcialidades, há certos tipos de comportamentos que são capazes de evidenciar a inclinação do julgador para um lado e que podem, ao menos em tese, ser identificados e remediados. Mesmo sabendo que a imparcialidade não pode ser alcançada, parece inquestionável que deve ser excluído do processo qualquer juiz que tenha um interesse identificável no resultado do processo, tal como aquele que pode ter um ganho financeiro a depender do teor de sua própria sentença ou como aquele que julga um processo em que é réu o seu sobrinho. Essas são as parcialidades negativas que podemos assinalar como extremamente prejudiciais. Dentro dessas parcialidades negativas se inserem as hipóteses de impedimento e de suspeição, descritas dos artigos 252 a 254 do CPP.

Com relação às hipóteses de impedimento, elas estão previstas no artigo 252 do CPP. Por uma opção metodológica, não adentraremos na análise de cada uma das hipóteses. Em resumo, os incisos do artigo 252 do CPP concentram as situações em que haveria uma circunstância em tese objetivamente constatável, geralmente intraprocessual, em razão da qual se presumiria que o magistrado teria muita dificuldade para evitar de se inclinar em favor de uma das partes do processo penal concreto. Trata-se de hipóteses de parcialidade presumida pelo legislador, diante de fatos objetivamente constatáveis.

Em geral, no campo dos impedimentos, as controvérsias são menores justamente por motivo de que as hipóteses tratam de situações que dispensam dilação probatória. É comum que os próprios sistemas de distribuição já sejam capazes de evitar que um magistrado receba processos em que, por exemplo, seu parente atua como advogado ou promotor de justiça. Mesmo assim, há relevantes controvérsias pontuais, mas que deixaremos de lado aqui.

Já o artigo 254 do CPP elenca hipóteses de suspeição, as quais dizem respeito a circunstâncias que permitiriam em tese se colocar em dúvida as condições para que o magistrado se porte de maneira imparcial ou para que se possa esperar dele essa imparcialidade. Em geral, as hipóteses de suspeição envolvem situações que não podem ser objetivamente constatadas e que precisam ser analisadas e valoradas. Além disso, são circunstâncias geralmente alheias ao processo e que abarcam essencialmente a subjetividade do magistrado, ainda que aparente.

Nossa intenção, neste momento, é tão somente de ressaltar que, dentro de um modelo de processo penal baseado em uma perspectiva realista da atuação jurisdicional, as hipóteses de recusa continuam desempenhando um papel importante, ainda que remanesçam dificuldades para as concretizar, devido ao problema de implementação já mencionados no capítulo anterior.

Questão controversa na doutrina e na jurisprudência nacional diz respeito à taxatividade ou não dos róis de impedimento e suspeição contidos nos artigos 252 e 254 do CPP. A discussão, em suma, envolve a possibilidade de se considerar impedido ou suspeito um juiz por motivo que não está expressamente previsto na lei. Há, de fato, larga controvérsia, com três posições usualmente defendidas. A primeira é dos autores que interpretam ambos os artigos como taxativos e não admitem seus elastecimentos, com fundamento na literalidade da lei.[482] Há também posição intermediária, no sentido de que apenas o rol de impedimento seria taxativo, enquanto o de suspeição seria exemplificativo.[483] E há, ainda, outra posição no sentido de que ambos os róis seriam apenas exemplificativos.[484] Essa última posição se baseia na necessidade de se proteger o princípio da imparcialidade para além do texto infraconstitucional e de se evitar o paradoxo de admissão um juiz sabidamente parcial apenas porque a causa da parcialidade não foi prevista pelo legislador. Na jurisprudência dos tribunais superiores, prevalece o entendimento de que ambos os róis seriam taxativos,[485]

---

[482] TOURINHO FILHO, Fernando da Costa. *Código de Processo Penal Comentado*, v. 1. São Paulo: Saraiva, 2010. p. 706-707. Vale menção à posição de Eugenio Pacelli (*Curso de Processo Penal*. São Paulo: Atlas, 2020, edição digital. p. 566-567) que, em que pese sustente essas taxatividades, argumenta que o artigo 112 do CPP traria uma cláusula aberta de incompatibilidade. Para ele, configurariam incompatibilidades as recusas do juiz por motivo de foro íntimo, bem como as hipóteses de parcialidade não previstas nos outros róis.

[483] LIMA, *Manual de processo...*, p. 1315. CHOUKR, Fauzi Hassan. *Código de Processo Penal*. São Paulo: Saraiva, 2014. p. 524, 527.

[484] NUCCI, *Curso de Direito...*, p. 603-604. BADARÓ, *Processo Penal...*, p. 274-275.

[485] E.g.: "4. A consolidada jurisprudência dos Tribunais Superiores sustenta que as hipóteses causadoras de impedimento/suspeição, constantes nos arts. 252, 253 e 258 do Código de Processo Penal, são taxativas, não sendo viável interpretação extensiva e analógica, sob pena de se criar judicialmente nova causa de impedimento não prevista em lei, o que vulneraria a separação dos poderes e, por consequência, cercearia inconstitucionalmente a atuação válida do magistrado ou mesmo do promotor. 5. Hipótese em que o Tribunal de origem, ao concluir pela suspeição do Magistrado prolator da decisão de rejeição da denúncia por já ter externado "o seu posicionamento sobre o mérito da imputação", incorreu em interpretação extensiva da legislação de regência, criando, assim, nova causa de impedimento não prevista em lei, o que não deve prosperar. 6. Writ não conhecido. Ordem concedida, de ofício, para cassar em parte o acórdão impugnado, no que se refere à suspeição do Juiz prolator da decisão de rejeição da denúncia." (STJ, HC n. 478.645/RJ, relator Ministro Ribeiro Dantas, Quinta Turma, julgado em 28/5/2019, DJe de 4/6/2019); "1. O art. 258 do CPP obsta ao membro do Ministério Público oficiar em processo em que o juiz ou qualquer das partes for seu cônjuge ou parente, consanguíneo ou afim, em linha reta ou colateral, até o terceiro grau, estendendo-lhe, no que for aplicável, as prescrições relativas à suspeição e aos impedimentos dos juízes dos arts. 252 e 254 da mesma lei processual. 2. O fato de constar a promotora de Justiça como vítima em investigação já arquivada não representa sequer causa pendente entre as partes, além de não ser possível a pretendida eternização da hipótese e não estar incluída no rol dos casos taxativos do CPP. 3. O paciente, então acusado, não demonstrou de que modo deu-se respectiva suspeição, de foro íntimo e subjetivo, extraindo-se da decisão de 1º grau que a defesa não juntou qualquer prova dando conta da existência de ação em curso, em que a representante do Ministério Público seja vítima de atos supostamente praticados pelo réu, acrescentado que não se desincumbiu a defesa de demonstrar requisitos suficientes

mas casuisticamente também se encontram decisões que consideram exemplificativo o rol de suspeição,[486] como já apontamos no capítulo anterior.[487]

---

para que haja o acolhimento do pedido de suspeição/impedimento da representante do Ministério Público." (HC n. 607.356/PR, relator Ministro Nefi Cordeiro, Sexta Turma, julgado em 15/12/2020, DJe de 18/12/2020.)" "A decisão agravada decidiu, de forma cristalina e fundamentada, que não havia nenhuma das hipóteses definidas taxativamente no art. 254 do Código de Processo Penal a configurar suspeição de parcialidade."(AgRg na ExSusp n. 225/DF, relator Ministro Humberto Martins, Corte Especial, julgado em 2/6/2021, DJe de 9/6/2021.) 1. As hipóteses de suspeição estão previstas no art. 254 do Código de Processo Penal. 2. A jurisprudência desta Suprema Corte firmou-se no sentido de que o rol previsto na legislação adjetiva penal é taxativo. Precedente: HC 114.649-AgR, Rel. Min. Celso de Mello, Segunda Turma, DJe de 28/8/2015. 2. In casu, a pretensão da parte autora é de interpretação ampliativa, analógica ou extensiva das hipóteses previstas no art. 254 do CPP, a qual, como se verifica, não encontra amparo na jurisprudência desta Corte. 3. Agravo ao qual se nega provimento." (AS 103 AgR, Relator(a): LUIZ FUX (Presidente), Tribunal Pleno, julgado em 04/04/2022, PROCESSO ELETRÔNICO DJe-073 DIVULG 18-04-2022 PUBLIC 19-04-2022).

[486] E.g.: "2. Tanto o impedimento quanto a suspeição buscam garantir a imparcialidade do Magistrado, condição sine qua non do devido processo legal, porém, diferentemente do primeiro, cujas hipóteses podem ser facilmente pré-definidas, seria difícil, quiçá impossível, ao legislador ordinário prever todas as possibilidades de vínculos subjetivos (juiz e partes) susceptíveis de comprometer a sua imparcialidade. 3. Para atender ao real objetivo do instituto da suspeição, o rol de hipóteses do art. 254 do CPP não deve, absolutamente, ser havido como exaustivo. É necessária certa e razoável mitigação, passível de aplicação, também e em princípio, da cláusula aberta de suspeição inscrita no art. 135, V, do CPC c/c 3º do CPP". (HC n. 146.796/SP, relator Ministro Arnaldo Esteves Lima, Quinta Turma, julgado em 4/3/2010, DJe de 8/3/2010.); "As hipóteses de suspeição do Magistrado preconizadas no art. 254 do Código de Processo Penal, constituem rol meramente exemplificativo, de modo que é possível cogitar de declaração de suspeição, ainda que calcada em hipótese diversa daquelas previstas na norma processual, desde que o excipiente logre demonstrar, com elementos concretos e objetivos, o comportamento parcial do juiz na condução do processo. Precedentes desta Corte Superior."(REsp n. 1.921.761/RS, relator Ministro Sebastião Reis Júnior, Sexta Turma, julgado em 28/2/2023, DJe de 6/3/2023.); "Os fatos descritos não se subsumem perfeitamente às hipóteses previstas no art. 254 do Código de Processo Penal, contudo, o rol de suspeições é exemplificativo, sendo, assim, imprescindível, para o reconhecimento da suspeição do magistrado, não a adequação perfeita da realidade à uma das proposições do referido dispositivo legal, mas sim, a constatação do efetivo comprometimento do julgador com a causa" (REsp n. 1.379.140/SC, relator Ministro Marco Aurélio Bellizze, Quinta Turma, julgado em 27/8/2013, DJe de 3/9/2013.). "Senhor Presidente, primeiramente, quero dizer que nós não estamos aqui a fazer uma análise literal do que consta dos dispositivos do Código de Processo Penal, que tratam do impedimento ou da suspeição, e, muito menos, analisando decisões anteriores das cortes precedentes que examinaram este caso ou mesmo julgados desta Suprema Corte que se debruçaram sobre esses temas especificamente. Aqui, o que está em jogo é saber se o juiz atuou ou não com parcialidade. Este é o papel da Suprema Corte, como guardiã da Constituição, como fiscal último do cumprimento estrito dos direitos e garantias fundamentais do cidadão" (Trecho do voto do Min. Lewandowski no julgamento do RHC 144615 (Rel. Min. Edson Fachin, rel. p/ acórdão Min. Gilmar Mendes, Segunda Turma, Dje de 27.10.20).

[487] Vide tópico 3.5.2.

Da perspectiva da proteção da imparcialidade, realmente não parece fazer sentido considerar esses róis, especialmente o de suspeição, como taxativos. Conforme já afirmamos em estudo anterior, o STF (e demais tribunais que adotam esse entendimento), ao considerar taxativos esses róis, mostra-se "indiferente à possibilidade de juízes parciais, se a razão concreta da parcialidade não se adequar a uma das hipóteses de suspeição ou impedimento".[488] Ao negarem avaliar possível perda de imparcialidade porque a causa não está prevista no CPP, os tribunais tão somente dão "uma resposta robótica que apenas contorna os problemas dos casos concretos e cerra as possibilidades de que as inúmeras causas de perda de parcialidade sejam conhecidas".[489] De fato, a taxatividade desses róis geralmente é invocada para se impedir a discussão de uma possível parcialidade concreta de um juiz, o que é um contrassenso para os tribunais que anunciam a imparcialidade como um princípio essencial do processo penal democrático.

Em suma, dentro de um modelo de processo penal que considere a realidade das práticas judiciais, deve haver uma facilitação das vias para que os tribunais possam analisar as condutas concretas dos magistrados. Consequentemente, não há espaço para teses, tais como a da taxatividade dos róis, que funcionam apenas como uma barreira que blinda a discussão sobre essas condutas. O ponto central é que haja maior enfrentamento das alegações de comportamentos suspeitos para que a jurisprudência evolua na definição de critérios concretos sobre o que os magistrados podem ou não podem fazer. Ou seja, para fomentar maior controle.

4.3.2 Institutos ou práticas processuais que contribuem para o enviesamento do magistrado

Ainda que saibamos que os juízes não podem ser imparciais, pretendemos reduzir as chances de que ocorra um enviesamento grave. Nesse sentido, é importante pensar um modelo de processo penal que esteja desenhado a partir do que sabemos sobre o comportamento de juízes reais, que podem se contaminar a partir de determinadas práticas ou pelo contato com determinados documentos. Sendo assim, a seguir discutimos alguns institutos ou práticas processuais que são sabidamente problemáticos.

---

[488] SZESZ, *Sobre os critérios...*, p. 215.
[489] *Idem.*

a) a iniciativa instrutória do magistrado

No modelo processual penal brasileiro, na forma como atualmente vigente, destaca-se o problema da iniciativa instrutória do juiz, isto é, a possibilidade de que o julgador, sem provocação das partes, ao longo, ao final ou até mesmo antes da instrução, determine a produção de determinado material probatório a pretexto de um melhor esclarecimento dos fatos. Esse poder é conferido ao juiz sobretudo através dos artigos 156, 209, e 242 do CPP.

Vale ressaltar que o artigo 3º-A do CPP, inserido pela Lei n. 13694/2019, vedou expressamente a iniciativa probatória do juiz na fase investigativa e a substituição da atuação probatória do órgão de acusação. No entanto, esse artigo se encontra suspenso por força das ADIs 6298, 6300 e 6305. Portanto, os artigos do CPP mencionados no parágrafo anterior continuam vigentes neste momento.

Na doutrina, é possível verificar três posições centrais com relação à constitucionalidade da iniciativa probatória do juiz. A primeira delas é a que considera essa iniciativa como legítima e compatível com o princípio da imparcialidade, bem como com outros princípios constitucionais do processo penal. A posição de Nucci[490] é um bom exemplo. Para o autor, a atuação de ofício do magistrado na produção de prova seria decorrência dos princípios da verdade real e do impulso oficial. Ao julgador estaria permitido determinar provas que entenda pertinentes para apurar o fato, desde que tenha por preocupação apenas atingir a verdade, e não beneficiar acusação ou defesa. Nucci argumenta que quanto mais inerte for o juiz, mais dificuldade teria para formar sua convicção e esse óbice muitas vezes o levaria a ser "obrigado a decidir em favor do réu". Argumenta, ainda, que muitas vezes essa prova supriria deficiência da defesa técnica, favorecendo o acusado, e que na realidade brasileira haveria enorme carência de bons operadores do direito, especialmente para a população mais pobre, de forma que as teses de quem se opõe à busca da verdade real não seriam práticas (pragmáticas), mas meramente teóricas (em sentido pejorativo).

A legitimidade do poder instrutório do juiz também é defendida por autores que advogam pela possibilidade do ativismo judicial. Souza,[491] por exemplo, argumenta pela constitucionalidade da parcialidade positiva do juiz quando realizada em prol da compensação das desigualdades, inclusive para resguardar a paridade de armas. Esse

---

[490] *Curso de Direito...*, p. 696.
[491] SOUZA, *A Parcialidade Positiva...*, p. 123-124.

autor também argumenta que não haveria conflito com a presunção de inocência, já que o princípio do *in dubio pro reo* apenas teria incidência no momento em que o julgador avalia o quadro probatório já formado, isto é, após a conclusão da instrução. A atividade probatória de ofício, no entanto, ocorreria em momento anterior, ainda na fase instrutória. Desse modo, apenas se ao final da instrução persistisse a dúvida, o *in dubio pro reo* deveria incidir para justificar a absolvição do acusado.

Há posição intermediária, como a de Pacelli.[492] Este admite como possível a atividade instrutória de ofício do juiz apenas quando utilizada para esclarecer dúvida razoável decorrente de prova produzida pela defesa. Para o autor, jamais seria possível se admitir que o juízo realizasse atividade supletiva da acusação. Cabe observar que o artigo 3º-A do CPP, que atualmente se encontra suspenso, parece aderir a essa posição, já que é específico ao vedar a iniciativa probatória do juiz como complemento da acusação.

Há, por fim, posição crítica, que rejeita a compatibilidade do poder instrutório do juiz com princípios constitucionais associados ao sistema acusatório, tais como o contraditório e a imparcialidade.[493] Lopes Jr.,[494] por exemplo, considera que a iniciativa probatória é caraterística essencial do sistema inquisitivo, uma vez que através dela o julgador se colocaria no papel de ator (inquisidor). Para o autor, só haveria condições para imparcialidade quando o juiz é completamente afastado da atividade investigativa.

Parece mesmo difícil conciliar a iniciativa instrutória do juiz com um modelo de processo penal inspirado em um sistema acusatório que atribui à acusação todo o ônus de desconstituir o estado de inocência do acusado e que estabelece a absolvição como consequência para um quadro probatório insuficiente ou inconclusivo. Argumentos que se fundam na busca da verdade real se mostram bastante problemáticos, não apenas porque essa noção de verdade é obsoleta, mas também porque sobrepõem uma idealista pretensão de elucidação pura dos fatos a outros valores, tais como os do contraditório e da imparcialidade.

Nossa perspectiva, contudo, está centrada no problema da imparcialidade, razão pela qual não aprofundaremos o tema dos sistemas processuais. Desse modo, e tendo como foco a formulação de um modelo de processo que minimiza as chances de enviesamento do

---

[492] PACELLI, *Curso de Processo...*, p. 428 e ss.
[493] E.g. LORA, *Subjetividade e imparcialidade...*, p. 201-214.
[494] *Direito Processual Penal...*p. 66 e ss.

julgador, para nós sem dúvida a melhor solução é a completa retirada do poder instrutório do magistrado.

Com efeito, a perspectiva de que um juiz poderia produzir provas com o interesse exclusivo de esclarecimento puro dos fatos está dissociada de um modelo realista de julgador. Isso porque, do ponto de vista psicológico, a pretensão judicial de se produzir uma prova já parte de um pressuposto necessário: que o julgador já avaliou o quadro probatório, ou a estimativa do que será esse quadro ao final da instrução, e concluiu que é ou será insuficiente para se justificar determinada conclusão almejada. Há necessariamente uma relação entre um resultado probatório imaginado e uma vontade de o alcançar. Em suma, quem quer produzir uma prova já sabe o resultado a que quer chegar. A incerteza quanto ao resultado dessa prova, que teoricamente até poderia desconfirmar o resultado imaginado, não afasta o enviesamento decorrente do uso de poder instrutório para se buscar esse resultado. Ademais, como bem pontuado por Glauco Ramos, se o juiz se vale de seus poderes instrutórios "é porque a sua convicção lhe sugere que a parte a quem cabia cumprir o ônus da demonstração do respectivo fato não o fez adequadamente".[495] Ou seja, há uma insatisfação quanto ao desempenho probatório da parte. Isso se agrava pela circunstância de que o CPP, à luz do princípio da presunção de inocência, já indica solução para o caso de um quadro probatório inconclusivo, qual seja, a absolvição do acusado. Então, não querendo nada, bastaria ao julgador aguardar a conclusão da instrução. Querendo algo (um resultado), o julgador sai de sua inércia e suplementa a atividade das partes. Importante reiterar que não há como existir um interesse puro na elucidação do fato, pois, do ponto de vista psicológico, há sempre uma relação dos quereres do magistrado com uma imagem intuitiva que, como nos revelam os saberes empíricos, necessariamente se forma na cabeça desse julgador. Mais precisamente, há uma irremovível tendência de se buscar confirmar essa imagem.

Cabe aqui citar a posição de Ritter[496] que, com base na teoria da dissonância cognitiva,[497] também sustenta que a atividade instrutória de ofício do julgador o torna enviesado. Pontua o autor que ao se tomar uma decisão de ofício, impõe-se psicologicamente uma tendência ao indivíduo a se vincular a essa posição formada, o que o torna parcial.

---

[495] RAMOS, Glauco Gumerato. A atuação dos poderes instrutórios do juiz fere a sua imparcialidade? *RBDPro*, ano 18, n. 70, abr./jun. 2010. p. 221.

[496] RITTER, *Imparcialidade no processo...*, p. 183 e ss.

[497] Cf. FESTINGER, Leon. *Teoria da Dissonância Cognitiva*. Tradução de Eduardo Almeida. Rio de Janeiro: Zahar Editores, 1975.

Não nos parece razoável o argumento de que a possibilidade de o juiz produzir prova também em favor da defesa seria um fator depurador da parcialidade. Por um lado, como já dito, o quadro probatório inconclusivo já é favorável à defesa, de forma que não haveria necessidade de suplementação por parte do juiz. Aliás, havendo identificação de falha na defesa técnica, deveria o juiz tomar providências para evitar a nulidade processual, como nomear um defensor substituto. Por outro lado, a produção de uma prova como forma de suprir uma eventual deficiência da defesa técnica é igualmente um enviesamento, só que em favor da defesa. Se o julgador se propõe a suprir as falhas defensivas, ele foge de seu papel e se torna nitidamente enviesado.

São essas as razões que nos levam a sustentar a posição de que a iniciativa instrutória do juiz deve ser completamente vedada, já que necessariamente compromete psicologicamente o julgador a uma determinada posição, configurando-se como desnecessário espaço de enviesamento.

b) a presença do inquérito policial no processo judicial

O inquérito policial é um procedimento pré-processual destinado a colher informações sobre um fato determinado, com as finalidades últimas de servir como base para eventuais pedidos de medidas cautelares, bem como de fornecer elementos para que o titular da ação penal avalie se é ou não o caso do oferecimento de denúncia perante a autoridade judiciária competente. Trata-se de um procedimento de natureza inquisitiva, conduzido pela autoridade policial, sem que haja direito ao contraditório, ainda que seja teoricamente possível a participação da defesa mediante a realização de um interrogatório, bem como da juntada ou requisição da produção de elementos informativos (por exemplo, a indicação de testemunhas).

A prática cotidiana brasileira é a de que os autos do inquérito policial sejam anexados à denúncia para que façam parte do processo judicial. O artigo 155 do CPP, em que pese vede a condenação baseada apenas em elementos produzidos no inquérito policial, não proíbe que esses mesmos elementos sejam de fato utilizados como fundamentos para a sentença condenatória em complemento ao que for produzido no contraditório.

É importante ressaltar que o art. 3º-C, §3º, do CPP, determina que os autos do inquérito policial fiquem acautelados na secretaria do juiz de garantias, à disposição da acusação e da defesa, mas sem integrar o processo judicial, com exceção de documentos relativos a provas irrepetíveis, a medidas de antecipação de provas ou de obtenção de provas, os quais devem ficar em procedimento apartado. Todavia, esse artigo está suspenso por força das ADIs 6298, 6299, 6300 e 6305, de modo que o artigo 155 continua vigente em sua integralidade.

A manutenção do inquérito policial no processo judicial é muito criticada por parcela da doutrina. Para Lopes Jr.,[498] a presença desse procedimento no processo judicial é fator que influência direta ou indiretamente o convencimento do juiz. Isso se agravaria pelo fato de que o artigo 155, em sua redação atual, permitiria que os juízes continuem utilizando elementos de inquérito como fundamento para condenação, desde que também invoquem elementos probatórios. Isso significaria, em outras palavras, uma autorização para que o juiz se socorra do inquérito caso não encontre provas suficientes no processo, o que representaria uma violação da própria jurisdição e do contraditório. Lopes Jr. argumenta que o inquérito deve ser completamente excluído do processo, salvo as provas técnicas e as irrepetíveis. Os elementos da investigação preliminar ficariam acessíveis à acusação e à defesa, porém sem a possibilidade de que sejam apresentados em juízo, sob pena de configurarem prova ilícita.

Ritter[499] manifesta posição semelhante. O autor afirma que o contato com o inquérito policial contaminaria o juiz, produzindo o efeito primazia, isto é, a tendência cognitiva a se buscar a confirmação da primeira impressão sobre o ocorrido. Isso produziria uma consequência nefasta para a expectativa de imparcialidade, na medida em que enviesaria o juiz e afetaria seu comportamento e sua cognição dos elementos produzidos ao longo da instrução.

De nossa perspectiva, os críticos estão com a razão e o inquérito policial não deveria fazer parte do processo judicial. Isso porque o inquérito contém um desenho dos fatos constituído pela perspectiva policial, que, por regra, é enviesada, conta com alto grau de subjetividade,[500] e se direciona à busca inquisitiva de elementos incriminatórios, sem a participação da defesa. Os saberes empíricos nos informam que essa imagem inicial de fato tem forte potencial de contaminar o julgador,

---

[498] LOPES JR., *Direito Processual Penal*..., p. 273 e ss.

[499] RITTER, *Imparcialidade no processo*..., p. 179 e ss.

[500] Há estudos demonstrando o alto grau de discricionariedade e informalidade das práticas policiais. E.g.: LIMA, Roberto Kant de. Cultura jurídica e práticas policiais: a tradição inquisitorial. *Revista Brasileira de Ciências Sociais*, n. 4, v. 10, p. 65-84, 1989; MISSE, Michel. O inquérito policial no Brasil: Resultados gerais de uma pesquisa. *Dilemas: Revista de Estudos de Conflito e Controle Social*, v. 3, n. 7, p. 35-50, jan./fev./mar. 2010.

tão somente por ser o primeiro desenho do caso com o qual se tem contato. Há tendência psicológica natural a se buscar confirmar esse desenho inicial.

Nesse ponto, a pesquisa empírica conduzida por Schünemann, já citada por nós,[501] é bastante contundente ao indicar que os juízes que têm acesso ao inquérito policial realmente tendem a se contaminar. Ficam propensos, especificamente, a persistir, ao longo da instrução, no desenho dos fatos formado no inquérito, com o menosprezo de informações dissonantes e à retenção de informações redundantes. Naquela pesquisa, 100% dos juízes que tiveram acesso ao inquérito proferiram sentença condenatória (em caso construído artificialmente para ser duvidoso), enquanto apenas 45% dos que não tiveram acesso ao inquérito preferiram condenação.

Essa tendência psicológica deve ser levada a sério porque é um forte fator de enviesamento. Assim, um processo penal construído com a pretensão de se reduzir os focos de enviesamento não pode se iniciar com a juntada de um procedimento que tem altíssimo potencial de contaminar a visão do juiz sobre o caso.

c) a atuação do juiz na fase pré-processual (a ausência da adoção de modelos de juiz de garantias)

No modelo de processo penal atualmente vigente no Brasil, em regra o mesmo juiz que atua na fase pré-processual, decidindo acerca de medidas investigativas e medidas cautelares pessoais e patrimoniais, é também aquele que julga o mérito da causa. Em contrapartida a esse, está o modelo de juiz de garantias, em que há uma separação rígida entre o juiz que decide questões na fase investigativa e o juiz que conhece o caso na fase processual.

A questão central é que embora a atividade investigativa eventualmente implique a restrição de direitos fundamentais e, sendo assim, necessite de uma validação judicial, esta, em que pese seja também desempenhada pelo Poder Judiciário, não se confunde com a atividade de julgamento do mérito da causa. Assim, tem-se duas atividades jurisdicionais, igualmente importantes, porém que, no modelo de juiz de garantias, não devem ser realizados pela mesma pessoa: o juiz que atua fiscalizando o respeito a garantias fundamentais do acusado ao longo do procedimento investigativo e o juiz que julga a procedência da acusação.

---

[501] Vide 3.3.3 supra.

Importante ressaltar que os artigos 3º-C e seguintes do CPP, acrescidos pela Lei n. 13.964/2019, estabelecem um sistema de juiz de garantias, em que este atua apenas até o momento do recebimento da denúncia. Todavia, esses artigos estão suspensos por força das ADIs 6298, 6299, 6300 e 6305, razão pela qual o modelo anterior, de juiz único, segue vigente.

É interessante observar a argumentação apresentada pelo Ministro Fux nas referidas ADIs para suspender o modelo de juiz de garantias. Para o Ministro: a) o modelo de juiz de garantias alteraria materialmente a divisão e organização do sistema judiciário, de forma que uma modificação como essa, por força do artigo 96, II, da CF, deveria ter vindo do próprio Poder Judiciário; b) essa alteração também promoveria grande impacto orçamentário,[502] mas não teria havido a discussão de tais custos pelo Poder Legislativo e essa lacuna teria sido deixada ao Poder Judiciário; c) experiências internacionais deveriam ser recepcionadas com cautela, em razão das diferenças de sistemas; d) a implementação do juiz de garantias poderia contribuir para a morosidade do processo e funcionar como um incentivo à impunidade; e) a presunção de que o juiz que acompanha a investigação pré-processual se torna enviesado seria problemática.

A nós parece que esses argumentos relevam, sobretudo, uma falta de vontade política de se fazer a implementação do modelo de juiz de garantia e, em última instância, de se discutir a melhora da

---

[502] Nesse sentido. Também a nota técnica n. 10 do CNJ, de 17/08/10: "O Projeto, preocupando-se com a consolidação de um modelo acusatório, institui a figura do 'juiz das garantias', que será o responsável pelo exercício das funções jurisdicionais alusivas à tutela imediata e direta das inviolabilidades pessoais, sob duas preocupações básicas, segundo a exposição de motivos, a saber: a de otimizar a atuação jurisdicional criminal e a de manter o distanciamento do juiz incumbido de julgar o processo. Contudo, a consolidação dessa ideia, sob o aspecto operacional, mostra-se incompatível com a atual estrutura das justiças estadual e federal. O levantamento efetuado pela Corregedoria Nacional de Justiça no sistema Justiça Aberta revela que 40% das varas da Justiça Estadual no Brasil constituem-se de comarca única, com apenas um magistrado encarregado da jurisdição. Assim, nesses locais, sempre que o único magistrado da comarca atuar na fase do inquérito, ficará automaticamente impedido de jurisdicionar no processo, impondo-se o deslocamento de outro magistrado de comarca distinta. Logo, a adoção de tal regramento acarretará ônus ao já minguado orçamento da maioria dos judiciários estaduais quanto ao aumento do quadro de juízes e servidores, limitados que estão pela Lei de Responsabilidade Fiscal, bem como no que tange ao gasto com deslocamentos e diárias dos magistrados que deverão atender outras comarcas. Ademais, diante de tais dificuldades, com a eventual implementação de tal medida haverá riscos ao atendimento do princípio da razoável duração do processo, a par de um perigo iminente de prescrição de muitas ações penais. Também é necessário anotar que há outros motivos de afastamentos dos magistrados de suas unidades judiciais, como nos casos de licença, férias, convocações para Turmas Recursais ou para composição de Tribunais."

qualidade da prestação jurisdicional. Sem adentrar no mérito de se de fato esse modelo implica uma alteração na divisão e organização do Poder Judiciário, fato é que nada impediria um aval dos próprios tribunais no sentido do melhoramento do sistema processual adotado e que só não existe porque não há mesmo vontade política. Quanto à questão orçamentária, sem dúvida essa alteração poderia mesmo causar um impacto, mas isso não é algo que não pudesse ser superado através de estudo e planejamento, ainda que a médio prazo. Quanto à implementação de normas de direito comparado, realmente é necessária uma cautela – preocupação esta que, no entanto, não se vê quando se procura importar outros tipos de normas, tais como a da prisão após condenação em segunda instância. Todavia, de nossa perspectiva, não há mesmo necessidade de se inspirar em sistemas estrangeiros, pois é possível se construir um modelo baseado na realidade das práticas judiciárias nacionais, voltado a combater os defeitos presentes apenas em nosso sistema. E nós precisamos de um modelo que separe o juiz da investigação do juiz que julga o mérito do processo. No que diz respeito à suposta contribuição para a morosidade do processo e a impunidade, é interessante observar que há aqui claramente a falácia conhecida como *cherry picking*: o Ministro usa como fundamento um único autor que confirma a posição ideológica do próprio Ministro, mas deixa de lado o universo de autores que defendem posições contrárias.[503] Ademais, aqui o Ministro deixa claro que sua preocupação maior está com a velocidade do processo e uma suposta impunidade, não com a qualidade do julgamento. Por fim, quanto ao último argumento, é interessante observar a seguinte afirmação do Ministro:

A base das ciências comportamentais é o caráter empírico de seus argumentos. A existência de estudos empíricos que afirmam que seres humanos desenvolvem vieses em seus processos decisórios não autoriza a presunção generalizada de que qualquer juiz criminal do país tem tendências comportamentais típicas de favorecimento à acusação.

---

[503] É importante esclarecer que a expressão *cherry picking* se refere à escolha enviesada de provas confirmatórias. No caso, no entanto, o Ministro não aponta provas, mas apenas uma opinião ideológica de um autor (Pery Francisco Assis Shikida). O artigo citado pelo ministro (A economia e o juiz de 'garantias': O problema do juiz de garantias é o incentivo que dá ao bandido para que sua atividade ilícita continue lucrativa. *Jota*, 08 jan. 2020. Disponível em: https://www.jota.info/opiniao-e-analise/colunas/coluna-da-abde/a-economia-e-o-juiz-de-garantias-08012020. Acesso em: 2 abr. 2023) é inteiramente opinativo, sem referência a nenhum estudo sobre o juiz de garantias, e sequer considera seriamente as razões de ser desse modelo. Para o autor, o juiz de garantias simplesmente seria uma "burocracia" a mais, "para se chegar a um mesmo lugar, isto é, a condenação ou não da pessoa julgada por um crime".

O Ministro, como se nota, chega a reconhecer a existência de uma base empírica a indicar que "os seres humanos desenvolvem vieses em seus processos decisórios". Porém, afirma, em seguida, que essa base não autorizaria uma presunção de que todos os juízes brasileiros estariam inclinados à acusação. O argumento nos parece aplicar, em alguma medida, a *falácia do espantalho*. Isso porque a conclusão de que os juízes criminais ficam inclinados à acusação não decorre da simples premissa de que os seres humanos desenvolvem vieses em seus processos decisórios, mas de que os juízes que atuam na fase pré--processual e conhecem o caso pela perspectiva acusatória tendem a buscar a confirmação dessa versão. Ademais, o Ministro apenas afirma que a premissa não autorizaria a conclusão sem indicação nenhum argumento que pudesse justificar essa posição. Em verdade, é de fato cientificamente sustentável a conclusão de que a atuação na fase pré--processual facilita o enviesamento, conforme estudos que já apontamos anteriormente. Muito pelo contrário, o que carece de base científica é o argumento de que os juízes que têm contato com o inquérito policial e que proferem decisões cautelares como a prisão preventiva não ficariam contaminados e atuariam de forma imparcial. Essa argumentação é especialmente importante porque denota como o fundamento principal para aplicação do modelo de juiz de garantias, qual seja, a qualidade e a imparcialidade do julgamento, é simplesmente menosprezado com uma fundamentação retórica e sobreposto por outros valores. Denota, enfim, que não há intenção política para se resolver o problema do enviesamento do juiz e que há uma escolha política pela manutenção do *status quo*. Isto é, que o princípio da imparcialidade continue apenas funcionando como via retórica para obtenção de legitimidade para o Poder Judiciário.

De nossa perspectiva, o modelo de juiz de garantia é realmente fundamental para um processo penal que leva a sério as pesquisas empíricas sobre o processo decisório humano e que busca eliminar os conhecidos focos de enviesamento dos magistrados. É que o juiz que atua na fase investigativa já está contaminado com a perspectiva acusatória do caso. A uma, porque esse magistrado obviamente tem contato com a apuração inquisitiva dos fatos, o que, conforme já explicitamos no tópico anterior, tem grande potencial de comprometer sua cognição. A duas, porque esse julgador pode proferir decisões sobre medidas cautelares, as quais pressupõem um reconhecimento de questões do mérito da causa, isto é, os indícios de autoria e de materialidade do crime. Ao se reconhecer que de fato há elementos que sugerem a pertinência da acusação, o magistrado firma uma imagem bastante definida sobre o caso e há uma tendência psicológica de a defender durante a condução do processo e no momento de se proferir a sentença. Por isso, todo magistrado que profere uma decisão reconhecendo pressupostos para uma eventual medida cautelar necessariamente já está inclinado à procedência da acusação, ainda que essa inclinação possa ocasionalmente ser revertida.[504]

Nesse ponto, um processo penal que esteja moldado de forma a evitar enviesamento do juiz precisa respeitar o princípio da lousa limpa. O ideal é que o magistrado que julga o mérito apenas conheça o caso pela instrução processual e não tenha nenhuma oportunidade de exteriorizar qualquer intuição antes que a atividade probatória esteja completamente encerrada. Isto é, que não profira decisões cautelares nem a decisão de recebimento da denúncia, já que ambas envolvem a análise antecipada de pressupostos de mérito, bem como que não tenha contato com as decisões cautelares proferidas pelo juiz de garantias.

d) o contato com a prova ilícita

O contato do juiz com a prova ilícita é outro ponto problemático no modelo de processo penal atualmente vigente no Brasil. A questão central é o que ocorre após ser reconhecida a ilicitude de uma prova. Segundo as regras atualmente vigentes, essa prova deve simplesmente ser desentranhada do processo e não pode ser utilizada como fundamento da sentença.

Cabe notar que o recém inserido quinto parágrafo do artigo 157 do CPP estabelece que o juiz que tiver contato com a prova ilícita não poderá proferir sentença ou acórdão. Esse artigo, no entanto, está suspenso por força das ADIs 6298, 6299, 6300 e 6305. Assim, as regras antigas do CPP seguem vigentes.

O centro do problema é que ao ter contato com a prova ilícita, o julgador fica contaminado com o seu teor de forma irreversível. De fato, as provas desempenham no processo uma função persuasiva, qual seja, a de capturar o psicológico do juiz. E isso frequentemente

---

[504] Há estudo empírico confirmando essa tendência: "em 100% dos casos analisados decretada prisão processual houve condenação e em também em 100% dos casos, a condenação se fundamentou, parcialmente, em elementos próprios da prisão". (GLOECKNER, Ricardo Jacobsem. Prisões cautelares, confirmation bias e o direito fundamental à devida cognição no processo penal. *Revista Brasileira de Ciências Criminais*, n. 117, nov.-dez. 2015. Disponível em http://www.mpsp.mp.br/portal/page/portal/documentacao_e_divulgacao/doc_biblioteca/bibli_servicos_produtos/bibli_boletim/bibli_bol_2006/RBCCrim_n.117.08.PDF. Acesso em: 2 abr. 2023)

ocorre num plano irracional, a exemplo de um juiz que se convence de um fato não tanto pelo teor do depoimento, mas pela performance da testemunha (como um testemunho emocionado ou eloquente). Desse modo, o juiz que tem contato com a prova ilícita não pode remover de sua psique o conteúdo assimilado a partir desse material. A vedação de se referenciar na sentença a prova ilícita não impede que ela de fato tenha tido papel fundamental na formação da convicção, pois, como já abordamos detidamente, a atividade de fundamentação da decisão é uma retórica persuasiva capaz de racionalizar decisões puramente intuitivas ou emocionais. A influência da prova não se dá no plano racional e não é passível de controle efetivo por meio da motivação.

Desse modo, o desentranhamento da prova ilícita, por si só, não garante que ela não continue desempenhando clandestinamente o papel de prova.Nesse contexto, a melhor solução, ao menos pela perspectiva da construção de um modelo de processo penal que evite ao máximo focos de enviesamento, é a remoção do juiz do processo juntamente com a prova ilícita.[505]

e) a prevenção como regra de fixação de competência

Outro ponto de controvérsia é a regra de prevenção estabelecida no artigo 83 do CPP. Segundo essa regra, se houver concorrência de competência entre juízos diversos, o caso deverá ficar com aquele que por primeiro proferiu atos processuais. O que torna essa norma problemática é a parte final do artigo 83, o qual inclui a regra para atos processuais ocorridos antes do oferecimento da denúncia e da queixa. As razões são semelhantes às que apontamos nos tópicos anteriores. A regra contradiz o princípio da lousa limpa, uma vez que numa possível concorrência de competências, privilegia aquele que já conheceu o caso antes do processo, em vez daquele que não conhece o caso.[506]

Assim, parece bastante claro que num modelo de processo penal construído para se evitar espaços de enviesamento do magistrado, a prevenção só pode ser regra de fixação de competência quando se refere a atos praticados após o recebimento da denúncia. Reiteramos que dentro do modelo que julgamos ideal, este recebimento também não deve ser realizado pelo juiz que proferirá a sentença, uma vez que se

---

[505] Nesse sentido, também Lopes Jr., *Direito Processual Penal*..., p. 647.
[506] Também sustentam o entendimento de que a prevenção contamina o julgador e deve ser regra de exclusão de competência, Maya (*Imparcialidade no processo.*, p. 165 e ss.) e Ritter (*Imparcialidade no processo...* p. 149 e ss.).

trata de momento em que se avalia a justa causa a partir da versão dos fatos apresentada pela acusação, o que pode comprometer a cognição do julgador.

f) manifestação de opiniões em textos acadêmicos, palestras ou entrevistas

Uma questão crucial para a proteção do processo contra parcialidades diz respeito às manifestações de juízes em textos acadêmicos, palestras ou entrevistas. O ponto central são os limites que delineiam quais manifestações podem ser consideradas legítimas e quais podem configurar um pré-julgamento de causa determinada.

Observamos inicialmente que a atividade acadêmica não é vedada aos juízes. Isto é, a eles é permitido o exercício da docência, bem como da pesquisa científica, o que implica, obviamente, a produção teórica. Sem dúvida, a atividade acadêmica dos magistrados é em tese benéfica para a sociedade, tanto porque implica a maior qualificação desses profissionais, quanto porque permite trazer para o campo das discussões científicas a perspectiva de quem está exercendo o poder jurisdicional.

Por outro lado, o artigo 12 do Código de Ética da magistratura estabelece que os magistrados devem se comportar de forma "prudente e equitativa" nas relações com os meios de comunicação social e devem cuidar para que não emitam "opinião sobre processo pendente de julgamento, seu ou de outrem". Essas restrições são prudentes não apenas para fins de busca de imparcialidade, mas porque de fato recai sobre os magistrados uma exigência de decoro especial, que limita inclusive sua liberdade de expressão. Como já dito, os juízes, no exercício do poder jurisdicional, podem restringir direitos fundamentais dos jurisdicionados, o que lhes gera uma responsabilidade especial, não equivalente à de um cidadão comum. Ademais, a legitimidade do Poder Judiciário também está atrelada ao comportamento de seus membros. Por isso, os juízes precisam tomar esse cuidado especial em quaisquer de suas manifestações públicas.

Essa norma de comportamento está abrigada no código de ética e implicaria, em princípio, apenas a quebra de decoro, pois o pré-julgamento não está listado no CPP como uma hipótese de suspeição. Contudo, como já destacamos, não nos parece razoável interpretar o rol de hipóteses de suspeição como taxativo, porque o que está em questão é o exercício do poder jurisdicional o menos enviesado possível, de forma que todos os focos conhecidos de enviesamento devem ser contidos. É, enfim, o respeito à norma de envergadura constitucional que condiciona a jurisdição à imparcialidade, não uma mera norma infraconstitucional.

Nesse contexto, uma primeira delimitação é necessária. Não devem ser incluídas como atividade acadêmica as palestras ou conferências em que o magistrado se vale da notoriedade obtida em razão do cargo para tratar de temas políticos ou de outra natureza. Por exemplo, o magistrado muito conhecido por atuar em casos de repercussão midiática que se vale dessa fama para ministrar palestrar para públicos estranhos ao acadêmico, como o de empresários ou de investidores, e sobre temas que não podem ser considerados tecnicamente aulas sobre Direito. Isso é especialmente problemático quando se trata de uma palestra remunerada, eventualmente muito bem remunerada (um valor muito acima do que usualmente se paga por uma aula acadêmica), porque o que se tem é um enriquecimento pessoal em cima da fama obtida pelo exercício de uma atividade pública, cuja remuneração já está prevista em lei.

Feita essa delimitação prévia, a questão central, pela perspectiva da imparcialidade, é a evitação de pré-julgamentos. Os pré-julgamentos maculam as expectativas das partes quanto à condução do processo e quanto à valoração das provas. Isso porque, ao se manifestar antecipadamente sobre o caso, o julgador pode já indicar que está inclinado para um lado e que já tem sua convicção formada, a despeito das provas que ainda podem ser produzidas e da argumentação das partes acerca dessas provas.

A produção acadêmica não é problemática quando trata de casos que não estão sob o cuidado do juiz-autor, bem como quando aborda questões jurídicas não casuísticas. Ela se torna um problema quando há juízo de valor sobre casos concretos que podem vir a ser julgados por esse magistrado. Tome-se como um exemplo negativo o caso de um magistrado que conduz um processo iniciado por uma acusação de fraude à licitação, em que se discute a possível ocorrência de superfaturamento das obras realizadas. Esse magistrado, em entrevista, palestra ou mesmo via publicação acadêmica, afirma, mesmo que indiretamente, que houve ou que não houve o superfaturamento especificamente naquele caso. Trata-se de um claro pré-julgamento sobre uma questão ainda em discussão dentro do processo, que frustrará a expectativa da acusação ou da defesa quanto ao potencial persuasivo da sua atividade probatória e argumentativa, uma vez que a convicção do magistrado já foi manifestada. A expressão de uma convicção implica um comprometimento com ela, uma vez que decidir em sentido contrário – no exemplo, proferir sentença afirmando que não há prova do superfaturamento – implicaria uma contradição do magistrado com suas próprias manifestações. Já como um exemplo positivo imagine-se o caso de um magistrado que publica um artigo acadêmico sustentando a posição de que o princípio da insignificância seria aplicável ao crime de porte de drogas para consumo próprio quando a quantidade de determinado entorpecente apreendido é X e ocorre de ele vir a julgar um caso em que o réu é flagrado com aquela droga, exatamente na quantidade X. Neste caso, não há uma manifestação que antecipa uma valoração daquele caso em especial, mas uma defesa acadêmica de uma tese. A diferença entre esses dois casos é que no primeiro, a manifestação inclui uma valoração do caso específico, enquanto no segundo, ela se dá sobre uma hipótese em abstrato que pode ser generalizada.

Ponderamos, quanto ao segundo caso, que ao se posicionar acerca de uma questão juridicamente controversa, o magistrado está de fato adotando uma determinada posição política e ideológica. Isso também é denotativo de parcialidade, já que a adesão a qualquer lado em uma controvérsia jurídica é necessariamente ideológica. Porém, esse é o tipo de parcialidade que não pode ser combatida de forma intraprocessual. Ela é tolerável, porque decorre de um caminho acadêmico racional mente construído para ser aplicado de forma generalizada.

Questão especialmente problemática são as manifestações de juízes acerca de questões políticas nacionais. No Brasil têm sido muito comuns, especialmente por juízes da Suprema Corte, manifestações dessa natureza, geralmente em entrevistas, em que há um juízo de valor sobre um fato trágico do qual se espera a apuração de responsabilidades.[507] O primeiro e mais óbvio problema relacionado a esse hábito é que há um pré-julgamento, já que o juiz está manifestando publicamente um juízo de valor, com base apenas em notícias vinculadas nas mídias, acerca de um caso que pode vir a resultar em processos judiciais que, por sua vez, podem gerar recursos a serem

---

[507] E.g.: GILMAR MENDES DIZ que 'penúria dos Yanomame é inaceitável' e que 'apuração das responsabilidades é urgente'. *G1*, 22 jan. 2023. Disponível em: https://g1.globo.com/politica/noticia/2023/01/22/gilmar-mendes-diz-que-situacao-dos-yanomamis-e-uma-tragedia-muito-grande-e-defende-apuracao-urgente-das-responsabilidades.ghtml. Acesso em: 9 fev. 2023; PEDRA, Luana. Alexandre de Moraes sobre terroristas: 'Essas pessoas não são civilizadas'. *Estado de Minas*, 10 jan. 2023. Disponível em: https://www.em.com.br/app/noticia/politica/2023/01/10/interna_politica,1443027/alexandre-de-moraes-sobre-terroristas-essas-pessoas-nao-sao-civilizadas.shtml. Acesso em: 9 fev. 2023; BARROSO FALA EM "punição rigorosa" e ironiza erro de português de bolsonaristas. *Terra*, 9 jan. 2023. Disponível em: https://www.terra.com.br/noticias/brasil/politica/barroso-fala-em-punicao-rigorosa-e-ironiza-erro-de-portugues-de-bolsonaristas,ab7fd084da7acaa1ad1e3d108329e11brsselzm5.html. Acesso em: 9 fev. 2023.

julgados pelas cortes superiores. Sem dúvida há problema que um juiz da Suprema Corte participe de um julgamento de caso acerca do qual ele próprio já se manifestou publicamente. O segundo inconveniente é que esses juízes passam a se portar como políticos ao fazerem declarações dessa natureza, escapando ao próprio papel e expondo-se como figuras políticas controversas.

Enfim, esse tipo de manifestação é incompatível com um modelo de processo penal construído de forma a evitar espaços de enviesamento. Sendo assim, deve figurar como uma hipótese de parcialidade negativa, isto é, uma hipótese de suspeição, a ocorrência de manifestação de um juiz fora dos autos, ainda que antes de ter sido constituído como juiz da causa, que contenha juízo de valor sobre os fatos discutidos naquele processo.

4.4 Análise de teses apresentadas por outros autores brasileiros

Entre a doutrina processual penal mais especializada, há certo consenso sobre a grande dificuldade prática de se concretizar o princípio da imparcialidade. Vários autores refletem sobre essa questão e apresentam propostas para solucionar ou minimizar o problema. Neste tópico, apresentaremos sucintamente algumas dessas propostas e, em seguida, uma reflexão crítica sobre elas. Optamos por nos focar especificamente nas teses brasileiras, uma vez que elas são pensadas tendo em vista nossos problemas concretos e nosso contexto político. As teses serão abordadas de forma resumida e sugerimos ao leitor mais interessado a leitura integral desses trabalhos.

Destacamos, em primeiro lugar, a tese de André Maya. Em sua obra "Imparcialidade e processo penal",[508] o autor apresenta abordagem sobre o princípio da imparcialidade, tendo como horizonte o problema da prevenção como regra de fixação de competência. Maya se alinha à doutrina majoritária, ao aceitar como válida e útil a diferenciação entre neutralidade e a imparcialidade, bem como ao pontuar como alcançável, ainda que com dificuldade, o modelo de juiz subjetivamente desinteressado no resultado do processo concreto e equidistante das partes. As proposições do autor se voltam para expurgar possíveis focos de contaminação, tais como, por exemplo, a atuação do juiz na fase investigativa.

---

[508] Cf. capítulos 2 e 3.

Ruiz Ritter, em sua obra *Imparcialidade no Processo Penal*,[509] formula tese sobre o problema do juiz imparcial a partir da assimilação da teoria da dissonância cognitiva.[510] Em suma, adotando essa teoria, o autor toma como válidas as hipóteses de que os indivíduos sempre tendem a buscar um estado de coerência cognitiva (opiniões, crenças e atitudes), o que implica a submissão a processos psicológicos inconscientes direcionados para alcançar esse estado. Isso inclui fenômenos como a desvalorização de elementos cognitivos dissonantes, a busca ativa por informações consonantes com a cognição pré-existente, a percepção errônea (não absorção ou deturpação de informações dissonantes), a invalidação (descarte do elemento cognitivo a pretexto de que só se aplicaria a casos excepcionais), o esquecimento seletivo (pré-disposição para esquecer elementos dissonantes) e a fuga ativa de contato com elementos possivelmente dissonantes. Também inclui os processos de dissonância cognitiva pós-decisão, como a primazia da cognição favorável à decisão já tomada (tendência a ter mais simpatia pelos elementos que confirmam a opção já feita). A partir dessa base sobre a psicologia humana, Ritter problematiza aspectos do processo penal brasileiro que seriam prejudiciais à uma cognição imparcial do magistrado, tais como a prevenção como caráter fixador de competência, a manutenção do inquérito processual nos autos do processo, a iniciativa probatória do juiz, entre outros. Ritter afirma que, com esses aspectos, o processo penal brasileiro não ofereceria condições para a realização do princípio da imparcialidade, o que colocaria em jogo toda a validade da jurisdição. Objetiva, assim, a proposição de "reformulação de algumas categorias e contextos não mais sustentáveis do ponto de vista da imparcialidade jurisdicional, levando-se em consideração os estudos de psicologia social (referenciados)",[511] para eliminar esses prejuízos e, assim, minimizar as condições de parcialidade do magistrado. Essas propostas envolvem a vedação da instrução probatória de ofício por parte do juiz, a prevenção como regra de exclusão de competência, etc.

Rodrigo D'Orio Dantas, em "A imparcialidade no divã: porque árbitros e juízes são naturalmente parciais?",[512] também se vale de saberes da psicologia para apresentar reflexão sobre o problema da imparcialidade. Tomando por base sobretudo a psicanálise, mas também

---

[509] Cf. capítulos 2 e 3.
[510] Cf. FESTINGER, Leon. *Teoria da Dissonância*...
[511] RITTER, *Imparcialidade no processo*..., p. 191.
[512] São Paulo: Thomson Reuters Brasil, 2021, capítulos 5 e 6.

pesquisas empíricas sobre psicologia, o autor sustenta a existência do que chama de estado natural de parcialidade: uma tendência natural dos juízes a se inclinar para um lado da relação processual, em razão de seu conteúdo psíquico prévio inconsciente. Dantas argumenta, todavia, que seria possível a criação de um estado psicológico em que essas influências psíquicas estivessem artificialmente contidas, ainda que momentaneamente. A constituição desse estado mínimo de imparcialidade dependeria de um processo psíquico complexo por parte do julgador, que, ciente de que é afetado pelos seus vínculos afetivos formativos, esforçar-se-ia para se distanciar desses elos, mas sem romper o laço criado com a causa e com as partes. Esse processo se assemelharia ao conceito de neutralidade da psicanálise, através do qual o psicanalista deveria controlar as próprias sensações e sentimentos ocasionados pela transferência com o paciente no processo analítico. O fracasso na constituição do estado mínimo de imparcialidade implicaria prejulgamento da causa pelo juiz. Dantas aduz que esse esforço para se alcançar um estado mínimo de imparcialidade seria um dever jurídico, cujo descumprimento implicaria um ilícito processual.

A tese de Deise Lora, apresentada em *Subjetividade e imparcialidade no processo penal*,[513] também parte de pressupostos que indicam a existência de, nos termos da própria autora, variáveis mentais ocultas que influenciam a decisão do julgador. Ela adota pressupostos teóricos que reconhecem a atuação do juiz como invariavelmente permeada por subjetividade e aponta que isso é problemático, porque implicaria uma velada subversão democrática. Lora, por outro lado, não abre mão do horizonte da imparcialidade porque considera que o abandonar importaria desabrigar a jurisdição – algo, em sua visão, inviável. A solução para o dilema da imparcialidade é apresentada em um horizonte com três estágios. O primeiro, a curto prazo, seriam reformas processuais pontuais capazes de eliminar aspectos problemáticos do processo penal brasileiro. Nesse sentido, propostas, dentre outras, de isolamento do inquérito policial com relação ao processo, da vedação de poderes instrutórios de ofício do magistrado e de uma cláusula aberta que permitisse o afastamento de juízes que tenham manifestado, antecipada e expressamente, posturas ideológicas, religiosas ou políticas capazes de comprometer a expectativa de imparcialidade. O segundo estágio, a médio prazo, seria uma mudança estrutural maior no sistema processual brasileiro, vinculada à maneira como a jurisdição

---

[513] Cf. capítulos 2 e 3.

é prestada. A autora aponta como referência os sistemas italiano e chileno, especialmente observando a cisão entre as tarefas de investigação, de instrução e de decisão, bem como uma realização concreta e efetiva de processos marcados pela oralidade. Essas medidas, para serem efetivadas, implicariam uma reestruturação (realocação) dos recursos humanos do Judiciário (juízes e servidores), uma revisão das despesas desse Poder e uma grande mudança nas regras de competência, o que, na visão da autora, seria plenamente possível a médio prazo. Por fim, o terceiro e último estágio, a longo prazo, seria uma mudança cultural para a superação da herança positivista, substituindo-a por uma racionalidade ética, inspirada na ética de Levinas, capaz de perceber na justiça a figura do outro. Para Lora, essa mudança passaria pelo giro hermenêutico, por uma adequação da ética jurisdicional, a ser conciliada com o papel garantidor do processo penal. O objetivo, em última instância, seria a superação de ideologias autoritárias que permeiam as práticas processuais brasileiras.

Artur de Souza, em *A Parcialidade Positiva do Juiz*,[514] formula tese sobre a viabilidade de se aceitar como benéficas para o sistema democrático determinadas parcialidades dos juízes. Para o autor, o pressuposto material de que a sociedade brasileira é acometida de desigualdades sociais, econômicas e culturais deve ser inserido dentro das reflexões processuais, de forma a impulsionar uma releitura da imparcialidade que rompa com as perspectivas meramente formais e abstratas. Com esse objetivo, por um lado, Souza acolhe a perspectiva tradicional especificamente no que diz respeito às parcialidades negativas (aquelas descritas nas hipóteses de suspeição e impedimento), para assegurar a independência do magistrado e o exercício desinteressado da função jurisdicional. Por outro lado, adota uma perspectiva crítica quando à viabilidade de um modelo de juiz efetivamente imparcial. Souza assume como realidade que é impossível impedir o juiz de se vincular a uma ordem de ideias e a uma visão personalíssima do mundo, as quais estariam contidas em sua atuação jurisdicional. O autor pondera, por exemplo, que mesmo apesar da vedação de filiação a partidos políticos e das restrições às liberdades de expressão, ainda assim os juízes participam ativamente da política pela via de associações de magistrados.[515] Reconhece, ainda, que os magistrados não apenas têm

---

[514] Cf. capítulos 2, 3 e 4.
[515] Nestas, conforme Souza, os magistrados "se encontram organizados politicamente para exercerem atos concretos de ingerência no destino político nacional em relação àquelas questões que lhe dizem respeito mais particularmente" (*Ibidem*, p. 146)

uma ideologia política, mas que esta integra as decisões judiciais e está presente mesmo na interpretação das leis – já que "o resultado de interpretação não é idêntico para um liberal e um conservador, um socialista ou um democrata-cristão"[516] – e nas argumentações jurídicas, que sempre pressupõem uma linha política determinada. Reconhece, também, que o discurso jurídico reflete a ideologia dominante e sofre influência de interesses de classe, bem como que os magistrados estão submetidos a um poder disciplinar hierárquico, que lhes exige produtividade indiferente a critérios de justiça e que lhes cobra a produção de verdades para se fazer o poder funcionar.[517] Assume, ainda, que saberes da psicologia nos fornecem informações de que o juiz, uma vez que influenciado por fatores inconscientes, é incapaz de ser imparcial. Com essa base material, Souza pretende a reconstrução do princípio da imparcialidade tendo como foco uma prestação jurisdicional justa. O processo, assim, deveria ser reconfigurado como expressão da soberania democrática popular, com o juiz assumindo um papel positivamente parcial para fazer prevalecer a pauta de valores constitucionais, em especial com o reconhecimento e enfrentamento das desigualdades sociais, culturais e econômicas, bem como da carga ideológica neoglobalizante que permearia os processos. Souza defende, em suma, um ativismo judicial fundamentado pela ética da libertação e voltada para a alteridade do outro. Nesse horizonte, a parcialidade positiva seria uma utopia possível para se enfrentar os problemas do acesso à justiça e das desigualdades das partes no processo.

Analisando todas essas teses, algumas considerações são importantes. Esses autores, com exceção de Souza, vislumbram no horizonte o alcance do modelo de juiz imparcial defendido pela doutrina majoritária, qual seja, o juiz subjetivamente desinteressado no resultado do processo e que se mantém equidistante com relação às partes. Vislumbramos como problemático esse horizonte, não apenas porque os saberes paralelos nos indicam sua total inviabilidade, mas também porque o modelo de juiz imparcial tem servido tão somente para se proteger a legitimidade do Judiciário enquanto um Poder do Estado, ao mesmo tempo em que contorna o problema do enfrentamento da realidade empiricamente demonstrada de que esse discurso funciona como uma retórica que blinda a parcialidade dos magistrados. Cabe notar que Ritter e Lora, apesar de reconhecerem a base material que

---

[516] *Ibidem*, p. 148.
[517] *Ibidem*, p. 167.

indica a impossibilidade de imparcialidade, mantêm-se com o modelo de juiz imparcial por uma opção política. Lora indica, inclusive, que o faz porque o abandono desse modelo desabrigaria a jurisdição, o que, para ela, seria inviável. Já Dantas também reconhece a base material referida, mas defende a possibilidade artificial de se alcançar um estado mínimo de imparcialidade.

Ritter, Maya e Lora caminham na mesma direção, com a proposição de medidas que se focam em pequenas reformas processuais concretas destinadas a expurgar focos de contaminação do processo. Essas medidas são propostas interessantes, porque identificam pontos em que sabidamente (considerando saberes empíricos) há um prejuízo para a imparcialidade e buscam os remediar. Lora vai um pouco mais a fundo com proposição de medidas a médio prazo com a finalidade de se realizar uma reestruturação mais densa e sólida no sistema de justiça.

Apesar da pertinência das medidas, também por nós defendidas, entendemos que quaisquer proposições estritamente processuais são bastante limitadas, porque, por um lado, sempre serão aplicadas a partir da ideologia dos aplicadores, que podem as reconfigurar ou as neutralizar. Por outro lado, porque um problema essencialmente político, vinculado a uma política maior que orienta todo o poder punitivo, não pode ser resolvido com medidas estritamente processuais.

Nesse ponto, o horizonte de mudança cultural proposto por Lora seria, em tese, interessante. O problema, contudo, é que a proposição da autora recai nas limitações de quaisquer recomendações éticas. Não temos dúvida de que uma cultura jurídica estabelecida no horizonte de uma ética de alteridade seria muito benéfica para um estado democrático de direito. No entanto, não há nenhum mecanismo capaz de obrigar os juízes a aderir a determinada ética, sobretudo uma ética de alteridade. Tampouco há como se controlar as ideologias pessoais do magistrado. Ainda assim, entendemos como válido um horizonte valorativo a guiar reformas do ensino jurídico, dos concursos públicos, dos cursos de formação de magistrados, etc. Entendemos, todavia, que esse horizonte não pode ser estabelecido a partir de um modelo artificial e empiricamente insustentável de juiz. Nesse ponto, a perspectiva de Lora de que é inviável o abandono da noção tradicional de imparcialidade nos parece problemática. Por um lado, porque essa suposta inviabilidade se baseia na necessidade proteção da legitimidade da atuação do Poder Judiciário na forma como tradicionalmente estabelecida. Esse discurso de legitimidade, no entanto, como já discorremos, apenas impede o questionamento da legitimidade do Poder Judiciário, enquanto contorna a constatação empírica de que as práticas judiciais são essencialmente parciais. De nossa perspectiva, a legitimidade do Poder Judiciário pode ser construída a partir de um modelo realista de juiz.

Com relação à tese de Dantas, a argumentação sobre viabilidade de um estado mínimo de imparcialidade nos parece problemática. A uma, porque se trata de exigir dos magistrados um grande esforço psicológico pouco compatível com suas realidades práticas. Esse esforço, note-se bem, é equiparado ao de psicanalistas que, supõe-se, recebem um treinamento bastante direcionado para obter essa chamada "neutralidade". A duas, porque não há comprovação científica de que algum esforço psicológico voluntário seja realmente capaz de se fazer adormecer os impulsos inconscientes do magistrado[518] – ou do psicanalista. Há pesquisas empíricas, já citadas por nós, que indicam justamente o contrário: mesmo se fazendo um esforço consciente, o enviesamento continua ali. A três, não há mecanismo capaz de fiscalizar se algum esforço dessa natureza está sendo feito pelo magistrado, de forma que a tese de Dantas ganha os contornos de uma mera recomendação ética que pode ou não ser acolhida, a depender de cada um.

---

[518] Cabe notar que Dantas (*A imparcialidade no...*, p. 163) aponta um estudo que supostamente comprovaria a viabilidade dessa prática. Trata-se de pesquisa realizada por Smith [*A aplicação dos precedentes vinculantes: um estudo empírico sobre a visão dos magistrados iniciantes*. Orientador: Fábio Lima Quintas. Dissertação (Mestrado em Direito). Instituto Brasiliense de Direito Público, Brasília, 2019], o qual avaliou que, dentre os juízes participantes, a maioria reconheceu uma tendência psicológica a se esquivar da aplicação de precedente vinculante, caso julgassem que isso geraria alguma injustiça. Dentre esse grupo, a maioria também reconheceu que, caso não encontrassem elementos de distinção, aplicariam o precedente vinculante mesmo o achando injusto para o caso. Para Dantas, isso significaria que essa maioria estaria reconhecendo o estado natural de parcialidade (a tendência de não aplicar o precedente vinculante), mas conseguindo o superar (com a aceitação da aplicação desse precedente contra a tendência psicológica). Todavia, em nossa perspectiva, essas conclusões não podem ser sustentadas com base na pesquisa de Smith. A uma, o mero reconhecimento de que não se está aplicando a solução mais justa para o caso porque não encontrou fundamentos suficientes para se evitar um precedente vinculante é um dado superficial demais para se concluir que houve o tão complexo processo de depuração de impulsos emocionais descritos por Dantas. A duas, esse dado fornecido por Smith parece indicar tão somente que o julgador se conformou, por inúmeras razões possíveis, com a solução do precedente vinculante e que não estava tão empenhado assim em encontrar uma retórica para fazer a distinção. Esse mesmo dado indicou que 72% fariam um esforço para tentar encontrar elementos de distinção e, apenas se não encontrassem, aceitariam o precedente vinculante, enquanto outros 16% não aplicariam o precedente vinculante mesmo se não encontrassem elementos de distinção. A três, essas respostas dos juízes são declarações sobre o que hipoteticamente fariam diante de uma situação abstrata de justiça *versus* precedentes vinculantes, não o que fizeram de fato em situações concretas. A quatro, a pesquisa teve um objeto bem delimitado, envolvendo apenas uma situação hipotética, e contou com a participação tão somente de juízes iniciantes em processo de vitaliciamento, de forma que não poderia ser generalizada como se fosse um constante para o comportamento de todos os magistrados. Importante ressaltar que a conclusão de Smith, com relação a esses dados aqui citados, é simplesmente de que "existe uma propensão dos juízes vitaliciandos integrantes da amostra em seguir o sistema de decisões vinculantes" (*Ibidem*, p. 139).

Já Souza assume o pressuposto material de que há impossibilidade psicológica de imparcialidade e que a atividade jurisdicional é essencialmente política e é impactada por desigualdades sociais, econômicas e culturais. Em tese, sua proposta de que os juízes devam assumir os valores democráticos e os concretizar nas práticas processuais a partir do reconhecimento das desigualdades é compatível com um estado democrático de direito. Ocorre que a essência dessa tese é um estabelecimento de um horizonte ético. Nesse ponto, a tese sofre dos mesmos problemas de quaisquer recomendações éticas. Não há nenhum mecanismo capaz de obrigar os magistrados a adotar especificamente os valores que Souza aponta como corretos. Essa introjeção pode ou não acontecer, a depender da ideologia pessoal do julgador. Desse modo, conferir formalmente um poder de atuação ativista implicaria aumentar o poder discricionário dos juízes sem nenhuma garantia de que essa atuação será de fato democrática. Como consequência, pode ocorrer de juízes justificarem retoricamente suas ações ativistas a pretexto de uma atuação democrática, ainda que de boa-fé, mas materialmente exercerem o poder de forma antidemocrática com bases nos seus valores pessoais. Assim, a proposta de Souza apenas teria ganho democrático se todos os juízes realmente estivessem comprometidos com o combate à desigualdade e às ideologias das classes dominantes, algo extremamente improvável de ocorrer e praticamente impossível de aferir. É uma visão essencialmente otimista da magistratura, que acredita perigosamente que todos os magistrados teriam uma compreensão precisa de quais são os valores democráticos e uma reserva ética mínima que os impediria de usar uma retórica democrática para defesa de valores políticos estranhos à democracia.

4.5 Sobre a imparcialidade do Poder Judiciário e a democracia

As reformas processuais pontuais que apontamos são, sem dúvida, benéficas para o objetivo de melhorar a qualidade da prestação jurisdicional. Porém, elas são limitadíssimas, porque passam pelo crivo da ideologia dos intérpretes, que podem não estar interessados em quebrar o *status quo* das práticas processuais.

Por isso, precisamos enfrentar o problema da imparcialidade reconhecendo sua essência política e suas consequências materiais para a sociedade brasileira. É este o horizonte que pretendemos esboçar neste tópico.

4.5.1 A imparcialidade como um problema essencialmente político

O problema da imparcialidade é essencialmente político. O apego a um modelo de juiz dissociado na realidade se deve à importância política do discurso de imparcialidade, que serve para legitimar a atuação do Poder Judiciário. A aparente razão do apego a um discurso defasado é o temor de que seu abandono possa gerar um colapso discursivo e uma crise de legitimidade.

A constatação empírica de que os juízes não decidem imparcialmente, enfim, é tão problemática que costuma ser digerida pela doutrina processual de forma suavizada, isto é, com a minimização de seu peso real e tentativas de salvar o conceito ainda que o distanciando da realidade.

Mas o enfretamento do problema da imparcialidade requer a consideração do peso real das constatações empíricas sobre o funcionamento do Poder Judiciário. E, nessa esteira, uma das reflexões necessárias é a de que a imparcialidade não é um problema isolado de toda a política que permeia o processo penal.

Conforme já exposto, embates políticos percorrem o modelo de processo penal adotado no país, bem como todas as questões que envolvem a implementação do poder punitivo. Conseguimos ver essa politização de forma explícita em discussões sobre temas muito controversos, tais como as idas e vindas do STF quanto ao tema da execução da pena antes da condenação definitiva e a suspensão de diversas modificações processuais promovidas pela Lei n. 13.964/2019. A sobreposição de interesses políticos a discussões dogmáticas e científicas não é exclusividade do processo penal. No direito penal, também não é difícil encontrar exemplos, tais como a criminalização do aborto consentido, de comercialização de drogas, as políticas de recuperação de ativos em crimes fiscais e contra o sistema financeiro, os limites do princípio da insignificância, dentre tantos outros.

A constatação dessa realidade política implica também na constatação de que nenhum desses problemas será solucionado com teses estritamente jurídicas ou baseadas em estudos científicos, porque o direito não é construído racionalmente em busca da melhor solução para os conflitos. As soluções precisam considerar os interesses políticos em disputa e caminhar no sentido da construção de uma vontade política de democracia. Esse é o caso do problema da imparcialidade. É necessária uma política pública sobre a figura do juiz e uma reforma democrática do Poder Judiciário. A verdadeira adversária não são os modelos problemáticos de sistema judicial ou as teses jurídicas defeituosas, mas a falta de vontade política de transformar.

Quanto a isso, Nalini aponta uma série de pontos que merecem atenção. Por exemplo, a prevalência, na cultura jurídica brasileira, da noção de que a Justiça não é um serviço público, mas uma missão etérea, desvinculada de qualquer avaliação de qualidade;[519] a noção de que juízes experientes seriam também bons administradores e por isso podem cumular de funções de administração das varas e tribunais, para as quais nunca foram treinados – e o que gera tribunais mal administrados;[520] a baixa abertura dos magistrados para as críticas quanto à qualidade do serviço prestado.[521]

Sem dúvida, existe uma cultura jurídica problemática, que não se deve somente aos juízes, mas a todos os atores que colaboram para o funcionamento da justiça. Essa cultura precisa ser objeto de políticas públicas para que se torne democrática. E nesse sentido, tratando especificamente da magistratura, há que se fazer um investimento em cima da figura do juiz, através de uma restruturação do ensino jurídico, dos concursos públicos, dos cursos de formação dos magistrados, do papel que estes desempenham dentro das varas judiciais, da própria imagem que se constrói dos juízes perante a sociedade, etc.

Nalini, porém, aponta um sério problema: ao Poder Judiciário é reservada a iniciativa legislativa sobre temas de seu interesse (leis de organização judiciária), mas falta a ele interesse em inovar. Isso nos joga num labirinto: o Poder Judiciário detém o monopólio de sua transformação, mas não quer se transformar e ainda abomina quem se proponha a atuar em seu nome.[522] Isso, somado às colaborações dos demais atores do sistema penal, que também defendem a manutenção de suas posições, faz com que o *design* da justiça perdure com alterações mínimas.[523]

A aposta de Nalini para superar esses entraves é a revolução individual de juízes bem-intencionados – juízes vocacionados ou

---

[519] NALINI, *A rebelião da...*, p. 23.
[520] "Não se confunde o bom juiz com o bom administrador. Resultado da prevalência da regra da ancianidade, há algumas gestões pouco eficientes em muitos tribunais. Na história de alguns colegiados não tem sido incomum o presidente da vez atravessar sua gestão bienal a atuar apenas na periferia dos problemas e a receber encaminhamentos de rotinas. Afogado em papéis, em assinaturas, em visitas e representação, não têm condições de repensar o tribunal. É a administração burocrática de questiúnculas." (*Ibidem*, p. 37)
[521] *Ibidem*, p. 24.
[522] *Ibidem*, p. 44.
[523] *Ibidem*, p. 51.

despertos para a missão de fazer justiça, descreve o autor.[524] Para ele, uma profunda reforma se torna inviável, porque esbarraria em corporativismos, preconceitos e inércia institucional, de forma que a única reforma possível seria a individual, que ocorre na consciência do juiz.[525] Nalini realiza, então, uma série de recomendações éticas aos juízes para que façam essa revolução.

De nossa perspectiva, o diagnóstico parece correto, mas a solução proposta por Nalini se mostra problemática. A uma, porque, ainda que com a expressa pretensão de desmistificar a magistratura, o autor segue a mistificando, atribuindo a ela funções exageradas, como a de "conferir sentido à vida de seus semelhantes".[526] A duas, porque proposições éticas, como já afirmamos anteriormente, são limitadíssimas, já que dependem da adesão voluntária dos juízes, o que pode ou não acontecer e não há como controlar. A pretensão de empoderar juízes[527] apostando na boa intenção deles é perigosíssima, porque pode dar margem para comportamentos antidemocráticos a pretexto de defesa da democracia. Essa perspectiva nos parece decorrente de um otimismo ingênuo com relação à magistratura. Essa ingenuidade é semelhante àquela descrita por Zaffaroni ao fazer autocrítica de sua obra *Poder Judiciário: crise, acertos e desacertos*:

> ¿En qué consistía esa ingenuidad? Pues, ante todo creer que existía alguna posibilidad de que los jueces asumiesen la iniciativa de la propia reforma democrática de la administración de justicia. En segundo lugar, en creer que los políticos irían a abrir mano, sólo por fuerza de racionalidad, de la tentación y posibilidad de manipularla. En tercer lugar, porque creí sinceramente que había reservas éticas mínimas, que impedirían que cualquier sector de la magistratura – especialmente después de la nominación previo concurso –, aunque fuese minoritario, perdiera el pudor hasta el extremo de ponerse al servicio de represalias políticas coyunturales, torciendo el discurso jurídico hasta sostener argumentos que ningún folleto del último estante polvoriento de la más olvidada biblioteca jurídica podría apuntalar.[528]

---

[524] *Ibidem*, p. 215.
[525] *Ibidem*, p. 223-224.
[526] "O juiz é intérprete categorizado da realidade existencial. Defronta-se, na sua rotina, com todas as misérias humanas. Sensibilizado por elas, será convertido a posicionar-se na condição de senhor de seu tempo, engajado pessoal e moralmente na missão maior de conferir sentido à vida de seus semelhantes" (*Ibidem*, p. 292).
[527] "É incomensurável o poder de um juiz consciente, forte e corajoso" (*Ibidem*, p. 321).
[528] No prefácio de REZENDE, *Democratização do poder...*, p. 24.

De nossa perspectiva, a direção deve ser a oposta àquela indicada por Nalini. Isto é, não nos parece que nenhuma revolução democrática partirá de juízes individuais voluntariosos e bem intencionados, porque essas manifestações são sempre acidentais. A adesão de juízes é importantíssima, mas é preciso uma confluência política que envolva todos os atores que fazem o Poder Judiciário acontecer, para uma mudança sistemática.

4.5.2 Parcialidade, arbitrariedade e desigualdade

Ao longo deste texto, pudemos demonstrar que o conceito de imparcialidade da doutrina processual, em que pese ser inatingível, desempenha uma função de fornecer legitimidade ao Poder Judiciário, ao mesmo tempo em que invisibiliza as práticas judiciais. Discorremos também sobre como essas práticas judiciais se mostram bastante arbitrárias e ficam sempre dependendo da ética do próprio juiz. Neste momento, trataremos do principal problema decorrente desse panorama.

Em suma, a questão central não é a humanidade dos juízes, porque esse fator é constante em todos os sistemas judiciais, mas a desigualdade na distribuição da justiça que ocorre especificamente em nosso país e que decorre da tolerância cultural com a arbitrariedade.

Para se lidar com essa questão precisamos explicitar essa desigualdade. Para tanto, por exemplo, podemos observar simplesmente a grande variedade de decisões judiciais que coexistem harmonicamente no sistema judicial, com alguns juízes atuando de forma ativista e outros contidos, ou ainda o mesmo juiz atuando ora de forma ativista, ora de forma contida, a depender de seus entendimentos pessoais.[529] Essa aleatoriedade se verifica em diversos pontos cruciais do processo, como no reconhecimento de nulidades (que se dá *à la carte*, como critica Lopes Jr.[530]), nos critérios para medidas cautelares (ora genéricos, ora

---

[529] BAPTISTA, *Paradoxos e ambiguidades...*, p. 253-254.
[530] E.g. "A disciplina adotada no art. 157 do CPP conduz ao enfraquecimento excessivo, quase erradicação, da doutrina dos frutos da árvore envenenada, retirando a eficácia da garantia processual e constitucional. Também é mais um exemplo de expansão do espaço impróprio da subjetividade judicial, conduzindo ao terreno da *ilicitude à la carte*, ou seja, mais um excesso de subjetividade que permite ao juiz/tribunal afirmar ou não a existência da conexão de ilicitude apenas com uma boa retórica. E tudo isso é gerador de tratamento desigual para situações jurídicas iguais, antidemocrático e fomentador de imensa insegurança jurídica. Uma vez mais o que se postula é: regras claras do jogo, para aplicação igualitária" (*Direito processual Penal...*, p. 644).

rigorosos), para definição de competência (que pode ser modificada, por exemplo, com critérios obscuros de atração por conexão), de valoração da prova (que está toda depositada na convicção íntima do julgador, sem que critérios de *standards* probatórios realmente tenham função de limitar eventual alquimia valorativa), entre tantos outros.

No Brasil existem diversos processos penais, a depender de quem é o magistrado e quem é o réu, com alguns tendo defesa técnica de alta qualidade e conseguindo levar suas teses processuais bem elaboradas às cortes mais altas do país e outros sem defesa efetiva e submetidos a processos muito menos garantistas, com decisões cautelares mais genéricas e presunção de periculosidade, frequentemente com condenações baseadas apenas em elementos do inquérito policial, na palavra de agentes policiais ou com valorações arbitrárias de provas. A desigualdade também se verifica na justiça material, com diferença do rigor da pena a depender de quem é a pessoa do réu, como já constatado por pesquisas empíricas. Aqui pesam vários tipos de desigualdades, como a econômica,[531] a racial[532] e a de gênero.[533] Ou seja, sua pena pode variar dependendo de quem você é e de quais são os preconceitos do magistrado acerca do seu estereótipo. O resultado é grave: o Poder Judiciário contribui para o aumento das desigualdades sociais, quando deveria fazer o oposto.

---

[531] Cf., e.g., MATTOS, Diogo Castor de. *A seletividade penal na utilização abusiva do habeas corpus nos crimes do colarinho branco*. Dissertação (Mestrado em Direito) – Universidade Estadual do Norte do Paraná, Jacarezinho, 2015. Nesse estudo, o autor constata a maior facilidade de pessoas economicamente favorecidas, e, portanto, com acesso a defesas mais técnicas, para a obtenção de ordens de habeas corpus por parte dos tribunais superiores reconhecendo nulidades processuais. Todavia, o foco do autor não está na crítica ao baixo acesso à justiça pelas pessoas mais pobres, mas na pretensão de restrição do uso do habeas corpus pelas pessoas mais "abastadas", de forma a evitar o reconhecimento das nulidades processuais citadas, o que nos parece uma solução autoritária e antidemocrática.

[532] E.g.: LOURENÇO, Luiz Cláudio; VITENA, Gabrielle Simões Lima; SILVA, Marina de Macedo. Prisão provisória, racismo e seletividade penal: uma discussão a partir dos prontuários de uma unidade prisional. *Revista Brasileira de Segurança Pública*, v. 16, n.2, 220-239, fev./mar. 2022; ALVES, Júlia Somberg; MOREIRA, Lisandra Espíndula. Enquadro e banco dos réus: racismo e sistema de Justiça. *Psicologia & Sociedade*, n. 34, 2022. Disponível em: http://doi.org/10.1590/1807-0310/2022v34256057. Também Cf. estudo comparativo de tráfico internacional de entorpecentes, demonstrando que, pela mesma quantidade de drogas, a pena será maior se a origem do réu for, nessa ordem, africana, asiática, sulamericana ou europeia. (HARTMANN, Érica de Oliveira; BORGES, Guilherme Roman; ARAÚJO, Jorge Alberto de. *Tráfico Internacional de Entorpecentes*: O fluxo no maior aeroporto internacional do Brasil. Curitiba: IFDDH, 2016. p. 30-32.)

[533] E.g. PAULA, Catarina Sofia Pereira; CARIDADE, Sónia Maria Martins. (Dis)paridades de gênero ao nível das sentenças judiciais: uma revisão estruturada da literatura. *Gênero & Direito*, v. 7, n. 2, 2018.

Essa desigualdade é invisibilizada pelo discurso de imparcialidade, que dá legitimidade para toda essa arbitrariedade a pretexto de que seriam, em verdade, decisões técnicas decorrentes da análise imparcial da lei brasileira realizada por autoridades literalmente insuspeitas, cuja principal característica seria o alto nível técnico aferido em um dificílimo concurso público.[534] Esse cenário não é acidental, pois conta com conivência de setores da sociedade interessados na manutenção desse *status quo*, seja porque beneficiados com essa desigualdade de tratamento, seja porque receiam perder a posição em uma eventual reforma global.

Ocorre que essa desigualdade, além de ser um gravíssimo problema por si só, é percebida pela população, como costumam indicar as pesquisas de opinião. Segundo o Relatório ICJ Brasil[535], publicado em 2021 pela FGV, apenas 40% da população confia no Poder Judiciário, enquanto a última pesquisa realizada pela CNT/MDA[536] sobre Poder Judiciário indicou que 55,7% dos entrevistados avaliaram a prestação jurisdicional como ruim/péssima e 90,3% consideraram que a Justiça "não trata todos de maneira igual". O Poder Judiciário, apesar de sua autoimagem mistificadora, não é visto como imparcial pela população.

Esse fator já é suficiente para se colocar em cheque a idoneidade do discurso de imparcialidade como forma de obtenção de legitimidade, porque ele parece ser menos eficaz do que supõem seus defensores. Isso para além do óbvio problema ético de sustentar a legitimidade de um poder estatal em um mito que esconde sua contribuição para o aumento das desigualdades sociais.

Mas a legitimidade política do Poder judiciário pode ser construída a partir do seu bom funcionamento, isto é, a partir de práticas judiciais que realmente contribuam para um acesso igualitário à Justiça

---

[534] Nesse sentido, Iris Marion Young (O Ideal de imparcialidade e o público cívico. Tradução de Roberto Cataldo. *Revista Brasileira de Ciência Política*, n. 9, set./dez. 2012. p. 188) ressalta as consequências ideológicas antidemocráticas da adesão ao discurso de imparcialidade: "o compromisso generalizado com o ideal da imparcialidade cumpre pelo menos três funções ideológicas: sustenta a ideia do Estado neutro, que, por sua vez, fornece alguma base para o paradigma distributivo da justiça. Legitima a autoridade burocrática e processos decisórios hierárquicos, neutralizando demandas por processos democráticos de decisão. E, por fim, reforça a opressão apresentando o ponto de vista dos grupos privilegiados como se correspondessem a uma posição universal".

[535] Disponível em: https://bibliotecadigital.fgv.br/dspace/bitstream/handle/10438/30922/Relato%cc%81rio%20ICJBrasil%202021.pdf?sequence=1&isAllowed=y. Acesso em: 10 abr. 2023.

[536] A pesquisa é de 2018 (136ª Pesquisa). Disponível em: https://cnt.org.br/pesquisa-opiniao. Acesso em: 10 abr. 2023.

e uma redução material das desigualdades sociais – caso não haja esse bom funcionamento, o Poder Judiciário não será mesmo legítimo. Daí a necessidade de se estabelecer um horizonte de reforma democrática do Poder Judiciário. A imparcialidade, em nossa perspectiva, não pode ser estabelecida a partir de um horizonte irreal e isolado, como é o modelo de juiz imparcial. Em verdade, esse horizonte deve estar conectado com valores democráticos. Pensando assim, podemos traçar objetivos para uma reforma dessa natureza. Esses objetivos não se tratam de recomendações éticas, porque não se destinam aos juízes individuais. Devem servir, pelo contrário, como diretrizes valorativas para uma defesa política de uma reforma do Poder Judiciário. Esperamos, portanto, que esses valores sejam abraçados pelos atores políticos que defendam, no âmbito dos Três Poderes, uma reconstrução do Poder Judiciário. Vamos aos objetivos:

Em primeiro lugar, uma justiça democrática não deve aceitar que os juízes julguem como se fossem representantes místicos de uma justiça metafísica que declara o que é o bom, o belo e o justo. Deve formar, ao contrário, juízes que julgam a partir das regras estabelecidas na lei e que procuram solucionar os conflitos sociais.

Não deve aceitar juízes em cruzadas metafísicas pela erradicação do crime e da maldade no mundo. Deve formar juízes para fiscalizar a atividade do Ministério Público de fazer a persecução penal de pessoas que praticaram infrações penais.

Não deve aceitar juízes que julgam a partir de suas próprias moralidades e idiossincrasias. Deve formar juízes que julguem a partir da moralidade da lei e que busquem uma solução consensualista para os conflitos.

Não deve aceitar juízes que se apropriam do seu poder jurisdicional como uma coisa particular. Deve formar juízes que tenham ciência de que a coisa pública pertence ao povo brasileiro.

Não deve aceitar juízes que tratem os réus de forma desigual a partir de suas próprias convicções pessoais acerca de como a sociedade deve funcionar. Deve formar juízes que compreendam o funcionamento da democracia e sua tolerância para com a diferença.

Não deve aceitar juízes que não tenham qualquer constrangimento em contrariar a lei para fazer realizar sua própria justiça. Deve formar juízes submetidos a controles internos e externos, que respeitem as normas ainda que contra suas convicções pessoais.

Se fossem meras recomendações éticas destinadas aos juízes individuais, essa proposta poderia se juntar às demais que criticamos acima. Daí a razão pela qual, reiteramos, nosso foco está nos atores políticos responsáveis por políticas institucionais e naqueles com capacidade representativa para bater às portas do Poder Judiciário, porque são necessárias políticas públicas para se repensar todos os aspectos que destacamos neste capítulo, tais como o próprio ensino jurídico, os concursos públicos, os cursos de formação de magistrados, a maneira como o Poder Judiciário se relaciona com a imprensa e com as redes sociais, etc. É uma tarefa hercúlea e que depende da confluência de fatores materiais e de ânimos pessoais, mas sobretudo de vontade política. Como formar essa vontade política é uma pergunta que simples juristas não são capazes de responder. Mas como juristas, podemos assinalar, sem medo de errar, que sem política o Poder Judiciário continuará com seus mesmos defeitos.

4.6 Síntese

Ao longo deste capítulo, pudemos demonstrar, em primeiro lugar, que a atividade jurisdicional em matéria penal é sempre necessariamente política, porque envolve a implementação do poder punitivo estatal, o qual é compreendido como uma política pública voltada para a redução da criminalidade. Além disso, toda decisão penal pressupõe uma escolha política, na medida em que carrega consigo uma visão sobre como deve ser implementado o poder punitivo naquele caso específico. Esses valores políticos, que por regra não são declarados, costumam ser o verdadeiro gatilho das decisões, em vez da fundamentação estritamente jurídica apresentada no documento formal.

Em segundo lugar, que a política permeia todo o funcionamento do Poder Judiciário, a começar pelo próprio sistema de recrutamento de magistrados, pelas relações de simbiose com as mídias e as redes sociais, entre outros tantos fatores, e pode ser explicitamente constatada nos fenômenos de *lawfare* e de populismo judicial, os quais denotam hiperpolitização de juízes. Todas essas relações impactam na esperada imparcialidade e influenciam o atual panorama de baixo controle de comportamento dos magistrados.

Em terceiro lugar, que esse contexto de fortes contornos políticos do exercício do poder jurisdicional e as constatações empíricas sobre a necessária parcialidade dos juízes tornam necessária a busca por um modelo realista de processo penal. Dentro desse modelo, deve-se reconhecer a vulnerabilidade cognitiva dos magistrados, de forma a se depurar todos os espaços conhecidos de enviesamento e se constituir um processo penal que proteja ao máximo a cognição dos julgadores.

Em quarto lugar, que, todavia, todos os esforços estritamente jurídicos são limitadíssimos, porque o direito é essencialmente político e não é construído tendo por base pressupostos racionais. Esse fato sobre a essência do direito deve ser assimilado para se compreender que o problema da imparcialidade não está em teses jurídicas defeituosas, mas na falta de vontade política de se enfrentar um modelo de Justiça que promove a desigualdade. Assim, o horizonte deve estar na busca da formação de um consenso político para a restruturação democrática do Poder Judiciário, considerando os interesses políticos em jogo.

CONSIDERAÇÕES FINAIS

O discurso de imparcialidade foi estruturado a partir de pressupostos filosóficos do racionalismo dos séculos XVII e XVIII e do contexto político europeu daquela época, de neutralização política do Poder Judiciário. Apesar do subsequente declínio do racionalismo e da desneutralização do Poder Judiciário, o discurso de imparcialidade, ainda que com nova roupagem (diferenciação com relação à neutralidade), continuou baseado em pressupostos racionalistas e idealistas. No Brasil, as discussões sobre imparcialidade foram praticamente reproduzidas de autores estrangeiros, com pouca ou nenhuma atenção para as práticas jurídicas nacionais e aparentemente com pouca vontade política de se realmente enfrentar a questão em suas raízes problemáticas. Como resultado, aqui a defasagem entre esse ideal de imparcialidade e a realidade da atividade jurisdicional é tamanha que o discurso oficial funciona praticamente descolado da realidade e quase exclusivamente a partir de sua função política, qual seja, a de conferir legitimidade à atuação do Poder Judiciário.

O modelo idealista de imparcialidade desenhado pelos processualistas não encontra amparo na realidade das práticas processuais. Ao contrário do que supõe esse modelo, o processo penal é palco de disputas políticas que o empurram para direções antagônicas, democráticas ou autoritárias. Além disso, a própria legislação cria condições nas quais o juiz se vê obrigado a se valer de sua subjetividade para dar solução ao caso. Por fim, pesquisas empíricas sobre o comportamento dos juízes atestam que a parcialidade é a regra, e não o acidente, no exercício do poder jurisdicional. Nessas condições, a imparcialidade opera na forma de mito que figura como um norte atingível, ao mesmo tempo em que impede as problematizações a partir dos dados da realidade e se centra em sua função política não declarada.

O sistema processual penal tem ferramentas destinadas a se proteger o direito a um tribunal imparcial. Na prática processual, no entanto, a eficácia desses mecanismos é baixíssima. O dever de motivação das decisões judiciais, em que pese desempenhe papeis políticos e jurídicos importantes, é ineficiente como ferramenta de controle de imparcialidade, porque, como já robustamente demonstrado por pesquisas empíricas de psicologia social, a atividade de motivar é essencialmente uma atividade de justificação de decisões que, em verdade, são tomadas de forma intuitiva e emocional. A ampla gama de valores constitucionais disponíveis facilita que quase sempre seja possível se encontrar motivação juridicamente aceitável para a viabilidade de decisões em direções antagonicamente diferentes em um mesmo caso. No Brasil, isso se torna especialmente problemático porque há uma cultura de tolerância com arbitrariedades no exercício do poder jurisdicional, além de que juízes trabalham em condições materiais deficitárias, com alta carga de trabalho e com participação invisibilizada da assessoria no processo cognitivo e decisório. As exceções de suspeição e impedimento também têm baixíssimo índice de eficácia e se mostram incapazes de sequer servir como forma de se conseguir que o tribunal ao menos se manifeste sobre o mérito da alegação de perda de imparcialidade do magistrado concreto. Há outros fatores que dificultam o controle, como a apologia de doutrina e jurisprudência predominantes quanto à discricionariedade judicial e a jurisprudência dos tribunais superiores que se mostra pouco interessada em realmente analisar a conduta concreta dos magistrados apontados como suspeitos pelas partes.

Ao contrário do que pressupõe o modelo idealista de imparcialidade sustentado pelo discurso oficial, a atividade jurisdicional em matéria penal nunca é apolítica. Ela sempre envolve a implementação de uma política pública estatal, qual seja, o exercício do poder punitivo com o pretexto de interferência nas estatísticas da criminalidade, e sempre pressupõe uma escolha política concreta, a ser realizada pelo julgador, que é o verdadeiro gatilho da decisão em temas controversos. A política permeia, enfim, todo o funcionamento do Poder Judiciário. Diante da ausência de controle efetivo, a arbitrariedade é uma constante nas práticas judiciais e a consequência é, sobretudo, uma desigualdade da distribuição de justiça, o que agrava a já tão problemática desigualdade social existente no país. Qualquer pretensão de controle do comportamento dos magistrados que não compreenda a realidade psicológica dos processos decisórios humanos e a dinâmica política do processo penal está condenada ao fracasso. Além disso, sendo a questão da imparcialidade essencialmente política, qualquer proposição de solução estritamente jurídica será necessariamente inócua, pois a Teoria do Direito é limitada em seu poder transformador e não é capaz de se sobrepor, apenas pela racionalidade de seus fundamentos, à irracionalidade das práticas cotidianas. O norte de esperança na solução do problema está na construção de vontade política para se reestruturar o Poder Judiciário em pressupostos democráticos e conectados com a realidade do funcionamento do sistema de justiça no Brasil.

Apresentadas as conclusões gerais da pesquisa, cabe aqui uma reflexão final. O panorama atual do problema da imparcialidade no processo penal brasileiro, como descrito, não é positivo. Reiteramos: por um lado, as práticas judiciais têm sido marcadas por grande espaço de subjetividade e elasticidade, de forma que há um excesso de relevância sobre quem é a pessoa do juiz. Por outro lado, os discursos oficiais não assimilam o que os saberes empíricos revelam sobre as práticas e continuam desenhando um modelo idealizado de juiz imparcial, que parece estar apenas preocupado em atender as necessidades políticas de legitimação do Poder Judiciário. A principal consequência desse cenário é uma aposta completa na ética pessoal dos juízes e a invisibilização das práticas desigualitárias, as quais contribuem para o aumento da desigualdade social no país. As proposições de solução para esse problema advindas da doutrina processual parecem, como vimos, chover no molhado, quase sempre recaindo em recomendações éticas que esperam uma revolução a partir da consciência do juiz individual ou de uma mudança jurisprudencial.

Porém, nenhuma tese estritamente jurídica, por si só e por mais bem-elaborada que seja, é capaz de resolver esse impasse. Tampouco nenhum juiz bem-intencionado é capaz de, a partir de seu microcosmo, resolver um defeito que é estrutural. Isso porque o problema não está nos instrumentos jurídicos disponíveis no nosso ordenamento jurídico, mas na falta de vontade política de se enfrentar o tema da qualidade da prestação jurisdicional. As informações que levantamos nesta pesquisa nos levam a uma completa desilusão acerca de soluções na Teoria do Direito. Mas elas também nos remetem à questão essencial: a solução pode estar fora do Direito. O problema da imparcialidade, mais que jurídico, é político e precisa de uma solução política.

A legitimidade política do Poder Judiciário pode e deve ser conquistada com seu bom funcionamento, sem a necessidade de apelo ao irreal. Com efeito, o Poder Judiciário, como serviço público que é, também deve estar sujeito a uma avaliação de qualidade e, nesse caso, o parâmetro deve ser a democracia. O cenário atual, na esfera penal, é deficitário, porque a seletividade penal é gritante, o acesso às garantias processuais é desigual e a relação entre a aplicação de pena e a redução dos conflitos sociais parece ser demasiadamente nebulosa. Se as práticas judiciais não estão contribuindo para a redução da desigualdade, elas precisam de atenção. Não se trata de responsabilizar os juízes individuais, pois estes trabalham nas condições existentes, as quais parecem fomentar um excesso de subjetividade. Trata-se, pelo contrário, de criar políticas públicas direcionadas a reverter essa situação e combater essa cultura de tolerância com práticas judiciais arbitrárias. Isso implica tanto políticas públicas sobre a figura do juiz quanto uma restruturação do próprio Poder Judiciário. Há muito a ser restruturado: ensino jurídico, concursos públicos, cursos de formação de magistrados, relações entre juízes e imprensa, entre eles e as redes sociais, além da própria imagem que a magistratura sustenta perante a sociedade, etc.

O ponto essencial é a construção de uma vontade política nesse sentido. Havendo essa vontade, as demais questões, como as orçamentárias, de recursos humanos (juízes e servidores), entres outras, podem ser superadas com planejamento, ainda que a duras penas. Sem essa força política, contudo, o Poder judiciário continuará com seus problemas e não haverá tese jurídica milagrosa capaz de solucionar essa questão. O maior entrave para o problema da imparcialidade não são teses jurídicas defeituosas, sistemas processuais com espírito inquisitório ou o desinteresse jurisprudencial, mas a força política de setores da sociedade que lutam pela manutenção do *status quo*.

Como formar essa vontade política não é um problema para juristas. Estes, apenas com sua *expertise* em Teoria do Direito, não são capazes de resolver esse impasse. É um problema para políticos, para cientistas políticos, para líderes sociais e até para artistas, porque, como dito, a solução está fora do Direito. E, sem dúvida, a solução não é simples e rápida: depende de uma longa caminhada para se construir o ânimo necessário, além da confluência de fatores materiais e de contexto político favoráveis, os quais, infelizmente, não parecem presentes neste momento de forte polarização político-jurídica no país. Por isso, nossa pretensão, com este estudo, foi tão somente de apontar e descrever o problema, sinalizar quais caminhos parecem inócuos e delinear horizontes de esperança.

Acrescentamos, por fim, que este estudo desemboca na identificação de outros problemas que nos parecem essenciais e que apostamos como horizontes necessários de pesquisas no âmbito da ciência política e de saberes interdisciplinares, referentes ao problema da cultura de tolerância: por que, no Brasil, prevalece a cultura de tolerância com um modelo tão centrado no decisionismo e por que nosso sistema de justiça não se incomoda com a aleatoriedade das interpretações do direito dos casos concretos?

REFERÊNCIAS

AHLUWALIA, Rohini. Examination of Psychological Processes Underlying Resistence to Persuasion. *Journal of Consumer Research*, v. 27, p. 217-232, set. 2000.

AMADO, Guilherme. Presidente da Associação de Desembargadores compartilha fake news sobre Lula. *Metrópoles*, 13 out. 2022. Disponível em: https://www.metropoles.com/colunas/guilherme-amado/desembargador-do-tj-rj-compartilha-fake-news-sobre-lula. Acesso em: 18 out. 2022.

AMARAL, Renata Maria do. A radical Dilma x o preparado Serra: eleições 2010 e a falácia da imparcialidade na revista Veja. *SbpJor*, nov. 2010. Disponível em: encurtador.com.br/iqBY2. Acesso em: 16 abr. 2024.

ANDERAU, Glenn. Definig fake news. *Kriterion – Journal of Philosophy*, set. 2021. Disponível em: https://doi.org/10.1515/krt-2021-0019. Acesso em: 18 nov. 2022.

ANDRADE, Lédio Rosa de. *Juiz alternativo e Poder Judiciário*. São Paulo: Académica, 1992.

ANDRÉS IBÁÑEZ, Perfecto. El juez y la prisión provisional. *In*: BARBERO SANTOS, Marino (Org.) *Prisión provisional, detención preventiva y derechos fundamentales*. Cuenca: Ediciones de la Universidad de Castilla-La Mancha, 1997.

ARAÚJO, Fábio Roque da Silva. A ruptura do paradigma cartesiano e alguns dos seus reflexos jurídicos. *Revista CEJ*, n. 46. Brasília, 2009.

BADARÓ, Gustavo Henrique. Editorial dossiê "Prova penal: fundamentos epistemológicos e jurídicos". *Revista Brasileira de Direito Processual Penal*, Porto Alegre, v. 4, n. 1, jan./abr. 2018.

BADARÓ, Gustavo Henrique. *Processo Penal*. São Paulo: RT, 2015.

BALLOUSSIER, Anna Virginia; ELMI, Alexandre. Direita pede 'Moro, rogai por nós'; esquerda lamenta "Judiciário safado" em Porto Alegre. *Folha de São Paulo*. Caderno Poder. Publicado em 24 jan. 2018. Disponível em: https://www1.folha.uol.com.br/poder/2018/01/1953156-direita-pede-moro-rogai-por-nos-esquerda-lamenta-judiciario-safado-em-porto-alegre.shtml. Acesso em: 18 jan. 2019.

BAPTISTA, Bárbara Gomes Lupetti. A crença no princípio (ou mito) da imparcialidade judicial. *Revista de Estudos Empíricos em Direito*, v. 7, n. 2, p. 203-223, jun. 2020.

BAPTISTA, Bárbara Gomes Lupetti. A Minha Verdade é a Minha Justiça: atualizando os significados atribuídos ao princípio da imparcialidade judicial. *Revista Interdisciplinar de Direito*, v. 18, n. 1, p. 75-95, jan./jun. 2020.

BAPTISTA, Bárbara Gomes Lupetti. *Paradoxos e ambiguidades da imparcialidade judicial*. Porto Alegre: Sergio Antonio Fabris, 2013.

BARATTA, Alessandro. *Criminologia Crítica e Crítica do Direito Penal*. Tradução de Juarez Cirino dos Santos. Rio de Janeiro: Revan, 2002.

BARROSO FALA EM "punição rigorosa" e ironiza erro de português de bolsonaristas. *Terra*, 9 jan. 23. Disponível em: https://www.terra.com.br/noticias/brasil/politica/barroso-fala-em-punicao-rigorosa-e-ironiza-erro-de-portugues-de-bolsonaristas,ab7fd084da7aca a1ad1e3d108329e11brsselzm5.html. Acesso em: 9 fev. 2023.

BARROSO, Luís Roberto. *Judicialização, ativismo judicial e legitimidade democrática*. Disponível em: http://www.ie.ufrj.br/intranet/ie/userintranet/hpp/arquivos/251020155550_Debate2Textos.pdf. Acesso em: 12 jan. 2019.

BATISTA, Nilo. Mídia e sistema penal no capitalismo tardio. Disponível em: https://www.bocc.ubi.pt/pag/batista-nilo-midia-sistema-penal.pdf. Acesso em: 2 jan. 2023.

BECCARIA, Cesare. *Dos Delitos e das Penas*. Tradução de Torrieri Guimarães. São Paulo: Martin Claret, 2003.

BEUVAIS, Catherine. Fake news: why do we believe it? *Joint Bone Spine*, mar. 2022. Disponível em: https://doi.org/10.1016/j.jbspin.2022.105371. Acesso em: 18 nov. 2022.

BICCA, Carolina Scherer. Judicialização da política e ativismo judicial. *In*: Revista de Direito Brasileira, Florianópolis, v. 2, 2012.

BINDER, Alberto. *Elogio de la audiência oral y otros ensayos*. Monterrey: Coordinación Editorial, 2014.

BLANCO CORDERO, Isidoro. *El Delito de Blanqueo de Capitales*. Cizur Menor: Aranzadi, 2012.

BLEASE, C. R. Too Many 'Friends', Too Few 'Likes'? Evolutionary Psychology and 'Facebook Depression'. *Review Of General Psichology*, v. 19, n. 1, p. 1-13, 2015.

BOBBIO, Norberto. *Positivismo jurídico*: lições de filosofia do direito. Tradução de Márcio Pugliesi, Edson Bini, Carlos E. Rodrigues. São Paulo: Ícone, 1995.

BORDIEU, Pierre. *Sobre a televisão*. Tradução de Maria Lúcia Machado. Rio de Janeiro: Jorge Zahar Editor, 1997.

BOYD, Christina L.; EPSTEIN, Lee; MARTIN, Andrew D. Untangling the Casual Effects of Sex on Judging. *American Journal of Political Science*, v. 54, n. 2, p. 389-411, abr. 2010.

BRÍGIDO, Carolina. Ala lavajatista do STF já conta com derrota sobre suspeição de Moro. *Uol Notícias*, 21 abr. 2021. Disponível em: https://noticias.uol.com.br/colunas/carolina-brigido/2021/04/21/stf-suspeicao-moro.htm. Acesso em: 14 jun. 2022.

BRUM, Nilo Bairro de. *Requisitos retóricos da sentença penal*. São Paulo: Clube de Autores, 2021.

CAMPILONGO, Celso Fernandes. O Judiciário e a Democracia no Brasil. *Revista USP*, São Paulo, n. 21, p. 116-125, 1994.

CAMPOS, Carlos Alexandre de Azevedo. *Dimensões do ativismo judicial no STF*. Rio de Janeiro: Forense, 2014.

CAMPOS, João Pedroso de. Moro tira sigilo de parte da delação de Palocci que cita Lula. *Veja (online)*. Caderno Política. Publicado em 01 dez. 2018. Disponível em: https://veja.abril.com.br/politica/moro-tira-sigilo-de-parte-da-delacao-de-palocci-que-cita-lula/. Acesso em: 17 jan. 2019.

CARVALHO, Alexandre Douglas Zaidan de. *Imagens da Imparcialidade entre o Discurso Constitucional e a Prática Judicial*. São Paulo: Almedina, 2017, Edição do Kindle.

CARVALHO, Ernani Rodrigues de. Em busca da Judicialização da Política no Brasil. *Revista de Sociologia Política*, Curitiba, n. 23, 2004.

CARVALHO, Salo de. *Anti-Manual de Criminologia*. Rio de Janeiro: Lumen Juris, 2008.

CASADEVALL, Axel; ROA, Irene; RUBIO, Minia. The use of social media by judges and how their impartiality may be affected. Disponível em: https://www.google.com/url?sa=t&rct=j&q=&esrc=s&source=web&cd=&cad=rja&uact=8&ved=2ahUKEwiJovTq56H-AhWiqJUCHYiECKoQFnoECA0QAQ&url=https%3A%2F%2Fportal.ejtn.eu%2FPageFiles%2F17916%2FTEAM%2520SPAIN%2520TH%25202019%2520D.PDF&usg=AOvVaw1HqVJcSgWBnuQJPvEXCcR1. Acesso em: 18 out. 2022.

CASARA, Rubens R. R. *Mitologia processual penal*. São Paulo: Saraiva, 2015.

CHOUKR, Fauzi Hassan. *Código de Processo Penal*. São Paulo: Saraiva, 2014.

COELHO, Gabriela; KOS, Cristina. CNJ investigará desembargadora suspeita de espalhar fake news contra Marielle. Em *CNN Brasil*, 24 nov. 2020. Disponível em: https://www.cnnbrasil.com.br/nacional/cnj-investigara-desembargadora-suspeita-de-espalhar-fake-news-contra-marielle/. Acesso em: 18 nov. 2022.

COSTA, Fabrício Veiga. Imparcialidade do Juízo x Consciência do julgador no Ato de decidir: um Estudo Crítico sob a Ótica da Processualidade Democrática. *Revista Dialética de Direito Processual*, n. 138, 2014.

COSTA, Flávio Dino de Castro e. Lawfare Político: instrumento de destruição do inimigo por meio de processo aparentemente legal. *Lawfare em debate*. Goiânia: Editora Kelps, 2020, Edição do Kindle.

COUTINHO, Jacinto Nelson de Miranda. O papel do novo juiz no processo penal. In: COUTINHO, Jacinto Nelson de Miranda (Coord.). *Crítica à Teoria Geral do Direito Processual Penal*. Rio de Janeiro/São Paulo: Renovar, 2001.

CROXATTO, Guido Leonardo. El Derecho Político. *Página 12*, ago. 2022. Disponível em: https://www.pagina12.com.ar/475982-el-derecho-politico. Acesso em: 29 ago. 2022.

DAL PIVA, Juliana. Análise: Moro, Deltan e um combate light à corrupção. *UOL*, 05 out. 2022. Disponível em https://noticias.uol.com.br/colunas/juliana-dal-piva/2022/10/05/moro-deltan-combate-corrupcao-light-bolsonaro-segundo-turno.htm. Acesso em: 21 fev. 2023.

DALLAGNOL, Deltan Martinazzo. *As lógicas das provas no processo*. Porto Alegre: Livraria do Advogado, 2018.

DANTAS, Rodrigo D'Orio. *A imparcialidade no divã*: porque árbitros e juízes são naturalmente parciais. São Paulo: Thomson Reuters Brasil, 2021.

DANZIGER, Shai; LEVAV, Jonathan; Avnaim-Pesso, Liora. Extraneous factors in judicial decisions. *PNAS*, v. 108, n. 17, p. 6889-6892, abr. 2011.

DELMAZO, Caroline; VALENTE, Jonas C. L. Fake News nas redes sociais online: propagação e reações à desinformação em busca de cliques. *Imprensa da Universidade de Coimbra*, v. 18, n. 32, p. 155-169, 2018.

DIAS, Jorge de Figueiredo. *Criminologia*. Coimbra: Coimbra Editora, 1997.

DIAS, Jorge Figueiredo de. *Direito Processual Penal*. Coimbra: Coimbra Editora, 2004.

DISSENHA, Rui Carlo; INCOTT JUNIOR, Paulo Roberto. A internacionalização do poder punitivo: os riscos normativos e políticos da demanda por leis universais. *Revista Brasileira de Ciências Criminais*, São Paulo, v. 147, p. 813-848, 2018.

EDWARDS, Kari; SMITH, Edward E. A Disconfirmation Bias in the Evaluation of Arguments. *Journal of Personality and Social Psychology*, v. 71, n. 1, p. 5-24, 1996.

FEINBERG, Matthew; WILLER, Robb. From Gulf to Bridge: When Do Moral Arguments Facilitate Political Influence? *Personality and Social Psychology Bulletin*, 2015. Disponível em: 10.1177/0146167215607842. Acesso em: 18 out. 2022.

FERRAJOLI, Luigi. *Derecho y razón*. Tradução de Perfecto Andrés Ibañez; Alfonso Ruiz Miguek; Juan Carlos Bayón Mohino; Juan Terradilhos Basoco; Racío cantarero Bandrés. Madrid: Editorial Trotta, 1995.

FERRAZ JR., Tercio Sampaio. O Judiciário frente à divisão dos poderes: um princípio em decadência? *Revista USP*, São Paulo, n. 21, 1994.

FESTINGER, Leon. *Teoria da Dissonância Cognitiva*. Tradução de Eduardo Almeida. Rio de Janeiro: Zahar Editores, 1975.

FISHER, Keith R. Judicial ethics in a world of social media. *Impartiality of judges and social media*: approaches, regulation and results. Disponível em: https://www.kas.de/documents/265308/265357/Impartiality+of+Judges+and+Social+Media.pdf/eb313aed-88ca-c677-4231-d84c02ee914c?version=1.0&t=1591861554477. Acesso em: 18 out. 2022.

FRANK, Jerome. *Law and the Modern Mind*. Londres: Stevens & Sons Limited, 1949.

GASCÓN ABELLÁN, Marina. Sobre la posibilidad de formular estándares de prueba objetivos. DOXA, *Cuadernos de Filosofia de Derecho*, 2005.

GIACOMOLLI, Nereu José. *O Devido Processo Penal*. São Paulo: Atlas, 2014.

GIBSON, Judith. Should judges use social media?, mai 2013. Disponível em: https://www.google.com/url?sa=t&rct=j&q=&esrc=s&source=web&cd=&cad=rja&uact=8&ved=2ahUKEwigs8PP5aH-AhXbrZUCHdJ4DcAQFnoECAoQAQ&url=https%3A%2F%2Fdistrictcourt.nsw.gov.au%2Fdocuments%2FShould%2520Judges%2520use%2520social%2520media.pdf&usg=AOvVaw2fMJBeMDKh-0AiBBVwO9NI. Acesso em: 18 out. 2022.

GILMAR MENDES DIZ que 'penúria dos Yanomame é inaceitável' e que 'apuração das responsabilidades é urgente'. *G1*, 22 jan. 23. Disponível em: https://g1.globo.com/politica/noticia/2023/01/22/gilmar-mendes-diz-que-situacao-dos-yanomamis-e-uma-tragedia-muito-grande-e-defende-apuracao-urgente-das-responsabilidades.ghtml. Acesso em: 9 fev. 2023.

GLOECKNER, Ricardo Jacobsem. Prisões cautelares, confirmation bias e o direito fundamental à devida cognição no processo penal. *Revista Brasileira de Ciências Criminais*, n. 117, nov./dez. 2015. Disponível em: http://www.mpsp.mp.br/portal/page/portal/documentacao_e_divulgacao/doc_biblioteca/bibli_servicos_produtos/bibli_boletim/bibli_bol_2006/RBCCrim_n.117.08.PDF. Acesso em: 2 abr. 2023.

GOIS, Ancelmo. Juiz Moro Vai à praia e é cercado por fãs. *O Globo*, 1º jan. 2018. Disponível em: https://blogs.oglobo.globo.com/ancelmo/post/juiz-moro-vai-praia-e-e-cercado-por-fas.html. Acesso em: 26 mar. 2023.

GOLDSCHMIDT, Werner. *La imparcialidad como principio básico del proceso (la partialidad y la parcialidad)*. Disponível em: http://www.academiadederecho.org/upload/biblio/contenidos/la_imparcialidad.pdf. Acesso em: 13 jun. 2022.

GOMES FILHO, Antonio Magalhães. *A motivação das decisões penais*. São Paulo: Revista dos Tribunais, 2013.

GONÇALVES, Alana; DISSENHA, Rui Carlo. Proof Beyond a Reasonable Doubt: um estudo da adaptação brasileira como risco potencial às garantias processuais. *Revista Electrónica de Estudios Penales y de la Seguridad*, n. 7, 2021. Disponível em: https://www.ejc-reeps.com/Goncalves.pdf. Acesso em: 24 maio 2023.

GRAU, Eros Roberto. *Por que tenho medo dos juízes*: (a interpretação/aplicação do direito e os princípios). São Paulo: Malheiros, 2021.

GUERRERO PALOMARES, Salvador. *La Imparcialidad Objetiva del Juez Penal*. Cizur Menor: Thomson Reuters, 2009.

HAIDAR, Rodrigo. Juízes usam informações falsas sobre a OMS para fundamentar decisões. *Consultor Jurídico*, 3 abr. 2021. Disponível em: https://www.conjur.com.br/2021-abr-03/juizes-usam-fake-news-oms-fundamentar-decisoes. Acesso em: 18 nov. 2022.

HAIDT, Jonathan. *A mente moralista*. Tradução de Antonio Kuntz. Publicação independente, 2019, Edição do Kindle.

HARTMANN, Érica de Oliveira; BORGES, Guilherme Roman; ARAÚJO, Jorge Alberto de. *Tráfico Internacional de Entorpecentes*: O fluxo no maior aeroporto internacional do Brasil. Curitiba: IFDDH, 2016.

HASSEMER, Winfried. *Crítica al Derecho Penal de hoy*. Tradução de Patricia Ziffer. Buenos Aires: Ad-Hoc, 2003.

HUENEMANN, Charlie. *Racionalismo*. Tradução de Jacques A. Wainberg. Petrópolis: Vozes, 2012, Edição do Kindle.

JAPIASSU, Hilton. *O Mito da Neutralidade Científica*. Rio de Janeiro: Imago, 1975.

JOAQUIM BARBOSA APARECE como nome viável em pesquisa. *O Estado de São Paulo*, 20 abr. 2017. Disponível em: http://politica.estadao.com.br/noticias/geral,joaquim-barbosa-aparece-como-nome-viavel-em-pesquisa,70001745217. Acesso em: 1º out. 2017.

KADANUS, Kelli. Quem são os ministros pró e contra a Lava Jato no STF – e quem fica em cima do muro. *Gazeta do Povo*, 03 ago. 2020. Disponível em: https://www.gazetadopovo.com.br/republica/lava-jato-stf-ministros-divisao/. Acesso em: 14 jun. 2022.

KAHAN, Dan M.; PETERS, Ellen; DAWSON, Erica Cantrell; SLOVIC, Paul. Motivated Numeracy and Enlightned Self-Government. *Behavioural public policy*, v. 1, n. 1, p. 54-86, 2017.

KAPLAN, Joan T.; GIMBEL, Sarah I.; HARRIS, Sam. Neural correlates of maintaining one's political beliefs in the face of counterevidence. *Scientific Reports*, v. 6, 2016, 39589. Disponível em: https://doi.org/10.1038/srep39589. Acesso em: 14 jun. 2022.

KELSEN, Hans. *Teoria pura do direito*. Tradução de João Baptista Machado. São Paulo: Martins Fontes, 1998.

KHALIL, Antoin Abou. *A personalidade do juiz e a condução do processo*. São Paulo: LTr, 2012.

LABRAGUE, Leodoro J. Facebook use and adolescents' emotional states of depression, ansiety, and stress. *Heath Science Journal*, v. 8, 2014. Disponível em: https://www.researchgate.net/profile/Leodoro-Labrague/publication/262725734_Facebook_use_and_adolescents%27_emotional_states_of_depression_anxiety_and_stress/links/0deec53893ce914f4c000000/Facebook-use-and-adolescents-emotional-states-of-depression-anxiety-and-stress.pdf?origin=publication_detail. Acesso em: 12 abr. 2022.

LABRAGUE, Leodoro J.; Facebook use and adolescents' emotional states of depression, ansiety, and stress. *Heath Science Journal*, v. 8, 2014. Disponível em: https://www.researchgate.net/profile/Leodoro-Labrague/publication/262725734_Facebook_use_and_adolescents%27_emotional_states_of_depression_anxiety_and_stress/links/0deec53893ce914f4c000000/Facebook-use-and-adolescents-emotional-states-of-depression-anxiety-and-stress.pdf?origin=publication_detail. Acesso em: 12 abr. 2022.

LANGER, Máximo. La dicotomia acusatorio-inquisitivo y la importación de mecanismos procesales de la tradición jurídica anglosajona: algunas reflexiones a partir del procedimiento abreviado. *El procedimiento abreviado*. MAIER, Julio; BOVINO, Alberto (Org.). Buenos Aires: Del Puerto, 2001.

LAVA JATO PREVÊ já para este ano prisão de condenados. *Diário do Grande ABC*, 21 fev. 2016. Disponível em: https://www.dgabc.com.br/Noticia/1808653/lava-jato-preve-ja-para-este-ano-prisao-de-condenados. Acesso em: 1º jan. 2023.

LAVA JATO TEM cerca de 100 condenados em segunda instância. *Estado de Minas*, 16 out. 2019. Disponível em: https://www.em.com.br/app/noticia/politica/2019/10/16/interna_politica,1093419/lava-jato-tem-cerca-de-100-condenados-em-segunda-instancia.shtml. Acesso em: 1º jan. 2023.

LEUBSDORF, John. Theories of judging and judge disqualification. *New York University Law Review*, v. 62, n. 2, 1987.

LIMA, Iara Menezes. Escola da Exegese. *Revista Brasileira de Estudos Políticos*, n. 97, jan. 2008.

LIMA, Renato Brasileiro de. *Manual de Processo Penal*. Salvador: Jus Podivm, 2020.

LIMA, Roberto Kant de. Cultura jurídica e práticas policiais: a tradição inquisitorial. *Revista Brasileira de Ciências Sociais*, n. 4, v. 10, p. 65-84, 1989.

LOPES JR., Aury. *Direito Processual Penal*. São Paulo: Saraiva Educação, 2020, versão digital.

LORA, Deise H. K. *Subjetividade e imparcialidade no processo penal*. Florianópolis: Tirant lo Blanch, 2019.

LORD, Charles G.; ROSS, Lee; LEPPER, Mark R. Biased Assimilation and Attitude Polarization: The Effects Of Prior Theories on Subsequently Considered Evidence. *Journal of Personality and Social Psychology*, v. 37, n. 11, p. 2098-2109, 1979.

LOURENÇO, Luiz Cláudio; VITENA, Gabrielle Simões Lima; SILVA, Marina de Macedo. Prisão provisória, racismo e seletividade penal: uma discussão a partir dos prontuários de uma unidade prisional. *Revista Brasileira de Segurança Pública*, v. 16, n. 2, p. 220-239, fev./mar. 2022.

LUCCHESI, Guilherme Brenner. O necessário desenvolvimento de standards probatórios compatíveis com o direito processual penal brasileiro. *RBCCRIM*, São Paulo, v. 156, jun. 2019.

LUHMANN, Niklas. *Legitimação pelo procedimento*. Tradução de Maria da Conceição Côrte-Real. Brasília: UnB, 1980.

MARANHÃO, Clayton. Standards de prova no processo civil brasileiro. *Revista Judiciária do Paraná*, Curitiba, n. 17, maio 2019.

MARTINS JÚNIOR, Osmar Pires. Considerações iniciais: pesquisa preliminar de compilação sobre lawfare. *In*: MARTINS JÚNIOR, Osmar Pires. *Lawfare em debate* (Org.). Goiânia: Editora Kelps, 2020, Edição do Kindle.

MATIDA, Janaina Roland; VIEIRA, Antonio. Para Além do BARD: uma crítica à crescente adoção do standard de prova "para" além da dúvida razoável no processo penal brasileiro. *RBCCRIM*, São Paulo, v. 156, jun. 2019.

MATTOS, Diogo Castor de. *A seletividade penal na utilização abusiva do habeas corpus nos crimes do colarinho branco*. Dissertação (Mestrado em Direito) – Universidade Estadual do Norte do Paraná, Jacarezinho, 2015.

MAYA, André Machado. *Imparcialidade no processo penal*. São Paulo: Atlas, 2014.

MILES, Thomas J.; COX, Adam B. Judging the Voting Rights Act. *John M. Olin Program in Law and Economics Working Paper*, n. 337, p. 1-51, 2007.

MINISTRO do STF manda soltar goleiro Bruno. *G1*, 21 fev. 17. Disponível em: https://g1.globo.com/minas-gerais/julgamento-do-caso-eliza-samudio/noticia/stf-determina-liberacao-do-goleiro-bruno-da-prisao-por-morte-de-eliza-samudio.ghtml. Acesso em: 3 out. 2022.

MISSE, Michel. O inquérito policial no Brasil: Resultados gerais de uma pesquisa. *Dilemas: Revista de Estudos de Conflito e Controle Social*, v. 3, n. 7, p. 35-50, jan./fev./mar. 2010.

MONTERO AROCA, Juan. *Sobre la imparcialidad del Juez y la incompatibilidad de funciones procesales*. Valencia: Tirant lo Blanch, 1999.

MONTESQUIEU, Charles de Secondat (Baron de). *O espírito das leis*. Tradução de Cristina Murachco. São Paulo: Martin Fontes, 1996.

MORO DIZ TER 'confiança pessoal' em Onyx, que admitiu caixa dois. *Revista Veja*, 4 dez. 2018. Disponível em: https://veja.abril.com.br/politica/moro-diz-ter-confianca-pessoal-em-onyx-que-admitiu-caixa-dois/. Acesso em: 21 mar. 2023.

MORO, Sérgio Fernando. Considerações sobre a operação Mani Pulite. *Revista CEJ*, Brasília, n. 26, 2004.

MUNRO, Geoffrey D.; DITTO, Peter H.; LOCKHART, Lisa K.; FAGERLIN, Angela; GREADY, Mitchell; PETERSON, Elizabeth. Biased Assimilation of Sociopolitical Arguments: Evaluating the 1996 U.S. Presidential Debate. *Basic and Applied Social Psychology*, v. 24, n. 1, p. 15-26, 2002.

NALINI, José Renato. *A rebelião da Toga*. São Paulo: Revista dos Tribunais, 2015.

NICOLÁS, Juan Antonio; FRÁPOLLI, María José. *Teorías de la verdade em el siglo XX*. Madrid: Tecnos, 1997.

NIETZSCHE, Friedrich. *Sobre verdade e mentira*. Tradução de Fernando de Morais Barros. São Paulo: Hedra, 2008.

NUCCI, Guilherme de Sousa. *Curso de Direito Processual Penal*. Rio de Janeiro: Forense, 2020, versão digital.

NYHAN, Brendan; REIFLER, Jason. When Corrections Fail: The persistence of political misperceptions. *Political Behavior* 32, 2010. Disponível em: https://doi.org/10.1007/s11109-010-9112-2. Acesso em: 21 mar. 2023.

NYHAN, Brendan; REIFLER, Jason; RICHEY, Sean; FREED, Gary L. Effective Messages in vaccine Promotion: A Randomized Trial. *Pediatrics*, v. 33, n. 4, 2014.

OLIVEIRA, Cláudio Ladeira de; CONTI, Luiz Eduardo Lapolli. Judiciário como 'vanguarda' e intérprete do 'sentimento' popular: populismo judicial no julgamento das ADCs 43. 44 e 54 no STF. *Revista Jurídica Luso-Brasileira*, ano 7, n. 3, 2021.

OLIVEIRA, Humberto Santarosa de. *Motivação e discricionariedade*: as razões de decidir e o contraditório como elementos legitimadores da atuação judicial. Rio de Janeiro: Lumen Juris, 2020.

OLSEN, Frances. *El sexo del derecho*. Disponível em: http://www.derechoshumanos.unlp.edu.ar/assets/files/documentos/el-sexo-del-derecho.pdf. Acesso em: 2 fev. 2022.

ORLANDI, Renzo. "Operazione Mani Pulite" e seu Contexto Político, Jurídico e Constitucional. Tradução de Marco Aurélio Nunes da Silveira. *Revista da Academia Brasileira de Direito Contitucional*, Curitiba, v. 8, n. 15, p. 378-405, 2016.

PACELLI, Eugenio. *Curso de Processo Penal*. São Paulo: Atlas, 2020.

PACKER, Herbert L. Two models of the criminal process. *University of Pennsylvania Law Review*, v. 113, n. 1, p. 1-68, 1964.

PAULA, Catarina Sofia Pereira; CARIDADE, Sónia Maria Martins. (Dis)paridades de gênero ao nível das sentenças judiciais: uma revisão estruturada da literatura. *Gênero & Direito*, v. 7, n. 2, 2018.

PEDRA, Luana. Alexandre de Moraes sobre terroristas: 'Essas pessoas não são civilizadas'. *Estado de Minas*, 10 jan. 2023. Disponível em: https://www.em.com.br/app/noticia/politica/2023/01/10/interna_politica,1443027/alexandre-de-moraes-sobre-terroristas-essas-pessoas-nao-sao-civilizadas.shtml. Acesso em: 9 fev. 2023.

PEREIRA, Rubens de Lyra; NASCIMENTO, Verônica Batista. Notícias falsas e pós-verdade. *Combate às fake news*. São Paulo: Posteridade, 2019.

PORTANOVA, Rui. *Motivações ideológicas da sentença*. Porto Alegre: Livraria do Advogado, 1997.

PRADO, Geraldo. A imparcialidade do juiz no processo penal brasileiro. In: *Processo Penal e Direitos Humanos*. Rio de Janeiro: Lumen Juris, 2014.

RACHLINSKI, Jeffrey J.; WISTRICH, Andrew J. judging the Judiciary by the Numbers: Empirical Research on Judges. *13 Annual Review of Law and Social Science*, 2017. p. 1-44.

RAMOS, Glauco Gumerato. A atuação dos poderes instrutórios do juiz fere a sua imparcialidade? *RBDPro*, ano 18, n. 70, abr./jun. 2010.

REZENDE, Maurício Corrêa de Moura. *Democratização do Poder Judiciário no Brasil*. São Paulo: Contracorrente, 2018.

RIANELLI, Erick. Supeito confessa crime, aponta paradeiro do corpo, mas segue solto. *G1*, 1º nov. 2022. Disponível em: https://g1.globo.com/rj/rio-de-janeiro/noticia/2022/11/16/suspeito-confessa-crime-aponta-paradeiro-do-corpo-mas-segue-solto.ghtml. Acesso em: 18 nov. 2022.

RITTER, Ruiz. *Imparcialidade no processo penal*: reflexões a partir da teoria da dissonância cognitiva. São Paulo: Tirant lo Blanch, 2019.

RODRIGUES, Fabiana Alves. *Lava Jato*: Aprendizado institucional e ação estratégica na Justiça. São Paulo: WMF Martins Fontes, 2020. Edição do Kindle.

ROMEO CASABONA, Carlos Maria. *Peligrosidad y derecho penal preventivo*. Barcelona: Bosch, 1986.

SAIDINHA da prisão beneficia Suzane Richthofen, Anna Jatobá e Elize Matsunaga. *R7*, 15 mar. 2022. Disponível em: https://noticias.r7.com/sao-paulo/saidinha-da-prisao-beneficia-suzane-richthofen-anna-jatoba-e-elize-matsunaga-15032022. Acesso em: 3 out. 2022.

SALGADO, Eneida Desiree. Populismo judicial, moralismo e o desprezo à Constituição: democracia entre velhos e novos inimigos. *Revista Brasileira de Estudos Políticos*, Belo Horizonte, n. 117, 2018.

SAMPAIO, Luiz Fernando de Souza. *A Mão Invisível da Justiça Criminal*: a Atuação dos Serventuários da Justiça nas Rotinas Cartorárias das Varas Criminais Cariocas. Tese (Doutorado em Direito) – Universidade Veiga de Almeida, Rio de Janeiro, 2021.

SANTOS, Boaventura de Sousa. *A crítica da razão indolente*: contra o desperdício da experiência. São Paulo: Cortez, 2005.

SANTOS, Boaventura de Sousa. *Para uma revolução democrática da justiça*. São Paulo: Cortez Editora, 2014.

SANTOS, Boaventura de Sousa; MARQUES, Maria Manuel Leitão; PEDROSO, João. *Os Tribunais nas Sociedades Contemporâneas*. Coimbra: Oficina do CES, n. 65, 1995.

SANTOS, Carlos Victor Nascimento dos. *O exercício da colegialidade no Supremo Tribunal Federal*: entre a construção social do discurso e as práticas judiciárias. Tese (Doutorado em Direito) – PUC-RIO, Rio de Janeiro, 2017.

SANTOS, Eliane. Entenda por que homem que admitiu matar técnica de enfermagem e disse onde estava o corpo segue solto. *G1*, 18 nov. 2022. Disponível em: https://g1.globo.com/rj/rio-de-janeiro/noticia/2022/11/18/entenda-por-que-homem-admitiu-matar-tecnica-de-enfermagem-disse-onde-estava-o-corpo-e-segue-solto.ghtml. Acesso em: 18 nov. 2022.

SCHEID, Carlos Eduardo. *A motivação das decisões penais a partir da teoria garantista*. Porto Alegre: Livraria do Advogado, 2009.

SCHÜNEMANN, Bernd. O juiz como um terceiro manipulado no processo penal? Uma confirmação empírica dos efeitos de perseverança e correspondência comportamental. Trad.: José Danilo Tavares Lobatto. *Revista Liberdades*, set./dez. 2012, n. 11. Disponível em: https://www.ibccrim.org.br/publicacoes/edicoes/453/7330. Acesso em: 1º jan. 2023.

SCHWARZ, Roberto. *Ao vencedor as batatas*. São Paulo: Duas Cidades, 2000.

SETA, Cristina Gomes Campos de. *Consenso nas decisões do Supremo Tribunal Federal*: um estudo empírico sobre a construção da verdade jurídica. Rio de Janeiro: Lumen Juris, 2015.

SHAHSAVARI, Shadi; HOLUR, Paban; WANG, Tianyi; TANGHERLINI, Timothy R.; ROYCHOWDHURY, Vwani. Conspiracy in the time of corona: automatic detection of emerging COVID-19 conspiracy theories in social media and the News. *Journal of Computational Social Science*, 2020. Disponível em: https://link.springer.com/content/pdf/10.1007/s42001-020-00086-5.pdf. Acesso em: 12 abr. 2022.

SHIKIDA, Pery Francisco Assis Shikida. A economia e o juiz de 'garantias': O problema do juiz de garantias é o incentivo que dá ao bandido para que sua atividade ilícita continue lucrativa. *Jota*, 08 jan. 2020. Disponível em: https://www.jota.info/opiniao-e-analise/colunas/coluna-da-abde/a-economia-e-o-juiz-de-garantias-08012020. Acesso em: 2 abr. 2023.

SILVA SÁNCHEZ, Jesús-Maria. *La Expansión del Derecho Penal*. Madrid: Civitas, 2001.

SILVA, Diogo Bacha; VIEIRA, José Ribas. Os itinerários da politização do Supremo Tribunal Federal: do ativismo ao populismo judicial. *Sequência*: Estudos jurídicos e políticos, v. 43, 2022.

SILVA, Germano Marques da. *Curso de processo penal*. Vol. I. Lisboa: Verbo, 2008.

SMITH, Carl Olav. *A aplicação dos precedentes vinculantes*: um estudo empírico sobre a visão dos magistrados iniciantes. Dissertação (Mestrado em Direito) – Instituto Brasiliense de Direito Público, Brasília, 2019.

SMITH, Daniel. When everyone is the judge's pal: facebook friendship and the appearance of impropriety standard. *Journal of Law, Technology & The Internet*, v. 3, n. 1, 2011. Disponível em: https://scholarlycommons.law.case.edu/jolti/vol3/iss1/8/. Acesso em: 28 jan. 2023.

SOUZA, Artur César de. *A Parcialidade Positiva do Juiz*. São Paulo: Almedina, 2018.

STANGER, Andreia Cristiane. Fake: news? Comportamento. *Combate às fake news*. Org.: Clayton da Silva Bezerra; Giovani Celso Agnoletto. São Paulo: Posteridade, 2019.

STEFFENSMEIER, Darrell; HEBERT, Chris. Women and Men Policymakers: Does the Judge's Gender Affect the Sentencing of Criminal Defendants? *Social Forces*, v. 77, n. 3, p. 1163-1196, mar. 1999.

STRECK, Lenio Luiz. *Hermenêutica jurídica e(m) crise*: uma exploração hermenêutica da construção do Direito. Porto Alegre: Livraria do Advogado, 2021.

STRECK, Lenio Luiz. *O que é isso*: decido conforme minha consciência? Porto Alegre: Livraria do Advogado, 2012.

STRECK, Lenio Luiz. Os filhos ou o café da manhã influenciam as decisões judiciais? *Consultor Jurídico*, 20 jun. 2017. Disponível em: https://www.conjur.com.br/2017-jul-20/senso-incomum-filhos-ou-cafe-manha-influenciam-decisoes-judiciais. Acesso em: 19 abr. 2022.

STRECK, Lenio Luiz. Para salvar parcialidade de Moro, Merval crava: toda justiça é parcial. *Consulto Jurídico*, 14 fev. 2022. Disponível em: https://www.conjur.com.br/2022-fev-14/streck-merval-salva-moro-cravando-toda-justica-parcial. Acesso em: 3 out. 22.

STRECK, Lenio Luiz. Pela primeira vez, Supremo reconhece a parcialidade de Moro. *Consultor Jurídico*, 05 jan. 2021. Disponível em: www.conjur.com.br/2021-jan-05/streck-primeira-vez-stf-reconhece-parcialidade-moro?utm_source=dlvr.it&utm_medium=twitter. Acesso em: 5 jan. 2021.

SZESZ, André. O discurso de combate à corrupção: análise por uma perspectiva dos estudos de Eugenio Raúl Zaffaroni. *Revista Brasileira de Ciências Criminais*, v. 184. São Paulo: RT, out. 2021. p. 217-243.

SZESZ, André. *O juízo de periculosidade na prisão preventiva*. Belo Horizonte: Fórum, 2014.

SZESZ, André. O standard de prova para a condenação por crimes sexuais: é viável e eficaz a flexibilização da exigência de corroboração probatória em crimes dessa espécie com o objetivo de discussão da impunidade? *Revista Brasileira de Direito Processual Penal*, v. 8, n. 2, p. 1007-1041, maio/ago. 2022.

SZESZ, André. Sobre a decisão que decreta uma prisão preventiva. *Revista Brasileira de Ciências Criminais*, v. 111. São Paulo: RT, 2014.

SZESZ, André. Sobre os critérios jurisprudenciais de identificação de perda de imparcialidade de um magistrado. *Revista Brasileira de Ciências Criminais*, v. 140, p. 195-223, fev. 2018.

TABER, Charles S.; LODGE, Milton. Motivated Skepticism in the Evaluation of Political Beliefs. *American Journal of Political Science*, v. 50, n. 3, p. 755-769, jul. 2006.

TATE, C. Neal; VALLINDER, Torbjörn (Org.). *The Global Expansion of Judicial Power*. Nova Iorque e Londres: New York University Press, 1995.

TÁVORA, Nestor; ALENCAR, Rosmar Rodrigues. *Curso de Direito Processual Penal*. Salvador: JusPodivm, 2017.

THOMPSON, Augusto. *Quem são os criminosos?* Rio de janeiro: Lumen Juris, 2007.

TOURINHO FILHO, Fernando da Costa. *Código de Processo Penal Comentado*, v. 1. São Paulo: Saraiva, 2010.

TWINING, Willian. *Rethinking Evidence*: Exploratory Essays. Cambridge: Cambridge University Press, 2006.

VALENTE, Manuel Monteiro Guedes. *Processo Penal*. T. I. Coimbra: Almedina, 2009.

VASCONCELLOS, Vinicius Gomes de. Standard probatório para condenação e dúvida razoável no processo penal: análise das possíveis contribuições ao ordenamento brasileiro. *Revista Direito GV*, São Paulo, v. 16, n. 2, maio/ago. 2020, e1961.

VIANNA, Luiz Werneck; CARVALHO, Maria Alice Rezende de; BURGOS, Marcelo Baumann. *Quem Somos*: A magistratura que queremos. Rio de Janeiro: AMB, 2018.

YOUNG, Iris Marion. O Ideal de imparcialidade e o público cívico. Tradução de Roberto Cataldo. *Revista Brasileira de Ciência Política*, n. 9, set./dez. 2012.

ZAFFARONI, Eugenio Raúl. 'Crime Organizado': uma categoria frustrada. *Discursos Sediciosos*, ano 1, n. 1, 1996.

ZAFFARONI, Eugenio Raúl. *O inimigo no direito penal*. Tradução de Sérgio Lamarão. Rio de Janeiro: Revan, 2007.

ZAFFARONI, Eugenio Raúl. *Poder Judiciário*: Crise, Acertos e Desacertos. Tradução de Juarez Tavares. São Paulo, RT, 1995.

ZAFFARONI, Eugenio Raúl; BATISTA, Nilo; ALAGIA, Alejandro; SLOKAR, Alejandro. *Direito Penal Brasileiro I*. Rio de Janeiro: Revan, 2003.

ZAFFARONI, Eugenio Raúl; CAAMAÑO, Cristina; WEIS, Valeria Vegh. *Bem-vindos ao lawfare!* Tradução de Rodrigo Barcellos; Rodrigo Murad do Prado. São Paulo: Tirant lo Blanch, 2021.

ZIFFER, Patricia S. *Medidas de seguridad*. Buenos Aires: Hamurabi, 2008

ZOTTIS, Rafael. *Standards de prova e dúvida razoável no processo penal*. Porto Alegre: Livraria do Advogado, 2022.

ZUBEN, Aluízio Von Zuben. O mito da imparcialidade. *Revista do TRT 9ª*, jun. 1996.

Esta obra foi composta em fonte Palatino Linotype, corpo 10
e impressa em papel Pólen 70g (miolo) e Supremo 250g (capa)
pela Gráfica Star7.